संगतिन-यात्रा

सात ज़िन्दगियों में लिपटा नारी-विमर्श

संगतिन-यात्रा

सात ज़िन्दगियों में लिपटा नारी-विमर्श

संगतिन लेखक समूह

अनुपमलता, ऋचा नागर

ऋचा सिंह, रामशीला

रेशमा अंसारी, विभा बाजपेयी

शशि वैश्य, शशिबाला

सुरबाला

राजकमल प्रकाशन

नयी दिल्ली पटना इलाहाबाद

ISBN : 978-81-267-2339-3

मूल्य : ₹ 250

पहला राजकमल संस्करण : 2012

प्रकाशक : राजकमल प्रकाशन प्रा.लि.
1-बी, नेताजी सुभाष मार्ग, दरियागंज
नई दिल्ली-110 002

शाखाएँ : अशोक राजपथ, साइंस कॉलेज के सामने, पटना-800 006
पहली मंज़िल, दरबारी बिल्डिंग, महात्मा गांधी मार्ग, इलाहाबाद-211 001

वेबसाइट : www.rajkamalprakashan.com
ई-मेल : info@rajkamalprakashan.com

आवरण : रामबाबू

मुद्रक : बी.के. ऑफसेट
नवीन शाहदरा, दिल्ली-110 032

SANGATIN-YATRA
by Sangatin Lekhak Samooh

सीतापुर ज़िले की
उन ग्रामीण महिलाओं को
समर्पित
जिनके साथ जुड़कर
हमें
काम करने की हिम्मत और प्रेरणा मिली

प्राक्कथन

[प्रथम संस्करण से]

राधा, पल्लवी, मधुलिका, गरिमा, चाँदनी, शिखा, सन्ध्या और दो ऋचाओं की यह कहानी एक अनोखी-यात्रा की कहानी है। ऐसी यात्रा जिसमें एक स्तर पर हर सखी, हर महिला की आवाज़ अलग है, अपनी है और दूसरे स्तर पर हर एक कहानी, हर यात्रा किसी भी महिला की यात्रा हो सकती है। हममें से कौन-सी महिला ऐसी होगी जिसने दुख-सुख, अपने मन की भड़ास, अत्याचार व हिंसा के अनुभव, अपना ग़ुस्सा, शर्म, ख़ुशियाँ, अपनी आशाएँ, अन्दर ही अन्दर पी न ली हों और इन सबके ऊपर एक तरह से चुप्पी की चादर न बिछा ली हो?

महिला के लिए अपने अस्तित्व को पहचानना, अपनी आशाओं को नाम देना, उनका ख़ुलासा करना–ख़ासकर लिखित में, जैसे इस पुस्तक में किया गया है–यह सब बहुत कठिन काम हैं। उसे न तो बोलने की आदत है, और न ही उसे सुनवाई मिलती है। इसके साथ ही घर-बार का सारा बोझ उसके कन्धों पर है। सो, यदि वह बोलना चाहे भी, उसे फ़ुरसत ही कहाँ मिलती है! इसीलिए यह पुस्तक, इसमें लिखी कहानियाँ, कहानियों के भीतर और उनके पीछे, उनकी गहराई में छिपी हुई शक्तियाँ, हमारे लिए बहुत अहमियत रखती हैं।

औरत के हाथों में अपनी आवाज़ बुलन्द करने की शक्ति और ज्ञान प्राप्त करने की सत्ता कम ही पाई जाती है। कई बार तो औरत ख़ुद ही झिझककर पीछे हट जाती है। पर अक्सर उस पर बहुत-सी रुकावटें डाली जाती हैं। सीतापुर की जिन बहनों ने अपनी कहानियाँ इस पुस्तक में सुनाई हैं, उन्होंने यह सच्चाई अच्छी तरह से पहचानी है और अपना काम सामूहिक तौर पर किया है। इस तरह से हर महिला दूसरी का सहारा कहीं भी बन सकती है। और, जब बीच में भेदभाव फूटते हैं–

सो तो हमेशा होता ही है—तब वे एक-दूसरे की ओर प्यार और दोस्ती का हाथ भी बढ़ा सकती हैं।

हमारे बीच भेदभाव बहुत-सी वजहों से उठते हैं—जाति, वर्ग, लिंग, धर्म—कहीं-न-कहीं यह सब हमारे सामने आकर अलगाव पैदा करते हैं। लेकिन महिला-आन्दोलन में हमने यह कम पहचाना है कि हमारे ही बीच किस तरह के भेदभाव उपज सकते हैं। सीतापुर की हमारी बहनों ने ये बातें अच्छी तरह से पहचानी हैं और उन पर खुली चर्चा करते हुए यह पुस्तक तैयार की है। वे जानती हैं कि बड़े-बड़े मंचों पर कही गई बातें और क्षेत्रीय-स्तर की सच्चाइयों में काफ़ी दूरी होती है। वे जानती हैं कि पुस्तक बनाने और पढ़ने के अधिकार सबके हाथों में नहीं दिए जाते। वे जानती हैं कि शहर की महिलाएँ उनके 'लिए' कार्य करने को तैयार हो जाती हैं, पर उनके 'साथ' कन्धे मिलाने से झिझकती हैं। और वे यह भी जानती हैं कि इन्हीं सच्चाइयों में ग़ैरबराबरी के बीज पैदा होते हैं।

यह सब जानते हुए ही इस पुस्तक में राधा, पल्लवी, मधुलिका, गरिमा, चाँदनी, शिखा, सन्ध्या, ऋचा और ऋचा ने अपनी जुबानें खोली हैं। बहुत-सी बातें कही गई हैं और बहुत-सी अभी बाक़ी हैं। लेकिन एक बार औरत के लब आज़ाद हो जाते हैं, तो उसके सामने रुकावटें डालना आसान नहीं होता।

सीतापुर की संगतिनें हमारे सामने अपनी कहानियों के साथ खड़ी हैं।

नई दिल्ली
12 फ़रवरी, 2004

—उर्वशी बुटालिया

दूसरे संस्करण के मौक़े पर

संगतिन-यात्रा का एक पुस्तक, एक दृष्टि और सामाजिक बदलाव को लाने की एक सामूहिक प्रक्रिया के रूप में हिन्दी पट्टी में ही नहीं बल्कि पूरे देश में दिल खोलकर स्वागत हुआ। इस स्वागत के पीछे एक बड़ा कारण था पुस्तक का एनजीओकरण को लेकर गाँव की कार्यकर्ताओं की आवाज़ में किया बेबाक विवेचन और उस विवेचन से उपजा विवाद। एक ओर जहाँ इस विवाद से लेखिकाओं की नौकरियों के लिए ख़तरे पैदा हुए वहीं इसने क़लम से पिरोए एक सामूहिक सपने को एक संकल्प तथा संघर्ष की शक्ल दे डाली। हम शुक्रिया अदा करना चाहते हैं उन सारे सहयोगियों, समीक्षकों और पाठकों का जो कठिन घड़ियों में हमारे साथ इस महत्त्वपूर्ण बहस और संघर्ष में कन्धे से कन्धा मिलाकर खड़े हुए। संगतिन-यात्रा से उपजी इन तमाम बहसों ने बीजारोपण किया इसके अंग्रेज़ी संस्करण *प्लेयिंग विथ फ़ायर : फ़ेमिनिस्ट थॉट एंड एक्टिविज़्म थ्रू सेवन लाइव्ज़ इन इंडिया* (*Playing with Fire: Feminist Throught and Activism Through Seven Lives in India*) का, जिसका प्रकाशन 2006 में भारत में ज़ुबान बुक्स ने तथा अमेरिका में यूनिवर्सिटी ऑफ़ मिनिसोटा प्रेस ने किया। वहाँ से शुरू हुईं अकादमिक और ज़मीनी प्रक्रियाओं को आपस में गूँथने को लेकर नई चर्चाएँ जिसमें दक्षिण अफ़्रीका, मेक्सिको, चीन, इज़राइल/फ़िलिस्तीन और तुर्की में इस पुस्तक को वहाँ हो रहे संघर्षों के साथ जोड़ा गया। *प्लेयिंग विथ फ़ायर* का तुर्की अनुवाद 2011 में आंकरा स्थित प्रकाशक आयिज़ी किताप ने किया है।

संगतिन-यात्रा : सात ज़िन्दगियों में लिपटा नारी-विमर्श को *प्लेयिंग विथ फ़ायर : फ़ेमिनिस्ट थॉट एंड एक्टिविज़्म थ्रू सेवन लाइव्ज़ इन इंडिया* में तब्दील करते वक़्त लेखक-समूह ने पुस्तक में

कई संशोधन किए थे जो कि इस दूसरे संस्करण में मौजूद हैं। मसलन, जिस महिला संगठन में लेखिकाएँ कार्यरत थीं और जिसका उल्लेख *संगतिन-यात्रा* में केवल महिला संगठन के नाम से किया गया था, उसे इस दूसरे संस्करण में हमने छद्मनाम दिया है, नारी समता योजना (एन.एस.वाई.)। संगतिन-यात्रा के सम्बन्ध में हिन्दी में प्रकाशित हुई कुछ चुनिन्दा समीक्षाओं के अंश हम इस दूसरे संस्करण के परिशिष्ट में उद्धृत कर रहे हैं।

जो सपना लेखक समूह ने *संगतिन-यात्रा* में सँजोया, उस सामूहिक सपने को आगे बढ़ाने और उसे एक जीते-जागते सच में बदलने के लिए आज सीतापुर ज़िले के सौ से भी अधिक गाँवों के किसान और मज़दूर संगतिन किसान मज़दूर संगठन के साथियों के रूप में जुटे हुए हैं। जहाँ एक ओर 2004 से 2011 तक का यह सफ़र *एक और नीमसार : संगतिन आत्ममन्थन और आन्दोलन* पुस्तक में समाकर एक संगठन के बनने की दास्तान को सामने लाया है, वहीं *संगतिन-यात्रा : सात ज़िन्दगियों में लिपटा नारी-विमर्श* का यह दूसरा संस्करण पाठकों तक इस सफ़र की शुरुआत की कहानी फिर से पहुँचा रहा है। दोनों पुस्तकों को प्रकाशित करने के लिए हम राजकमल प्रकाशन के शुक्रगुज़ार हैं।

—लेखक समूह की ओर से

अपनी बात

[प्रथम संस्करण से]

तमाम जोखिम उठाकर बहुत मेहनत-मशक्कत से तैयार किया गया यह सामूहिक सफ़रनामा आपके हाथों में सौंपते वक़्त हम ऐसा सुकून महसूस कर रहे हैं, जैसा हमने ज़िन्दगी में पहले कभी नहीं किया।

इस संगतिन-यात्रा में नौ लोगों की सामूहिक आवाज़ एक कोरस के रूप में उभरती है। हममें से एक की आवाज़ में दूसरी का सुर या तीसरी-चौथी आवाज़ जहाँ-तहाँ सहसा मिलकर हमारे गीत-संगीत को बिल्कुल नया और अनोखा अन्दाज़ देने लगती है। फिर भी हम यहाँ जो भी कह रहे हैं उसे सिर्फ़ एक संयुक्त आवाज़ के रूप में सुना जा सकता है—एक ऐसी आवाज़ जिसमें से किसी एक, दो या बाक़ी और आवाज़ों को जुदा करके सुना ही नहीं जा सकता।

यह हमारी अपनी कहन और हमारा आत्मालोचन है, जिसे हम आपके सुपुर्द कर रहे हैं। हमारे लिए तो यह साहित्य का हिस्सा उसी तरह है जैसे कविता या कहानी।

हम उम्मीद करते हैं कि यह किताब महिला-अध्ययन के विद्यार्थियों तथा एनजीओ-जगत से जुड़े तमाम लोगों के लिए उपयोगी और विचारोत्तेजक साबित होगी। अपनी सामूहिक प्रक्रिया को उजागर करते हुए हमने जिस तरह निजी डायरियों का विवेचन और विश्लेषण किया है, वह महत्त्वपूर्ण-मन्थन और सामाजिक-अध्ययन के रूप में सामाजिक-विज्ञान के अनेक शोधार्थियों को भी बाँधेगा, ऐसा हमारा विश्वास है।

हम आभारी हैं उन सारे साथियों और संस्थाओं के—ख़ासकर महिला समाख्या के—जिनके लम्बे साथ ने हमें इस किताब को लिखने की सोच, दृष्टि और ताक़त दी। प्रथम संस्करण के पाठ-संशोधन और प्रेस-कॉपी को अन्तिम रूप देने में बन्धु कुशावर्ती ने महत्त्वपूर्ण

भूमिका निभाई। खजान सिंह ने हमें अपनी बहुमूल्य प्रतिक्रिया और सुझाव दिए, और नरेन्द्र कुमार वर्मा ने समय-समय पर टंकण में मदद की। इन सबके हम शुक्रगुज़ार हैं।

ऋचा नागर यूनिवर्सिटी ऑफ मिनिसोटा की आभारी हैं, जहाँ से मिले शोधावकाश और आर्थिक-सहयोग के ज़रिए इस सामूहिक प्रयास का हर चरण सम्पन्न हो सका।

हमारे बच्चे–अनुराग, अनुराधा, ऋचू, कीर्ति, ख़ुशनुमा, नीलम, पार्थ, पुष्कर, पूजा, बिपिन, मनु, मधुकर, मेधा, मोहम्मद ज़ीशान, मोहम्मद शादाब, मोहम्मद शाहिद, रहनुमा, वर्तिका, शाहीना, सचिन और सार्थक–कई दिनों से कई महीनों तक हमारे बिना तो रहे ही, साथ में एक-दूसरे का और हमारा सहारा भी बने। अपना अशेष धन्यवाद हम अपनी इन्हीं बिटियाओं और बेटों को ज्ञापित करते हैं; क्योंकि हमारे जिस समय, शक्ति और ध्यान पर पहला अधिकार इनका बनता था, उसी में से एक बहुत बड़ा हिस्सा निकालकर हमने इस काम को पूरा किया है।

किताब आपके हाथ में है। आपकी प्रतिक्रिया का हमें बेसब्री से इन्तज़ार रहेगा।

सीतापुर **–संगतिन लेखक समूह**
5 जनवरी, 2004

अनुक्रम

संगतिन-यात्रा

सात ज़िन्दगियों में लिपटा नारी-विमर्श

एक सामूहिक प्रयास की शुरुआत

सात औरतें, सात ज़िन्दगियाँ, बहुतेरी आकांक्षाएँ, संसार, सपने और संघर्ष। कहीं हमारी ज़िन्दगियों के धागे एक-दूसरे में गुँथते हैं, तो कहीं अलग-अलग होकर बिखर-से जाते हैं। कहीं हमें इस क़दर बाँधते हैं कि आँसुओं का सैलाब थमता नहीं है और कहीं हमें ऐसा उलझाते हैं कि लगता है कि एक ही समाज का हिस्सा होते हुए भी हमारे पड़ाव, हमारे मोड़ और हमारे अनुभव कितने अलग हैं! कितना फ़ासला है; कैसी-कैसी खाइयाँ हैं, जिन्हें हमने पहले कभी महसूस नहीं किया! कितनी तक़लीफ़ें हैं, जिन्हें हमने इतनी शिद्दत के साथ पहले कभी जाना नहीं! इसलिए कि हम कुछ दीवारों, कुछ अभावों और कुछ उत्पीड़नों के बीच रहे नहीं। और, साथ ही उन तक़लीफ़ों के बीच किस तरह जिया जाता है तथा किस तरह मौज-मस्ती की जाती है, इस सामूहिक प्रयास के पहले हम इसकी कल्पना तक करने की स्थिति में नहीं थे।

'जीवन और कार्यक्षेत्र की यात्रा'–यह नाम दिया था हमने इस प्रयास और इस सामूहिक अनुबन्ध को, जिसमें प्रवेश करने का फ़ैसला हमने 2002 के दिसम्बर माह में किया। जो कहानियाँ, जो सुख-दुख, जो संघर्ष और सपने हम आपके साथ बाँटने जा रहे हैं, वह इसी प्रयास के पहले पड़ाव का हिस्सा हैं। इस पहले दौर में हमने जो पाया है, उसका बयान करना कठिन है–एक आत्मविश्वास, एक सामूहिकता, एक-दूसरे के लिए इज़्ज़त, और उस समाज में जीने और लड़ने के लिए पहले से कहीं ज़्यादा पैनी नज़र, जिसकी सीमाएँ एक तरफ़ हमारे भीतर आक्रोश पैदा करती हैं और हमें उनसे भिड़ने की ताक़त देती हैं, तो दूसरी तरफ़ उन सीमाओं में जीकर ही हम वे सम्भावनाएँ देख पाते हैं, जिनसे हमें अपने आगे की लड़ाइयाँ लड़ने की लगन और दिशा मिलती है।

इन संघर्षों और कहानियों को आगे सुनाने से पहले यह ज़रूरी है कि शुरुआत हम अपनी प्रक्रिया और अपने उद्देश्यों से करें–कौन हैं हम लोग? कैसे आए हम सब साथ? और कैसे हमने इस सामूहिक अनुबन्ध में प्रवेश करने का फ़ैसला किया? कैसे तय की हमने इसकी प्रक्रिया? कैसे पिरोई हमने अपनी नौ आवाज़ें? और किस

तरह तमाम फ़ासलों, दिक़्क़तों और ग़ैरबराबरी के बावजूद हमने इस लेखन-कार्य को सम्पन्न किया?

इस संगतिन-यात्रा में जो कहानियाँ, विवेचन, और विश्लेषण हम आपके साथ बाँटने जा रहे हैं, वे सात महिला-कर्मियों की निजी डायरियों पर आधारित हैं। ये सातों महिलाएँ उत्तर प्रदेश में सीतापुर ज़िले के मिश्रिख ब्लॉक में स्थापित एक संगठन-संगतिन--से जुड़ी हैं।[1] इन्होंने ग्रामीण-स्तर की क्षेत्रीय-कार्यकर्ताओं के रूप में पिछले सात-आठ वर्षों से प्रदेश के महिला संगठनों में बहुत अच्छी पहचान बना ली है। जिन नामों के साथ ये सात डायरी लेखिकाएँ अपनी ही ज़िन्दगियों की पात्र बनकर इस किताब के अगले पृष्ठों में उभरती हैं, वे नाम हैं राधा, पल्लवी, मधुलिका, गरिमा, चाँदनी, शिखा और सन्ध्या। इन सात डायरी लेखिकाओं ने अपने अनुभवों और संघर्षों की दास्तानों को एक-दूसरे के साथ बाँटकर जोड़ने-पिरोने और एक-सूत्र में बाँधने के लिए गठबन्धन बनाया एक-दूसरे व ऋचा सिंह और ऋचा नागर के साथ।

ऋचा सिंह पिछले बारह वर्षों से नारी समता योजना (एन.एस.वाई., छद्मनाम) नामक एक महिला-संगठन के साथ जुड़कर महिला मुद्दों पर काम कर रही हैं तथा वर्तमान में संगतिन के साथ भी जुड़ी हुई हैं। ऋचा नागर का संगतिन की साथियों से पिछले सात सालों से एक मित्र के रूप में जुड़ाव रहा है। ऋचा नागर 1989 में लखनऊ से यूनिवर्सिटी ऑफ मिनिसोटा (संयुक्त राष्ट्र अमरीका) पहुँचीं और वहीं से सामाजिक-भूगोल में पी.एच.डी. हासिल की। अब वह यूनिवर्सिटी ऑफ मिनिसोटा के महिला-अध्ययन विभाग में कार्यरत हैं।

ऋचा सिंह और ऋचा नागर उत्तर प्रदेश के विभिन्न महिला संगठनों की गतिविधियों के ज़रिए एक-दूसरे से परिचित हुईं। दरअसल जून 1996 में ऋचा नागर को ऋचा सिंह के साथ कुछ दिन सीतापुर में उनका काम क़रीब से देखने-जानने का मौक़ा मिला था। उस मुलाक़ात के बाद दोनों का सघन-परिचय होना शुरू हुआ मार्च 2002 में, जब एक दिन ऋचा सिंह अचानक ऋचा नागर से मिलने लखनऊ पहुँच गईं। वहीं से चल पड़ा मुलाक़ातों, रिश्तों और बातचीत का एक लम्बा सिलसिला। आज वह एक पड़ाव पर आकर इस किताब में तब्दील हो गया है।

---

1. इस संगतिन-यात्रा में हमारा सरोकार महिला संगठनों, एनजीओकरण से जुड़ी सामाजिक प्रक्रियाओं तथा इनकी सतह पर उतरा रही ग़ैर-बराबरियों से है। हमारी विवेचनाएँ एवं आलोचनात्मक-दृष्टिकोण भारतीय संविधान में प्रदत्त अभिव्यक्ति की स्वतन्त्रता का अंग हैं। इन्हें किसी संस्था या संस्थागत-प्रवृत्तियों के साथ किसी भी रूप में जोड़ना कदाचित् उचित नहीं होगा।

हमारी ख़्वाहिश है कि एनजीओ-जगत में काम करने वाले हर स्तर के लोगों तक तो हमारी यह किताब पहुँचे ही, इसके साथ ही हमारे गाँवों के बच्चे और मास्टर-मास्टरनियाँ भी इसे पढ़ें। पर सबसे ज़्यादा तो हमारी यही आरज़ू है कि हम जैसी गाँव-स्तर की कार्यकर्ता हमारे सफ़र की कहानी पढ़ें, ताकि अनुभवों और हिम्मतों के आदान-प्रदान का यह सिलसिला आगे बढ़ता चले।

ज्ञानोत्पादन की राजनीति और एक सामूहिक-प्रक्रिया का उभरना

संगतिन की जो सदस्याएँ इस सामूहिक-किताब का हिस्सा बनीं, उन्हें शुरुआत से यह भले ही न मालूम हो कि वे लेखिकाएँ बनने जा रही हैं, लेकिन स्वैच्छिक संगठनों के बीच रहते-रहते उन्हें यह अच्छी तरह अहसास हो गया था कि ज्ञान किसी भी मुद्दे के बारे में जिस तरह बटोरा, परोसा और बाँटा जाता है, उसकी भी एक राजनीति होती है। अक्सर यह लगता कि क्षेत्र में सामूहिक रूप से काम करते हुए हम बड़े-बड़े मुद्दों की जटिलताएँ पहचानकर उन्हें संवेदनशीलता के साथ सुलझा ले जाते हैं। पर अक्सर उन मौक़ों पर, जहाँ अंग्रेज़ी बोलने वालों का बाहुल्य होता है, हम अपनी ही उपलब्धियों का बखान करने में पीछे हो जाते हैं। हमसे कम जानकारी रखने वाले कभी तो हमारे ही काम का यश अंग्रेज़ी के दम पर जीत लेते हैं और कभी हमें उनकी ऐसी बातें माननी पड़ जाती हैं, जिनसे हम सहमत नहीं होते। इसी तरह की दूसरी दिक़्क़त तब आती है, जब हमें स्वयं अपने ही काम को कुछ ज़्यादा बढ़ा-चढ़ाकर प्रस्तुत करना पड़ जाता है सिर्फ़ इसलिए, क्योंकि हमारे सामने कोई फंडिंग-एजेंसी या महत्त्वपूर्ण हस्ती बैठी होती है। तब हम वही बोलने के लिए बाध्य होते हैं, जो वे चाहते हैं।

दलित या ग़रीब समुदायों के बीच जीकर कौन सबसे कठिन काम करता है, कौन उस काम के बारे में बातचीत करता है, कौन उस पर हिन्दी-अंग्रेज़ी में रिपोर्ट, लेख और पुस्तकें तैयार करता है और जब स्त्री-विमर्श पर चर्चा उठती है, तो कौन से लोग उस विमर्श में अपनी बात रखने के क़ाबिल समझे जाते हैं और किन्हें सिर्फ़ नुमाइश के लिए बुलाया जाता है? यह सारे प्रश्न हमारे समाज में व्याप्त अनेक असमानताओं से जुड़े हैं, इस बात को समूह की सदस्याओं ने बार-बार बड़ी गहराई से महसूस किया था। पर ये सारे अहसास निजी तक़लीफ़ों के रूप में महसूस किए थे—इन पर बातचीत करने का या अपनी एक ठोस समझ बनाने का सिलसिलेवार मौक़ा नहीं मिला था।

1997 से 1999 के बीच हमारा एन.एस.वाई. में किया काम उत्तर प्रदेश के अन्दर और बाहर काफ़ी प्रकाश में आया, जब यहाँ की महिलाओं ने गुड़िया के

त्योहार और शादी के बाद होने वाले शगुन से सम्बन्धित रीति-रिवाजों पर काम करके महिला-विरोधी मान्यताओं और परम्पराओं पर ज़ोरदार प्रहार किया। काम के चर्चित होते ही कई जगहों से शोधकर्ता प्रकट होने लगे—कहीं से किसी ने शोध-रपट करने की इच्छा व्यक्त की, तो कहीं से किसी ने डॉक्यूमेंटरी-फ़िल्म बनानी चाही ताकि इस प्रचार-प्रसार के ज़रिए अन्य लोग हमारे काम से कुछ सीखें। इसी तरह क्षेत्र के अन्य कामों के प्रस्तुतीकरण और उसके दस्तावेज़ीकरण की बातें चलती रहतीं।

लेकिन सीतापुर में काम करने वाली कार्यकर्ताओं को बार-बार लगता कि यदि हम इस शोध या दस्तावेज़ीकरण की प्रक्रियाओं का स्वयं एक अहम हिस्सा नहीं बन सके, और यदि इस काम से हमारी क्षमताओं में कोई बढ़ोतरी नहीं हुई, तथा कोई अंग्रेज़ी पढ़ी-लिखी, क़लफ़दार सूती कपड़े पहने शहरी औरतों की टीम हमारे ही अनुभवों को लेते हुए हमारे ऊपर काम करके चली गई, तो क्या ऐसे काम का हम ज़मीनी महिला कार्यकर्ताओं का इस्तेमाल होने से अलग भी कोई अर्थ होगा?

अत: मार्च 2002 में अचानक जब दोनों ऋचाओं की भेंट हुई, तो सबसे पहले बात शोध और दस्तावेज़ीकरण की राजनीति पर ही उठी। उत्तर प्रदेश के महिला संगठनों के साथ किए अपने कई सालों के अध्ययन से ऋचा नागर को यह स्पष्ट हो गया था कि इन संगठनों के राष्ट्रीय-स्तर पर बदलते ढाँचों के अन्तर्गत उनके भीतर उपजता स्तरीकरण किस तरह वर्ग की खाइयों को तेज़ी से बढ़ावा दे रहा था। इस काम के ज़रिए उन्हें यह अहसास भी अच्छी तरह से हो गया था कि इस स्तरीकरण और बढ़ते वर्गवाद के बारे में संगठन से जुड़ी औरतों के लिए—ख़ासतौर से उनके लिए, जो उच्च पदों पर आसीन नहीं थीं—खुलकर बात कर पाना बहुत कठिन था। ऋचा नागर ऐसे साथियों की तलाश में थीं, जिनके साथ जुड़कर वह शोध और दस्तावेज़ीकरण की प्रक्रियाओं से जुड़ी ग़ैरबराबरी पर बहुआयामी-संवाद स्थापित कर सकें और एक ऐसे सामूहिक-कार्य की योजना बना सकें जो लम्बे दौर तक चलने वाला हो और जिसमें उनकी भूमिका अध्ययन करके केवल अंग्रेज़ी में शोध-पत्र लिखने तक सीमित न रहे, बल्कि उस समूह के साथ विचारों और क्षमताओं का ऐसा आदान-प्रदान भी हो, जिससे समूह से जुड़े सभी लोग सामूहिक और व्यक्तिगत रूप से अपनी समझ तथा अपने संघर्ष को कुछ आगे बढ़ा सकें।

ऋचा सिंह दस्तावेज़ीकरण की राजनीति से दुखी थीं। महिला संगठनों पर फंडिंग एजेंसियों के दबाव कुछ इस तरह पड़ रहे थे कि गाँव-देहातों में हो रहे काम को दाता एजेंसियों के हिसाब से माप-तौलकर, जब तक उसे चमकदार, कम्प्यूटरीकृत रपटों और आँकड़ों में तब्दील न किया जाए, तब तक उस काम और मेहनत की कोई वक़त ही नहीं हो पा रही थी। गाँव की जिन महिला कार्यकर्ताओं

ने बिना पैसे या नाम की चिन्ता किए, रात-दिन एक करके और निजी जीवन में कितने ही विद्रोह व समझौते करके जाति, वर्ग तथा लिंग-भेद के ख़िलाफ़ एक सामाजिक-संघर्ष में ख़ुद को डुबो दिया था, उनसे न तो यह पूछा गया कि सशक्तीकरण को नापने का दावा करने वाले इन आँकड़ों और रपटों में कितनी गहराई है और न ही यह कि इस तरह की रिपोर्ताज से वे कितनी सहमत या सन्तुष्ट हैं? उन्हें यह भी नहीं बताया गया कि किन दबावों की वजह से उन्हें एक ख़ास तरह की रिपोर्ट लिखने को बाध्य किया जा रहा है?

महिला-विमर्श में किस वर्ग के काम का प्रतिनिधित्व कौन, कैसे और क्यों करता है, और महिला स्वैच्छिक संगठनों का बदलता स्वरूप किन ख़तरों को जन्म दे रहा है, जब संगतिन की सात और सदस्याएँ दोनों ऋचाओं के साथ इन्हीं सवालों में उतरने लगीं तो हम सबको उम्मीद की एक नई किरण-सी लहराती नज़र आई। क्या ऐसा सम्भव नहीं कि रीति-रिवाजों, हिंसा तथा जाति-भेद के मुद्दों पर जो काम सीतापुर ज़िले के मिश्रिख ब्लॉक में कार्यकर्ताओं ने इतने संघर्ष, लगन और मेहनत से किया है, उसका लेखा-जोखा वह स्वयं ही तैयार कर सकें? ऐसा क्या हो सकता है कि हम सब आपस में इस तरह जुड़ें कि ज़मीनी-संघर्ष करने का काम और उसके बारे में लिखने-पढ़ने, चिन्तन और विमर्श करने का काम बखिया के टाँकों की तरह पिरोकर हम सब ही सामने ला सकें? हम ऐसा काम स्वयं क्यों नहीं कर सकते, जो किसी दूसरे के लिए किया गया 'प्रोजेक्ट', रिपोर्ट या 'केस-स्टडी' बनकर न रह जाए बल्कि हमारी ख़ुद की समझ और क्षमताओं को बढ़ाए और आगे के सपने हमें किसी फंडिंग-एजेंसी के एजेंडों के हिसाब से बनाने की जगह अपने हिसाब से बनाने की ताक़त दे?

मार्च 2002 में शुरू हुई यह बातचीत ऋचा नागर के अमरीका लौट जाने पर ख़त्म नहीं हुई, बल्कि इसने अधिक गति पकड़ ली, ख़तों और सामूहिक चर्चाओं के माध्यम से। एक मुक़ाम पर आकर हम सबने सामूहिक तौर पर इस काम को आगे ले जाने का फ़ैसला भी कर लिया। पर इसकी ठोस रूपरेखा क्या हो, इसमें कितने लोग भाग लें और वे कौन हों, किस आधार पर कुछ को लिया और कुछ को छोड़ा जाए? ये सब बातें अनिर्णीत रहीं दिसम्बर 2002 तक, जब ऋचा नागर पुनः सीतापुर आईं। अस्सी महिलाओं के बीच हुई चर्चाओं के बाद हम इस नतीजे पर पहुँचे कि इस काम के पहले चरण में आठ-दस लोगों का समूह हो। यह भी तय हुआ कि इस काम में संगतिन के उन लोगों का जुड़ना सबसे बड़ा आधार हो, जिन्होंने सीतापुर में सबसे लम्बे समय तक ग्रामीण महिलाओं के साथ काम किया है। ये लोग बीच की कड़ी होने के कारण ग्रामीण महिलाओं के मुद्दों और परिवेशों के साथ एनजीओकरण की प्रक्रियाओं से भी भलीभाँति परिचित हैं, और खड़ी बोली

में स्वयं को लिखित रूप से अभिव्यक्त करने में भी सक्षम हैं। दिसम्बर के दूसरे पखवाड़े में हम नौ लोगों की टोली रोज़ाना जमा होती और हमारे काम का स्वरूप, उद्देश्य, तरीक़ा तथा नियम आदि क्या हों, इस पर सिलसिलेवार ढंग से चर्चा और बहस होती। इस गहरी बातचीत से जो आपसी समझ और यक़ीन बना, उसी के दम पर हम इस काम में होने वाले छोटे-बड़े ख़र्चों से लेकर इस किताब में लिखे हर अक्षर तक के सारे फ़ैसले सामूहिक रूप से ले सके।

इन सात दिनों में हमने अपने काम का जो विस्तृत ख़ाका खींचा, उसके बारे में दो चीज़ें ग़ौरतलब हैं : पहली यह कि इस ख़ाके को बनाते समय हम पूरी तरह जानते थे कि किसी भी दीर्घकालीन-काम की प्रक्रिया स्थिर नहीं रहती। उसमें काम के आगे बढ़ने के साथ-साथ फेर-बदल करना भी ज़रूरी होता है। और दूसरी बात–हमने यह कोई पक्का फ़ैसला नहीं किया कि हम अपने काम को किस रूप में औरों के सामने लाएँगे या लाएँगे भी अथवा नहीं? हमारा मुख्य मक़सद था कि हम मिलकर एक ऐसी प्रक्रिया को साँचे में ढालें, जिससे हमें अपने जीवन और काम पर सोचने-विचारने और अपनी आगे की दिशाएँ निर्धारित करने की समझ और हौसला मिले। हम जानते थे कि हमारी इस यात्रा में कुछ पड़ाव ऐसे होंगे, जिनके आने की हमें पहले से उम्मीद रहेगी तो कुछ ऐसे भी होंगे, जिनके बारे में पहले से किसी को ख़बर तक न पड़ेगी। यह किताब भी ऐसा ही एक पड़ाव है। इसके बारे में हमने दिसम्बर 2002 में ज़िक्र तो किया था, पर सचमुच यह कल्पना नहीं की थी कि आठ महीनों बाद ही हम अपनी डायरियों पर अनेक सामूहिक चर्चाएँ करने के बाद एक ऐसे मुक़ाम पर पहुँच जाएँगे, जहाँ अपनी ही डायरियों और चर्चाओं के उद्धरण छाँटते हुए हम इस पुस्तक के विभिन्न अध्यायों की परिकल्पना कर रहे होंगे।

लेखनी से आँसुओं तक : एक लम्बी हिस्सेदारी

समूह के रूप में हमने जब पहली बार डायरी लिखने का मन बनाया, तो पहला सवाल उठा कि डायरी तो हमने कभी लिखी नहीं है! फिर इसे लिखेंगे कैसे? क्या लिखेंगे, क्या नहीं? समूह को अपना लिखा पूरा सुनाएँगे कि कुछ ही हिस्से? इन सारे प्रश्नों के जवाब हमने आपस में चर्चा करने के बजाय सीधे डायरी लेखन के माध्यम से ही खोजने शुरू किए। दिसम्बर 2002 की गुलाबी धूप में हममें से कुछ लोग एक ही चटाई पर बैठकर अपने-अपने जीवन में लीन हो गए, कुछ पेड़ों के तले और कुछ मुँडेरों पर या दालानों में बिखर गए। हम सबने एक घंटा डायरी लिखी, अधिकतर अपने बचपन पर। फिर गोल घेरे में वापस बैठकर जब हमने सबके साथ अपना

लिखा एक-एक करके सुनाना और बाँटना शुरू किया, तब नौ-जोड़ी आँखों में से इतने सारे बादल घुमड़-घुमड़कर बह चले कि रोके न रुके।

यह समझने में हमें तनिक भी देर नहीं लगी कि लिखने और बाँटने का यह काम ख़ूबसूरत होगा। पर कहाँ से लाएँगे लिखने का समय? कहाँ से पाएँगे ऐसा कोना या ठिकाना, जहाँ बैठकर हम बिना किसी डर के वह सारे आँसू और वह सारे सपने डायरी के पन्नों पर उतार सकेंगे, जो हमारे भीतर बरसों से उमड़ रहे हैं और कभी थमे नहीं!

अब लिखने और बाँटने का जो सिलसिला चल पड़ा, उसका थम पाना असम्भव था। इस बाँटने में क्या कहना है क्या नहीं कहना, इसका कोई नियम बना पाते, उससे पहले ही चाँदनी ने समूह को हिलाकर रख दिया। अपनी पहली बिटिया से अपने दर्दनाक-बिछोह की घटना, जिसे उसने सत्रह बरसों से अपने मन की डिबिया में क़ैद करके अपने मुँह पर ताला जड़ लिया था और जिसे उसने कभी किसी से न कहने की अपने पति व बाप के सामने क़सम खाई थी, अचानक उसने समूह पर विश्वास करके उस डिब्बी को ऐसे खोल दिया जैसे कोई शायरा अपनी सबसे दर्दीली और प्यारी नज़्म पढ़ने लगे। समूह से सबसे आख़िर में जुड़ने वाली चाँदनी इतनी बड़ी बात खट से और बेझिझक ऐसे बता गई मानो समूह से कह रही हो कि अब यह बोझ मेरा ही नहीं रहा, इसमें अब तुम सबकी हिस्सेदारी बन गई है। जिस भरोसे के साथ चाँदनी ने अपने दिल में छिपी डिबिया हमारे सामने खोलकर धर दी, उसने समूह को कुछ इस तरह झकझोरा कि उसके बाद दिलों में छिपी डिब्बियों को खोलना ही हमारा सबसे बड़ा मक़सद बन गया–यानी विश्वास और पारदर्शिता के साथ सामूहिक सफ़र में हिस्सेदारी। यह साफ़ हो गया कि सब कुछ जो लिखा जाएगा, जो महसूस और याद किया जाएगा, वह एक-दूसरे से बाँटा भी जाएगा, वरना सामूहिकता के सहारे अपनी समझ बढ़ाने का हमारा उद्देश्य अधूरा रह जाएगा।

इस हिस्सेदारी को समूह ने निभाया भी ख़ूब। बतौर मिसाल–जनवरी 2003 में जब कड़ाके की ठंड पड़ रही थी और मधुलिका की कोख में पल रहे बच्चे के दिन पूरे हो चुके थे, तब भी समूह बचपन की डायरी पर सामूहिक-चर्चा करने के लिए इकट्ठा हुआ और रात साथ ही गुज़ारी। चर्चा के तुरन्त बाद ही मधुलिका को सहसा प्रसव-पीड़ा शुरू हुई और चाँदनी के हाथों तथा सभी साथियों की मदद से रात्रि साढ़े तीन बजे मधुलिका के बेटे का जन्म हुआ। हमारी चर्चा की यह बहुत ही शुभ, सुखद और अर्थवान शुरुआत थी।

दिलों को जोड़ने वाली एक और घटना कुछ हफ़्तों बाद फिर घटी, जब चाँदनी की डायरी का वह हिस्सा उसके पति ने पढ़ लिया, जिसमें उसने अपनी किशोरावस्था

और यौनिकता के सम्बन्ध में विस्तार से लिखा था। डायरी पढ़ने के बाद पति के क्रोध का ठिकाना नहीं रहा। वह मरने की धमकी देकर घर से बाहर चला गया। राधा, जो उसी गाँव में रहती थी, अपने पति के साथ चाँदनी के पति को समझा-बुझाकर घर वापस लाई, लेकिन उसके तुरन्त बाद राधा के पति ने राधा की डायरी के कुछ अंश पढ़ने की ज़िद की और राधा को न चाहते हुए भी वे अंश पति के साथ बाँटने पड़े।

किस तरह समूह की सात औरतों ने छुप-छुपकर, ढिबरियों की रोशनी में, और पतियों व बच्चों के बीच लिहाफ़ों में दुबक-दुबककर ये बेशक़ीमत दस्तावेज़ लिखे; कितने निजी ख़तरे मोल लेकर लिखी गईं ये डायरियाँ! इसका बयान करना कठिन है। सन्ध्या ने जब-जब डायरी को छुआ, बरसों से जान-बूझकर भुला दी गई वह रात याद आई जब उसके पिताजी का क़त्ल हुआ था। राधा को रह-रहकर याद आए वह अपमान और वे पीड़ाएँ, जो उसने और उसके परिवार ने गाँव में एकमात्र अछूत परिवार होने के कारण सहे थे। गरिमा और पल्लवी ने यौनिकता और छेड़-छाड़ से सम्बन्धित वह सब कुछ बड़ी दिलेरी के साथ कह डाला, जिसे मान-मर्यादा बनाए रखने की आड़ में बाल-बच्चेदार औरतों को जबरन निगल जाना पड़ता है।

इस सबसे पूरे समूह को एक-दूसरे से हिम्मत मिलती रही सोचने, याद करने, लिखने और बाँटने की। जून 2003 तक हर बीस-पच्चीस दिनों में संगतिन की आठों सदस्याएँ सारे काम और ज़िम्मेदारियाँ निबटा और समय निकालकर अपना लिखा एक-दूसरे से कहने-सुनने बैठतीं। दोपहर से कब रात हो जाती और कब अगला दिन उग आता, इसका पता कानोकान किसी को न लगता। इन्हीं बैठकों में समूह के सदस्य हर लेखिका से तमाम सवाल करते और हर मुद्दे की तह में जाकर उस पर बातचीत करते। सालों साथ काम करते-करते सब यह मान बैठे थे कि हम तो एक-दूसरे के बारे में सब कुछ जानते हैं। पर जब डायरी लिखनी, सुननी और सुनानी शुरू की, तब लगा कि 'हमने तो बस एक छोटा-सा टुकड़ा देखा था अपनी साथियों के इतिहास और संघर्ष का। अभी तो इसी समूह में जानने को बहुत कुछ बाक़ी है-बाक़ी दुनिया तो दूर की चीज़ है।' जो चर्चाएँ उठतीं, उनमें भी निडर होकर सारे मतभेद सामने लाने की कोशिश करते ताकि जो मन में खटकता हो, उसे ज़बर्दस्ती उस तरह न निगलना पड़े, जिस तरह हमारे समाज ने हमें बार-बार निगलने को मजबूर किया है, जैसे-अक्सर यह सवाल उठता कि क्या एक ब्राह्मण महिला जाति-भेद के प्रति लाख संवेदनशील होने पर भी अछूत होने की पीड़ा को उस तरह महसूस कर सकती है, जिस तरह एक पासी या रैदास की बेटी? क्या एक ख़ास समुदाय के ख़िलाफ़ हो रही सामाजिक-हिंसा को दूर से महसूस करने में और ख़ुद झेलने में भारी फ़र्क़ नहीं है?

इसी तरह विवाह, यौनिक-आकर्षण और विवाहेतर सम्बन्धों पर लम्बी बहसें हुईं। बाद में काम को लेकर पद और मान-सम्मान के प्रश्न भी काफ़ी जटिल बनकर उभरे, जैसे–महिलाओं के लिए काम करने वाले संगठन किस तरह व्यक्ति-विशेष द्वारा संचालित होते हैं। हालाँकि पद का मसला बार-बार ऋचा सिंह पर केन्द्रित हो जाता था–एन.एस.वाई. जैसे संगठन में ऋचा सिंह की एक ख़ास जगह क्यों है? 'दीदी' के जिस नाम से लोग उन्हें इतने प्रेम से सम्बोधित करते हैं, उसमें कितने विरोधाभास समाए हुए हैं? समूह के सदस्यों ने यह भी महसूस किया कि ऋचा सिंह का नेतृत्व और संचालन उनके लिए कितनी अहमियत रखता है तथा कितने गहरे व बहुआयामी हैं उनके आपसी सम्बन्ध। वे यह भी अधिक अन्तरंगता से जान सकीं कि किस तरह ऋचा सिंह ने ख़ुद एक कार्यालयकर्मी के पद से गुज़रकर तथा एक एकल माँ का दायित्व निभाते हुए सीतापुर में एन.एस.वाई. की ज़िम्मेदारी सम्हाली। चाहे बहस का मुद्दा कितना ही जटिल हो, बातें हमेशा खुलकर, ईमानदारी से और बिना किसी लाग-लपेट के कही-सुनी और लिखी जातीं, भले ही उसके बाद कितनी ही तकरारों और तक़लीफ़ों के सहारे उस मुद्दे से निबटना पड़े।

कभी-कभी तो इस सफ़र के पड़ावों ने हमें हफ़्तों तक भीतर से हिलाए रखा। डायरियों को लिखते-लिखते हम कई बार यह सोचकर रो पड़े कि सालोसाल दूसरों के ही दुख-सुख को सुनने और सुनाने के इतने आदी हो चुके थे कि अपना कुछ किसी को सुनाया ही नहीं–अपना बचपन और जवानी, अपनी माँओं के कष्ट, और अपने ही सपनों और दर्दों की कहानियाँ किस हद तक भुला बैठे थे! इसका अहसास तब होता, जब हम लिखने के लिए अपनी डायरी के पन्ने खोलते...। इन्हीं अहसासों के बीच हमें यह भी लगा कि हम लोग जाति और वर्ग के भेदभाव की जो बातें बहुत दिनों से कर रहे थे, वे कितनी खोखली थीं। हमने पहचाना ही नहीं था कि इन्हीं भेदभावों और ग़ैरबराबरियों में हमारे ही रिश्ते और समझ किस तरह लिपटे हैं।

शायद इतना सब कुछ कहने-सुनने और बाँटने से ही हम अगस्त 2003 तक यह निर्णय लेने की स्थिति में पहुँच गए कि हम इस काम को पुस्तक के रूप में पाठकों के सामने लाना चाहते हैं। सार्वजनिक रूप में सामने आने के पीछे यही सोच रही कि जब भी हम किसी व्यक्तिगत या ढाँचागत मुद्दे के ऊपर गहराई से जाकर सोच-विचार करते हैं, तो वह सिर्फ़ व्यक्ति-विशेष या संस्था-विशेष की आलोचना मात्र नहीं रह जाती। वह तो फिर उन सारी सामाजिक, आर्थिक, राजनीतिक-परिस्थितियों और प्रक्रियाओं से जुड़ जाती है, जिनके बीच हम सब जी रहे हैं तथा जिनमें सड़ती गन्दगी और दुर्गन्ध से हम सभी छुटकारा पाना चाहते हैं। क्यों डरें फिर हम वह सब कहने से, जो हमारे साथ घटित हुआ पर जिसको हम कह नहीं सके?

इस वजह से कि बार-बार हमारे मुँह पर कसकर हाथ धर दिया–कभी हमारी माँओं और ताइयों ने, कभी बाबा और भाइयों ने, कभी ससुराल वालों ने और कभी अपने ही साथियों, उच्चाधिकारियों व मंत्रियों ने।

यहीं यह भी कहना ज़रूरी है कि क्यों दोनों ऋचाओं ने इस पूरे कार्य के दौरान अपने व्यक्तिगत अनुभवों को समूह के साथ मौखिक-रूप में तो बाँटा, पर उनकी बातें समूह की बाक़ी लेखिकाओं की तरह औपचारिक डायरी-लेखन का हिस्सा नहीं बनीं। जब हम दिसम्बर 2002 में डायरी-लेखन और उससे होने वाले विमर्श की योजना बना रहे थे, तब कई कारणों से समूह ने यह तय किया कि औपचारिक डायरी-लेखन के काम में टोली के उन्हीं सदस्यों का जुड़ना उचित है, जिनका अधिकतर जीवन सीतापुर के ग्रामीण इलाक़ों में बीता है। चूँकि संगतिन का काम सीतापुर में केन्द्रित है, अतः यह ज़रूरी लगा कि उसी परिवेश में उभरी कार्यकर्ताओं के जीवन और कार्यक्षेत्र की यात्रा का लेखा-जोखा बने। यह भी महसूस किया कि भले ही असमानताओं के प्रति हम कितने ही संवेदनशील क्यों न हों, दोनों ऋचाओं के डायरी-लेखन में भाग लेने से समूह में मौजूद शिक्षा, पद और परिवेश की खाइयों के और अधिक नुकीली बन जाने का ख़तरा रहेगा। हम बिल्कुल नहीं चाहते थे कि अनजाने में ही दोनों ऋचाओं की कहानियाँ समूह पर इस तरह हावी हो जाएँ कि आम ग्रामीण औरतों के संघर्ष को एन.जी.ओ. के काम और ज्ञानोत्पादन की राजनीति के सन्दर्भ में समझने का हमारा मक़सद ही धुँधला पड़ जाए। प्रक्रिया की शुरुआत के आठ महीनों के बाद जब डायरियों और चर्चाओं के आधार पर पुस्तक लिखने की बात उठी तब समूह ने इन सारे बिन्दुओं पर पुनर्विचार करके तय किया कि दोनों ऋचाओं की ज़िम्मेदारी पुस्तक बनने के हर चरण में चर्चाओं के आयोजन और संचालन पर केन्द्रित होगी। साथ ही दोनों हर अध्याय के लेखन और पुनर्लेखन पर तब तक काम करेंगी जब तक हर लिखित हिस्से को पूरे समूह की रज़ामन्दी न मिल जाए। अन्ततः जब डायरियों के आधार पर पुस्तक लिखने की बात उठी तो सभी बिन्दुओं पर सामूहिक रूप से विचार-विमर्श करने के बाद पूरी टोली ने यह तय किया कि दोनों ऋचाओं का मुख्य काम चर्चाओं के आयोजन, संचालन, संकलन-सम्पादन, सामूहिक विश्लेषण को सामने लाने तथा लेखन पर केन्द्रित रहेगा।

क्या भूलें, क्या याद करें...

डायरियों को पिरोने का काम जब हम सामूहिक रूप से करने बैठे, तो अहसास हुआ कि याद करने, भूलने और बिसरने के मायने भी हम सबके लिए अलग-अलग होते

हैं। कौन-सी बातें हमारे दिलो-दिमाग़ में हमेशा के लिए नक़्श हो जाती हैं, और कौन-सी बातें हम भूल जाते हैं? क्यों कभी-कभी हमें अपना बचपन याद ही नहीं आता, और कभी एक ही घटना जिस्मोजान पर इस क़दर हावी हो जाती है कि लेखन में उससे उबरना कठिन हो जाता है?

इन सारी प्रक्रियाओं की जटिलताओं को न तो कोई फ़ॉर्मूला पकड़ सकता है और न ही इस तरह के लेखन को पूरी तरह नियमबद्ध किया जा सकता है। इसलिए आगे आने वाले पन्नों पर आप पाएँगे कि एक ही प्रसंग पर बात छिड़ने के बावजूद उस बात का केन्द्र हमेशा एक नहीं रहता। राधा को जहाँ बचपन के नाम पर भूख और तिरस्कार याद आता है, वहीं गरिमा को बाप की शराब, और पल्लवी को अपने साथ अबोध अवस्था में किया गया यौनिक-शोषण। चाँदनी जब अपनी यादों को फ़ोकस करने बैठती है, तो बार-बार स्मृति का लेंस उसकी पहली शादी पर ठहर जाता है, जिसने उसे बहुत ज़िल्लत और मार-पीट झिलाने के बाद अपनी बेटी से बिछुड़ जाने पर मजबूर कर दिया। सन्ध्या यौनिकता का प्रश्न आने पर हर बार मुँह मोड़ लेती है और बचपन में देखा वही पारिवारिक-क़त्लेआम उसकी रूह को हमेशा कँपाता रहता है, जिसकी वजह से घर वालों ने उसका नाम आभा से बदलकर सन्ध्या कर दिया था! शिखा के लेखन में बार-बार यह पीड़ाजनक शिकायत उभरकर आती है कि एक सम्पन्न परिवार में पैदा होने के बावजूद क्यों उसे आजीवन इतनी ग़रीबी और अभावों में रहना पड़ा? और मधुलिका को रह-रहकर याद आते हैं अपने ही वे हँसी-ठहाके, जिनसे उसके घर-परिवार को सख़्त शिकायत और नफ़रत थी। जब-जब किसी बातचीत में रैदासों का ज़िक्र आता है, एक आक्रोश और कड़वाहट भर जाती है मधुलिका के भीतर। उसका मन करता है कि सबको तुरन्त ख़ामोश कर दे। पर इन अस्थिर केन्द्रों और लेंसों के बावजूद हर अनुभव गड़ा रहता है अपने ही परिवेश में, मान-सम्मान, इज़्ज़त-आबरू और ऊँच-नीच की राजनीति में तथा अपने आगे के सपने देखने और पूरा करने का साहस जुटा पाने की लालसा में!

इस पुस्तक के अध्यायों का क्रम हमने लेखिकाओं की डायरियों के क्रम पर ही आधारित किया है—पहले बचपन, फिर किशोरावस्था, शादी और मातृत्व तथा अन्त में कार्यक्षेत्र से जुड़े संघर्ष और अनुभव। परन्तु यह ज़रूरी है कि हम इन अध्यायों को सिर्फ़ सीतापुर की सात औरतों की ही कहानी न समझ बैठें, बल्कि नौ संगतिनों की सोच-समझ, दृष्टि और विमर्श को गहराई से जान सकें। इसलिए हमारा आख़िरी अध्याय महिला संगठनों की जटिलताओं व राजनीति पर जाकर टिकता है। महिला-आन्दोलन और सशक्तीकरण को लेकर जो सवाल आज बार-बार हर जगह

उठ रहे हैं, उनके विषय में एक सोद्देश्य गठबन्धन हमें कहाँ तक ले जा सकता है? इस समूह की लेखिकाओं ने महिला मुद्दों के एनजीओकरण को किस तरह अनुभव किया है और किस तरह आँका है? अपने जीवन और कार्यक्षेत्र के संघर्षों के आधार पर कैसे यह छोटा-सा समूह आगे की अपनी दिशा तय कर रहा है, अपने भविष्य के लिए सपने सँजो रहा है? यह सब वे सवाल हैं, जिनके जवाब हम अक्सर ऊपर बैठे लोगों से तो सुनते हैं, लेकिन नीचे बैठी कार्यकर्ताओं से नहीं। हमारी यह किताब इन्हीं सब चर्चाओं को एक नए ढंग से आगे बढ़ाने की कोशिश है।

तो बस, इस प्रस्तावना से ही शुरू करते हैं हम एक सामूहिक-यात्रा की दास्तान।

छोटा-सा बचपन

अक्सर लोग कहते हैं–बच्चों को चोरी की आदत मत डालो। मैंने कितने ही झूठ बोले हैं बचपन में। कितनी ही चोरी की, फिर भी मेरी आदत चोरी की नहीं पड़ी। अब तो मुझे लगता है कि दूसरों के हित में बोला गया झूठ, झूठ नहीं–सच से बढ़कर होता है।

–गरिमा की डायरी से

जब से हम लोग महिला मुद्दों से जुड़े, न जाने कितनी बार हमने गाँव की औरतों से उनकी कहानियाँ पूछीं, और न जाने कितनी कार्यशालाओं में उन्हें अपनी कहानियाँ तथा अपने अनुभव सुना डाले। पर जब अपनी डायरियों की शुरुआत की, तब अचानक अहसास हुआ कि बचपन के बारे में तो किसी ने पूछा ही नहीं बरसों से। एक ज़माना हो गया बचपन को याद किए। जब बचपन को याद करने बैठे, तब इतने आँसू रोए कि समझ नहीं आता था कि दूसरे लेखक जब किताबों और कविताओं में अपने बचपन को याद करते हैं, तब कैसे उन्हें तितलियों की तरह रंगबिरंगा बचपन याद आता है, या फिर किसी चिड़िया की तरह दूर गगन में उड़ान भरता एक अतीत! हम तो जब-जब लिखने और सुनने-सुनाने बैठे, यही याद किया बार-बार कि कितना छोटा-सा वह दौर था हमारी ज़िन्दगियों का, जिसे लोग बचपन कहते हैं। और वह भी कितनी उलझनों और पीड़ाओं का मारा बचपन, जिसमें से कहीं जाति-भेद की सड़ायँध आती है तो कहीं शराब की बू, कहीं तीसरी बेटी के रूप में जन्मने की पीड़ा, तो कहीं सम्पत्ति और पारिवारिक दुश्मनियों की कलह का शोर।

यादों के फ़्लैश-बैक जो दिमाग़ में बार-बार कौंधे, उनमें चित्र देखे तो वही अभावों, भूख व ग़रीबी के, बेतहाशा पिटती माँ के, या अपने ही बदन पर माँ-बाप से खाई मार की चोटों के। बचपन की ख़ुशियाँ, खेलकूद तो याद ही नहीं आए हमें। वह तो जब हमें याद दिलाया गया, तब याद आया कि हमने खेल भी खेले थे। यादों के इन कठिन पलों को हमने एक साथ जिया कभी अपने ही आँसू बहाते-पोंछते,

तो कभी एक-दूसरे की पीठ सहलाते। इन्हीं सवालों के जवाब खोजने की कोशिश करते कि क्यों आया हमारे हिस्से में इतना दर्द? हमें वह सब क्यों नहीं मिला जो हर बच्चे का हक़-हुक़ूक़ होता है? जाति, वर्ग, धर्म, लिंग वग़ैरह की तमाम खाइयाँ और भेदभाव कैसे गड्ड-मड्ड होकर हमारे बचपन में ऐसे घुल गए कि उनकी कड़वाहट अब भी हमारी ज़बानों पर जस की तस धरी है।

बारे मुँह की बतियाँ[2] : टुकड़ा-टुकड़ा बचपन

सन् 1971 में राधा का जन्म उन्नाव ज़िले के एक छोटे-से गाँव महरौली में हुआ था। इस गाँव में एकमात्र पासी परिवार राधा का ही था, जो मेहनत-मज़दूरी करके बड़ी मुश्किल से पेट पालता था। गाँव में कुर्मियों का बाहुल्य था। इन कुर्मियों के डर से अनेक पासी परिवार अपने-अपने घर छोड़कर गाँव से थोड़ी दूर पर एक पुरवा बनाकर रहने लगे थे। राधा के पिता हठी थे। वह अपना घर व गाँव छोड़ने को क़तई तैयार नहीं हुए। पिताजी के इस हठ को तो अब हिम्मत ही कहेंगे। पर इसकी क़ीमत चुकाई उनके बच्चों ने, जिन्हें गाँव वालों ने कभी यह नहीं भूलने दिया कि वह अछूत हैं।

राधा पैदा हुई, तो घर में खाने के लिए अनाज नहीं था। पेट भरने के लिए अम्मा नन्ही-सी राधा को खेत की मेड़ पर लिटा देती और सीला[3] बीनकर इकट्ठा करती। जो अनाज खेतों में पड़ा रहकर सड़ने लगता, वही राधा के परिवार के जीवन यापन का सहारा होता। जब राधा ने होश सँभाला तो यही सुना लोगों से : ''अरे, यह तो वही है न, जिसे उसकी माँ मेड़ पर लिटाकर सीला बीनती थी?''

घर में जब अनाज नहीं होता तो राब[4] का शर्बत पिया जाता था। घर में पिताजी का आतंक राधा को भूलता नहीं है—उनका माँ के साथ छोटी-छोटी बातों पर मार-पीट करना, माँ के लिए रखे शर्बत में ज़बर्दस्ती पानी मिला देना, और यह सब देखकर राधा का दहशत के मारे ख़ामोश हो जाना या क्रोधित पिताजी का मुँह खुलते ही डर के मारे रोने लगना।

गाँव के एकमात्र दलित-परिवार में पलती-बढ़ती राधा छुआछूत की जकड़न से लगातार जद्दोजहद करती। उसकी समझ में ही नहीं आता कि क्यों लोग उसे अपने घरों के बरतन नहीं छूने देते या अपने चौके के इर्द-गिर्द फटकने नहीं देते!

2. छोटे बच्चों के मुँह से निकली हुई बातें।
3. फसल की कटाई के दौरान खेत में गिरकर जहाँ-तहाँ बिखरे दीखते अनाज के नाम मात्र के दाने।
4. गन्ने के रस से बनी हुई खाँड़।

क्यों लोग अपने बच्चों के साथ खेलने से रोकते हैं उसे। या अगर कभी खेल लेती है उनके साथ, तो अपने ही घर में उसे मार क्यों पड़ती है?

माँ की जान हमेशा काम में रहती। उन्हें दम मारने की फ़ुरसत न मिलती, लेकिन चाहे जितनी हैरान-परेशान हों, अम्मा रोज़ थोड़ा-सा समय निकाल अपनी राधा को तेल, काजल लगातीं, तैयार करतीं, और गले में हमेशा एक सुतिया[5] पहनाए रखतीं। पड़ोसी अक्सर इसका मज़ाक बनाते। कहते : "देखो, अपनी बिटिया को ऐसे सजाकर रखती है कि पता ही नहीं चलता है कि पासी है।"

अछूत होने का कष्ट स्कूल जाने के साथ और बढ़ता गया। पिता के हठ और स्वाभिमान ने कुर्मियों के दबाव के आगे झुकने से इनकार कर दिया और अपनी दो बेटियों और तीन बेटों को पढ़ने भेजा। एक दलित-परिवार भी शिक्षा पाने का सपना सँजो सकता है, यह ऊँची बिरादरी वालों को सुहाया नहीं। लोगों का बार-बार यही ताना मिलता : "यह पसियवा अपने बच्चों की पढ़ाई में इतना पैसा क्यों लगा रहा है?...क्यों सवर्णों के साथ बराबरी कर रहा है? लड़कों को मज़दूरी करके पैसा कमाना है। लड़कियों को घास छीलना और चौका-बरतन करना है। यही सिखाए तो आगे चलकर काम आएगा।"

स्कूल के भीतर भी छुटकारा न मिला। सवर्ण मास्टर राधा के हाथ से छुए लोटे का पानी नहीं पीते थे। एक बार जब एक मास्टरजी ने राधा से पानी मँगवाकर पी लिया, तो राधा की ख़ुशी का ठिकाना न रहा। घर आते ही माँ को बताया : "आज मुंशीजी पानी पिए रहें हमरे हाथ से।"

उस समय गाँव के प्राथमिक विद्यालय के ब्राह्मण अध्यापकों को 'पंडितजी' कहकर सम्बोधित किया जाता था लेकिन अन्य सभी जातियों के शिक्षक 'मुंशीजी' कहलाते थे।

सम्बोधन की ठीक इसी ग़ैरबराबरी पर सवाल करते होश सँभाला मधुलिका ने, जिसका जन्म शाहजहाँपुर ज़िले के मानपुर गाँव में रैदास जाति के एक अध्यापक के घर में हुआ। मधुलिका यह समझ ही नहीं पाती थी कि स्कूल के दूसरे मास्टरों को तो 'पंडितजी' कहा जाता है, फिर मेरे पिताजी को लोग 'मुंशीजी' क्यों कहते हैं? मधुलिका के जन्म के समय ज़मीन के पीछे झगड़ा हुआ था। झगड़े में पिताजी को काफ़ी चोट आई थी। इसका इल्ज़ाम मधुलिका के मत्थे मढ़ा गया : "यह सब तो इस लड़की के पैदा होने से हुआ है। इससे तो अच्छा रहता कि यह मर जाती।"

---

5. गले का आभूषण।

पाँच बेटियों को जन्म देने वाली मधुलिका की माँ को ससुराल के तानों से कभी छुटकारा न मिलता। एक तो पाँच बेटियाँ, ऊपर से मायके में मधुलिका की नानी की बेवक़्त मौत। इसकी वजह से माँ के कन्धों पर उनके छोटे भाई-बहनों की ज़िम्मेदारी भी आ पड़ी। मधुलिका के छोटे मामा और मौसी, माँ के पास ही रहते थे। मधुलिका के पिताजी को उनका ख़र्च भी उठाना पड़ता था। इस कारण पिता की स्कूल की नौकरी और घर में अच्छी खेती-बाड़ी होने के बावजूद बेहद तंगी रही।

"पाँच-पाँच बेटियाँ हैं, आख़िर कितना करें और कहाँ से करें?" यही कहते पिताजी बार-बार।

फिर भी थोड़ा-बहुत लाड़ तो अम्मा अपनी बिटियाओं से कर ही लेती थीं। मधुलिका को याद है कि कभी-कभी माँ पानी गरम कर उसे नहला देतीं या बाल बाँधकर तैयार कर देतीं, तो मधुलिका फूली न समाती। भाई मना करता रह जाता, पर माँ बड़े शौक़ से बिटियाओं के लिए कंगन-चूड़ियाँ ख़रीद देतीं।

पिता के मास्टर होने के कारण मधुलिका स्कूल तो गई, लेकिन पिताजी ने उसकी पढ़ाई को गम्भीरता से नहीं लिया। फ़ीस जमा न होने की वजह से उसे दो साल तक पढ़ाई छोड़नी पड़ी। बाद में फिर से नाम लिखवाया गया और किसी तरह मधुलिका ने आठवीं पास कर ली।

मधुलिका के अनुभव जाति-भेद को लेकर राधा की अपेक्षा काफ़ी भिन्न थे। मानपुर में मधुलिका के घर खेती थी, अपना कुआँ था। रैदासों का बाहुल्य था। ब्राह्मणों की आर्थिक दशा काफ़ी गई-गुज़री थी। मधुलिका को कभी लगा ही नहीं कि वह किसी छोटी या अनुसूचित जाति से है। यह तो उसने ज़रूर जाना कि ब्राह्मण ऊपर माने जाते हैं और रैदास नीचे, पर यह भी लगता रहता कि हम तो ब्राह्मणों से बहुत अच्छे हैं। उनके पास तो कुछ है ही नहीं।

मधुलिका और राधा की ज़िन्दगी के टुकड़ों को आज़ू-बाज़ू रखकर देखें, तो समझ में आता है कि भिन्न-भिन्न परिवारों के लिए अछूत होने के मायने भी कितने अलग होते हैं। जहाँ राधा के लिए अछूत शब्द ने बचपन से ही एक दर्दनाक-तिरस्कार का रूप धर लिया, वहीं मधुलिका के लिए अधिकतर वह एक खोखला-लफ़्ज़ ही बना रहा। ऊँच-नीच के बारे में सुना तो सही, पर ऊँच-नीच से जुड़ी मान्यताएँ किस तरह से एक दलित-परिवार के रोएँ-रोएँ में जबरन ठूँस दी जाती हैं, इस पीड़ा से मधुलिका ज़्यादातर अनजानी ही रही।

सन्ध्या और गरिमा के जीवन के अंशों को इसी सूत्र में पिरोते हैं, तो अहसास होता है कि कितना गहरा तथा जटिल है जाति-व्यवस्था का यह ताना-बाना और धुर

बचपन की मासूमियत में ही इसे आत्मसात् करने का सिलसिला किस तरह शुरू हो जाता है; कभी पवित्रता के नाम पर, तो कभी आत्मसंयम और व्रत-उपवासों के नाम पर।

बहुत कुछ था और सब कुछ ख़त्म हो गया! यह हूक रह-रहकर उठती है सन्ध्या के मन में। सन् 1968 में उन्नाव ज़िले के सुजानपुर नाम के एक ब्राह्मण-बाहुल्य गाँव में सन्ध्या की पैदाइश हुई। जिस दिन सन्ध्या ने जन्म लिया, वह नवरात्र का आख़िरी दिन था। हवन हो रहा था। "घर अछूत हो गया है," यह कहकर बाबा (दादाजी) ने हवन बन्द करवाना चाहा। तब सन्ध्या के पिता, जो सरकारी डॉक्टर थे, ने विरोध किया। बोले : "यह तो ख़ुशी का मौक़ा है, हवन बन्द नहीं होगा।"

पाँच भाइयों के बाद जन्मी इस बेटी को पिता ने नाम दिया, आभा–पाँच भाइयों की आभा। और पड़ोस की दादी ने प्यार से पुकारा–पच्चो। लेकिन छः माह के भीतर ही आभा के पिता गाँव के एक फ़साद में अपने ही गाँव के कुछ लोगों द्वारा मारे गए।

पिता की मौत के बाद बाबा ने घोषणा कर दी : "अब तो अन्धकार हो गया है, इसलिए इसका नाम आभा नहीं, सन्ध्या रहेगा।"

पिता की मौत का सदमा सन्ध्या के नाम में सिमटकर हमेशा रिसने वाला एक नासूर बन गया। बाबा अपने बेटे की मौत की गुनाहगार बराबर सन्ध्या को मानते रहे। अपने बाप के क़ातिलों के डर और नफ़रत के साए में पली सन्ध्या घर की चहारदीवारियों के अन्दर कब बड़ी हो गई, यह ख़बर ही नहीं लगी।

पाँच बेटों और एक बेटी को पढ़ाना-लिखाना सन्ध्या की माँ के सामने बहुत बड़ी चुनौती थी। आर्थिक तंगियों से घिरी और कुलीनता के बोझ में दबी उस जवान ब्राह्मण-विधवा को परिस्थितियों ने पूरी तरह ससुर और जेठ पर निर्भर बना दिया था। सन्ध्या को पढ़ने के लिए ताऊजी के पास उन्नाव भेज दिया गया। उन्नाव की ही घटना है, जब दस साल की उम्र में सन्ध्या को कान के पास औंधा फोड़ा निकल आया। बचने की उम्मीद नहीं रही। सबने कहा : "इसके कान में कैन्सर हो गया है, अब ज़िन्दा न रहेगी।"

सन्ध्या को खाने को भी ठीक से नहीं मिला, क्योंकि सबको लगता था कि इसकी देखभाल करके क्या होगा। यह तो मर ही जाएगी। फिर भी जब सन्ध्या के ज़िद्दी-शरीर ने दम तोड़ने से इनकार कर दिया, तो यही सुनने को मिला : "न मरेगी, न माचा (मुक्ति) देगी।"

इन हालात में पिता की मौत का दुख गहराता चला गया। सन्ध्या के भीतर कहीं गहरे में सालता कि अगर पिता को जीना ही नहीं था, तो मैं पैदा क्यों हो गई? लगातार कष्ट, अपमान और उपेक्षा दिन-पर-दिन सन्ध्या को विद्रोही बनाते गए–

वह जो करने की ठान लेती, उसे पूरा करे बिना मानती नहीं। अन्य लड़कियों की तरह रहना सन्ध्या को तनिक भी नहीं सुहाता। तीज-त्योहारों पर कभी माँ हठ करके सजा भी देती, तो थोड़ी ही देर में सन्ध्या सब उतार फेंकती। माँ को तो उसने कभी सजते-सँवरते हुए देखा नहीं था, इसलिए इन सब चीज़ों में सन्ध्या की रुचि जागी ही नहीं। कभी-कभी लगता है कि परिस्थितियों की मार में पली-पकी ये अरुचि, ज़िद और अदम्य-क्रोध ही तो कहीं सन्ध्या को जीवन की तमाम सहज भावनाओं और प्रक्रियाओं से दूर नहीं कर बैठे?

लखनऊ से लगे मनोहरपुर गाँव में एक ब्राह्मण परिवार में जन्मी गरिमा के हालात भी ख़ासी खेती-बारी के बावजूद कुछ इसी तरह के थे। बाबा (दादाजी) सात बहनों के बीच इकलौते भाई थे, बेटों का बहुत शौक़ था उन्हें। गरिमा से पहले एक भाई आठ माह का होकर मर गया था। बीमार बाबा सहित घर में सब बेटे की आस लगाए बैठे थे। इसलिए जब बिटिया के पैदा होने की ख़बर सुनी, तो बाबा बोले : "बत्तियाँ बुझा दो। अँधेरा छा गया है।"

ऐसा कहने के एक हफ़्ते बाद ही बाबा ने दम तोड़ दिया।

बाबा के अन्तिम समय को अन्धकारमय बना देने वाली नन्ही-सी गरिमा के हिस्से में हँसने-मुस्कुराने के पल कम ही आए। अपने चारों भाइयों में सबसे छोटे गरिमा के पिता, पक्के शराबी थे। बाबा इस लत से भली-भाँति परिचित थे। वह डरते थे कि बेटा सब कुछ शराब में गवाँ देगा। इसीलिए सौ-सौ बीघा खेती अपने सब बेटों और चालीस-चालीस बीघा सब बहुओं के नाम करने के बाद बाबा ने गरिमा की माँ को बीस बीघा खेती औरों से ज़्यादा दी, ताकि मुसीबत पड़ने पर इस विधवा बहू को किसी के आगे हाथ न पसारना पड़े। बाबा ने एक छोटा-सा मकान भी दे दिया था। गरिमा की माँ आज भी इसी मकान में रहती हैं।

होश सँभालते ही गरिमा ने घर में आए दिन नशे में धुत बाप के हाथों माँ को बेइन्तिहा पिटते हुए देखा था। बहाने-बहाने से मारते थे। अक्सर नशे में पड़े रहना बाप का नियम-सा रहता। बिस्तर से उठते ही पन्द्रह-पन्द्रह दिन लगातार पीना चलता रहता। यह तब तक न थमता, जब तक बीमार न पड़ जाते। घर के सारे ख़र्च खेती से ही चलते थे और पिता की दारू भी। जब तक घर में अनाज रहता, पिता पूरी तरह से बेपरवाह होकर उसे अपनी दारू के लिए बेचते जाते। घर की ज़रूरतें पूरी करने के लिए माँ अक्सर गरिमा को चोरी से अनाज बेचने को देतीं। कभी-कभी माँ एक बोरा धान, मूँगफली और दाल छिपाकर रख देतीं ताकि सब कुछ ख़त्म हो जाने पर भी बच्चों का पेट चलता रहे।

ऐसी ही कुछ घटनाएँ गरिमा के दिल में गहरी टीसें बनकर उभरती हैं। एक दिन घर में खाने को कुछ नहीं था। बहुत दिनों की रखी दाल थी, बस! वही दाल पकाकर माँ जब तीनों बच्चों के साथ भूख मिटाने बैठी, तो ऊपर कीड़े ही कीड़े तैरते दिखे। दाल फेंकनी पड़ी।

इसी तरह एक दिन गरिमा अपने दोनों छोटे भाई-बहन को साथ लेकर श्राद्ध में खाने गई। वह जब ख़ुद खाने बैठी, तो माँ की भूख कचोटती रही उसे : 'घर में तो कुछ है नहीं, माँ क्या खाएगी?' दो पूड़ियाँ अपनी फ्रॉक में छिपा लीं गरिमा ने और घर आकर माँ के हाथों में रख दी। माँ अपने आँसुओं को रोक नहीं पाईं।

भूख से बिलबिलाकर गरिमा ने बचपन में चोरी तो ज़रूर की, लेकिन चोरी की आदत उसे नहीं पड़ी, इस बात पर उसे गर्व है। हाँ, माँ की धार्मिक-प्रवृत्ति के असर और तक़लीफ़ों से मुक्ति पाने की तीव्र इच्छा ने गरिमा के भीतर ईश्वर-भक्ति ज़रूर जगा दी। बार-बार यही लगता उसे कि भगवान तो होगा ही, वरना दुनिया कैसे चलती होगी। दस-बारह साल की उम्र में ही गरिमा गुरुवार, शुक्रवार, सावन के सोमवार आदि के तमाम व्रत करने लगी। पूजा करते वक़्त अपने सब दुख-दर्द भगवान के सामने कह डालती।

इस सबके बीच सयानी होती गरिमा का जहाँ एक ओर बाप की शराब ने धर्म की तरफ़ झुकाव बढ़ाया, वहीं दूसरी ओर जाति-भेद की पेचीदगियों से भी पहली बार साक्षात्कार कराया। पिता का हर जाति के लोगों के साथ उठना, बैठना, पीना-पिलाना ख़ूब चलता था। पिता को बुलाने के लिए गरिमा का रैदास बस्ती में आना-जाना आम बात थी। वह दिन भी याद है उसे, जब नत्थू चमार उसके घर के पास बैठे थे। गरिमा ने उन्हें इसी नाम से सम्बोधित किया, तो पिताजी ने फटकारा : ''यह आपसे बड़े हैं।''

गरिमा लिखती है : ''इससे मैंने सम्मान करना तो सीख लिया, पर जातिगत भेद न छोड़ पाई।''

माँ-बाप दोनों चाहते थे कि गरिमा पढ़े, इसलिए पढ़ाई शुरू हो गई थी। कभी-कभार जब पिताजी घर पर नहीं होते थे, तो अपनी गुड़िया को लिये बाहर खेलने भी चली जाती। पर ज़्यादातर तो यही याद आता है गरिमा को कि माँ की परेशानियों ने कितना गम्भीर और परेशान बना डाला था उसे। हर पल इसी कोशिश में बीतता कि माँ को पिता की मार से कैसे बचा लूँ।

चाँदनी के दिलोदिमाग़ पर भी बचपन के नाम पर कुछ ऐसी ही तस्वीरें उभरती हैं—अब्बू की शराब, अम्मा का उनके हाथों पिटना, और बाद में अम्मा के दबे हुए ग़ुबार

का उसके अपने नन्हे से जिस्म पर उबलकर बरस पड़ना। उन्नाव ज़िले के रानीपुर क़स्बे में जन्मी चाँदनी के घर हथकरघे का काम होता था। पिता कपड़ा भी बेचते थे। उसकी माँ तथा बहनें मिलकर घर में बुनाई का कुल काम करती थीं, जिससे घर के सारे ख़र्च चलते थे।

मेहनत-मज़दूरी करके पेट पालने वाले पिता को तीसरी बेटी के पैदा होने की ख़बर सुनते ही इतना सदमा पहुँचा कि वह ग़ुस्से से बेक़ाबू हो गए। पति का क्रोध देखकर अम्मा ख़ुद भी तैश में आ गईं और बच्ची जनने के कुछ ही घंटों बाद हथकरघे पर यह कहते बैठ गईं : "ऐसी बेटी से क्या फ़ायदा, इससे तो अच्छा यह मर जाए।"

प्रसव और जन्म के तुरन्त बाद की गई इस मेहनत ने अम्मा को बीमार कर दिया, कोई दवा-पानी भी नहीं हुआ। पर चाँदनी को इस सारी उपेक्षा के बावजूद ज़िन्दा रहना था, इसलिए जीती रही वह।

चाँदनी की दोनों बड़ी बहनों की नज़र काफ़ी कमज़ोर थी, इसलिए उनसे बारीक काम नहीं होता था। माँ-बाप को डर था कि चाँदनी का भी यही हाल रहेगा। पर जब पता चला कि इसकी नज़र ठीक है, तो तीसरी बेटी के लिए प्यार थोड़ा बढ़ गया। अम्मा के साथ बिताए ख़ुशनुमा पल याद करने बैठती है, तो चाँदनी के सामने सावन के झूले और अपने गाँव की रामलीला के नज़ारे घूमने लगते हैं। अम्मा के साथ चाँदनी हर बरस रामलीला देखने जाती। जिस दिन रावण फूँका जाता, जल्दी-जल्दी घर का सारा काम निबटाकर अम्मा सब बिटियाओं के साथ निकल जातीं ताकि तमाशे का एक भी ख़ास लम्हा कहीं छूट न जाए। ऐसे ही सावन के महीने में अम्मा अपनी तीनों बेटियों के साथ बड़े शौक़ से झूला झूलतीं। अपनी अम्मा को ख़ुश देखकर चाँदनी दीवानी हो जाती। उसे ऐसा लगता, जैसे सावन के गीतों में डूबकर अम्मा अपने सारे ग़म भुला देना चाहती हों।

हथकरघे के इर्द-गिर्द पलती-बढ़ती चाँदनी अरबी-फ़ारसी पढ़ रही थी। अम्मा भी चाहती थीं कि यह बेटी पढ़ ले, क्योंकि दोनों बड़ी बेटियाँ आँखों की रोशनी कम होने के कारण बिल्कुल भी नहीं पढ़ पाई थीं। चाँदनी की इसी के साथ बड़ी तमन्ना थी कि वह हिन्दी भी पढ़ सके, पर पड़ोसियों ने माँ-बाप को भड़काया : "हमारे मज़हब में हिन्दी पढ़ाना गुनाह है। वैसे भी लड़की क़ो हिन्दी पढ़ाकर नौकरी करानी है क्या? बिगड़ जाएगी।"

फिर क्या था। अम्मा ने इस्लाम पढ़ने के लिए बिठा दिया। उस दिन छोटी-सी चाँदनी बहुत रोई। खाना छुआ भी नहीं। पड़ोस में रहने वाली पठान लड़कियाँ स्कूल जाती थीं। चाँदनी का मन और ज़िद देखकर उन्होंने अम्मा को समझाया। अम्मा भी मान गईं। आख़िरकार पिताजी ने कन्या जूनियर हाई स्कूल में चाँदनी का नाम

लिखवा दिया। पढ़ती हुई बेटी को देखकर अम्मा को तसल्ली होती। कोई जब चाँदनी से चिट्ठी पढ़वाने आ जाता, तो अम्मा की ख़ुशी का ठिकाना नहीं रहता। पाँचवीं के बाद पढ़ाई रुकवाने की कोशिशें फिर हुईं, लेकिन अम्मा के सहारे तथा अपनी लगन के बूते पर चाँदनी ने आठवीं तक की पढ़ाई पूरी कर ली।

आगे जीवन के दूसरे पहलुओं का सफ़र इतना आसान नहीं साबित हुआ, जितना आठवीं जमात तक का सफ़र!

कन्या जूनियर हाई स्कूल की ग्यारह अध्यापिकाओं में से सिर्फ़ दो मुसलमान थीं, बाक़ी सब हिन्दू। छठी में जब पढ़ रही थी तब पाककला की परीक्षा के लिए चाँदनी ने बड़े जतन से ज़रदा (मीठा चावल) बनाया। जितनी हिन्दू बहनजी थीं, उन्होंने सभी लड़कियों का बना हुआ खा लिया, पर चाँदनी और उसकी छः मुसलमान सहेलियों के हाथ का खाना छुआ भी नहीं। सिर्फ़ मुसलमान अध्यापिकाओं ने चाँदनी का ज़रदा चखा। जितनी बार पाककला का इम्तिहान होता, ऐसा ही कुछ घटता। एक बार के इम्तिहान में चाँदनी फल तथा मिठाई लेकर आई और लाकर मेज़ पर रख दी। उस्तानी बहनजी के कहने पर एक ब्राह्मण बहनजी ने सबको बाँट दी, तो सबने बेहिचक खा लिया। चाँदनी से रहा न गया–अगले दिन मुन्नी नाम की मास्टरनी से पूछ बैठी कि अगर मेरी लाई मिठाई और फल अछूत नहीं हैं, तो मेरे पास आने पर आप 'दूर रहो' क्यों कहती हैं? चाँदनी को मुन्नी बहनजी ने डाँटकर भगा तो दिया, लेकिन उसके मन में कौंधते हज़ारों सवालों की झड़ी को रफ़ा-दफ़ा नहीं कर सकीं।

उन्नाव ज़िले के ही प्रतापनगर क़स्बे में एक सम्पन्न परिवार में जन्मी शिखा दूसरे क़िस्म के सवालों से उलझ रही थी। उसे समझ ही नहीं आता था कि उसकी माँ उसे इतना क्यों मारती है? जब-जब वह अपनी माँ की मार के बारे में सोचती, चौथी कक्षा में पढ़ी राखी की उस कहानी से जुड़ जाती, जिसमें सौतेली माँ उसे बहुत दुख देती थी। अपनी सगी माँ के लिए ही बार-बार सोचती : 'कहीं यह भी मेरी सौतेली माँ तो नहीं, जो इतना मारती है मुझे?'

शिखा अपने घर की तीसरी बेटी थी। माँ की यह दूसरी शादी थी। जब माँ की गोद में एक छोटी बेटी पल रही थी, पहले पति का क़त्ल हो गया था। पिताजी की भी पहली पत्नी गुज़र गई थीं। माँ क्यों पीटती थी इतना–अपनी ही बीती ज़िन्दगी से परेशान होकर या किसी और वजह से? वे कौन-सी कुंठाएँ थीं, जो जवान माँ के दिल में कुंडली मारकर बैठ गई थीं, पर जिन्हें नन्ही-सी शिखा जान नहीं पाती थी।

शिखा की पैदाइश के चार साल बाद जब घर में पुत्र का जन्म हुआ, शिखा का मान बढ़ गया। सब कहते : "चलो, यह सौभाग्य से अपने बाद भाई लाई। कहीं बहन ले आती, तो क्या होता?"

पिताजी जड़ी-बूटी की दवाइयों की दुकान करते थे, लेकिन यह दुकान धीरे-धीरे मन्दी होती जा रही थी और घर की तंगी बद से बदतर हो रही थी। जब शिखा आठवीं कक्षा में पढ़ रही थी, पिताजी का देहान्त हो गया। जिस सम्पन्नता और वैभव के बोझ ने घर की चहारदीवारियों में हज़ारों बेड़ियाँ और पाबन्दियाँ डालकर क़ैद कर रखा था, अचानक वह सब ख़त्म हो गया, साथ ही तमाम मजबूरियों को ढँककर दुनिया के सामने एक सफ़ेदपोश, छवि बनाए रखने का दबाव भी। जिस दिन पिताजी गुज़रे, उसी दिन शिखा का बचपन ख़त्म हो गया। एक ही दिन में वह मानो दसियों साल का सफ़र तय कर गई।

परन्तु पल्लवी ने जिस माहौल में साँस लेना सीखा, वह इस सम्पन्नता और इज़्ज़तदारी के चक्रव्यूह से बहुत दूर था। सन् 1972 में शाहजहाँपुर ज़िले के बिठौली गाँव में पल्लवी एक ऐसे परिवार में जन्मी, जिसकी माली हालत बहुत ख़राब थी। जन्म के समय पिता एक उपन्यास पढ़ रहे थे जिसकी नायिका का नाम था—पल्लवी। उस नायिका की किस बात पर मुग्ध थे पिता, यह तो नहीं पता, लेकिन उसी के नाम पर घर में जन्मी इस दूसरी बेटी का नाम उन्होंने पल्लवी रखा।

धुर बचपन में ही कई घटनाएँ ऐसी घटीं, जो पल्लवी के नरम-दिल पर गहरे निशान छोड़ गईं। जन्म के छः दिन पहले ही घर में आग लग गई। मेहनत-मज़दूरी से खड़े किए घर में कुछ नहीं बचा। होश सँभालने के साथ उसने यही सुना : "यह करमजली तो पैदा होने से पहले ही सब कुछ ख़त्म करके आई है।"

पल्लवी छः माह की हुई ही थी कि एक दिन घर में भेड़िया घुस आया और उसी को मुँह में दबाकर भागा। जाने कैसे घर के पालतू कुत्ते ने भेड़िए को दौड़ा लिया, तो भागते हुए भेड़िए के मुँह से पल्लवी गिर गई। इस दुर्घटना से पल्लवी के नन्हे-से जिस्म पर जो घाव बने थे, वह तो दवा से ठीक हो गए, लेकिन कच्ची उम्र में ही दूसरे तमाम ज़ख़्म ऐसे मिले कि आज तक भर नहीं पाए हैं।

नौ ही साल की तो थी, जब पड़ोस के अधेड़ मिश्राजी ने उसे टॉफी और बिस्कुट का लालच देकर अपने पास बुलाना शुरू कर दिया था। पल्लवी जब पास जाती,

तो उसे ज़बर्दस्ती सहलाते। कहते : "सभी लोग यही करते हैं। तुम्हारे अम्मा-बाबू भी करते हैं।"

अम्मा को बताया तो उलटा ख़ुद ही डाँट खाई। अम्मा बोलीं : "उस गन्दे आदमी के पास मत जाया करो।"

मिश्राजी के प्रति घिन और घृणा से भरी पल्लवी को माँ की डाँट ने ख़ामोश तो कर दिया, लेकिन जैसे-जैसे वह बड़ी होती गई, यह सहज ही समझती गई कि लड़कियों को बेआवाज़ इसलिए कर दिया जाता है ताकि मिश्राजी जैसे मर्द निडर होकर उनके जिस्मों के साथ मनचाहा खिलवाड़ कर सकें।

मन्थन सात बचपनों का

लेखन की इस पूरी सामूहिक-यात्रा में बचपन को काग़ज़ पर उड़ेलकर हम सबने जितने आँसू रोए और हमारी जितनी हिचकियाँ बँधीं, उतना और किसी दौर में नहीं। हम तो ज़िन्दगी की रोज़-रोज़ की मार के बीच भुला ही बैठे थे यह दौर। पर बचपन की अपनी छोटी-छोटी झोलियों पर सालों से जमा हो गई गर्द को जतन के साथ झाड़-पोंछकर और उनमें हाथ डालकर जब टटोला, तो पुरानी यादें नुकीले कंकड़ बनकर अँगुलियों के पोरों में दसियों छेद कर गईं।

तक़लीफ़ें तो बहुत सारी निकलकर आईं, पर मिलकर जब अपनी कहानियों को जोड़ने की कोशिश की तो जाति-भेद की रस्सी में बार-बार अपना बचपन बुरी तरह जकड़ा हुआ पाया। अभाव तो सबने सहे, पर उन अभावों की पीड़ा को जिस तरह जातिगत-ढाँचा ढालता, गहराता और उनमें ज़हर पैदा करता है, वह हमारी चर्चा का बार-बार विषय बना।

अब यह बातचीत हमारे लिए इतनी आसान नहीं थी। हममें से कुछ के लिए यह स्वीकार करना कठिन था कि ऊँची जाति में पैदा भर हो जाना ही कितनी बड़ी सुविधा बन जाती है जीने के लिए। पेट की भूख तो सब बच्चों के लिए एक-सी ही होती है, लेकिन भूख मिटाने की परिस्थितियाँ किस तरह हमारे समाज में उस भूख को अलग कर देती हैं। भेद तो करना ही पड़ेगा उन परिस्थितियों में, जहाँ एक के घर कुछ नहीं है तो माँ को अपनी नवजात बेटी को मेड़ पर लिटाकर 'सीला' बीनना पड़ता है, और दूसरी के घर बहुत सारी दिक़्क़तों के बावजूद माँ चौखट लाँघे बिना बच्चों के लिए कुछ दाल, मूँगफली और धान बचा ले जाती है। पर यह भी कैसी विडम्बना है कि पुरानी दाल को कीड़ों से नहीं बचा पाती! इसी तरह घर की भूख मिटाने का मौक़ा जहाँ एक ब्राह्मण की बेटी को श्राद्ध में जीमने के लिए न्योते के रूप में मिलता है, वहीं एक दलित बच्ची को श्राद्ध में आए सवर्णों की जूठी पत्तलों

के इर्द-गिर्द मँडराकर।

इस तरह के भेदों पर शुद्ध-वैचारिक गोष्ठी करना और बात है, पर बहुत ही निजी लेखन के माध्यम से जूझना कुछ और! हममें से जो सवर्ण हैं, उन्हें बार-बार लगता कि जाति के मुद्दे के प्रति तो हम बहुत संवेदनशील हैं, इसलिए दलित होने के पूरे दर्द को अपने भीतर महसूस कर सकते हैं। इसीलिए सन्ध्या एक बार बोली कि जाति-भेद की पीड़ा को तो हम सब महसूस कर पाते हैं, क्योंकि हम सबने उसे क़रीब से देखा है। राधा ने बहुत तटस्थ होकर इस पर याद दिलाया : ''किसी दूसरे की पीड़ा को महसूस करना एक चीज़ है, और उसे झेलना कुछ और। आपने उसे सिर्फ़ महसूस किया है, लेकिन हमने उसे झेला है। हमारे और आपके अनुभव एक हो ही नहीं सकते।''

पल्लवी ने वह कहावत दोहरा दी :

''जाके पाँव न फटी बेवाई।
सो क्या जाने पीर पराई?''

बिवाइयाँ भी क्या सभी पाँवों में एक ही जैसी फटती हैं? वर्ग और जगह की परिस्थितियाँ भी क्या जाति को अच्छी तरह तोड़-मरोड़ और उलझाकर नहीं रख देतीं? मधुलिका जाति की श्रेणी में राधा से नीचे होकर भी ऐसे परिवेश में बड़ी हुई, जहाँ सवर्ण जातियाँ न तो बहुत धनवान थीं, और न ही उनका बाहुल्य था। जिस भूख और तिरस्कार के साए में राधा पली, उसकी तो मधुलिका अपने बचपन में कल्पना तक नहीं कर सकती थी!

राधा जिस छुआछूत और अपमान से गुज़री, वह भयंकर ग़रीबी के साथ गाँव के एकमात्र दलित-परिवार में बड़ा होने से भी जुड़ा था। ऊपर से पिता का विद्रोही बनकर सवर्ण जातियों के तथाकथित ऊँचेपन को चुनौती देना, उसके बचपन की परिस्थितियों को और भी तक़लीफ़देह बना गया। रोज़-रोज़ के तिरस्कार ने ख़ामोश कर दी राधा की ज़बान।

सन्ध्या भी पिता की मौत के बाद लादे गए अपमान और उपेक्षा से चुप तो हो गई, लेकिन एक ओर जहाँ उसने पिता की मौत का कारण बनने का झूठा इल्ज़ाम झेला, वहीं दूसरी ओर ब्राह्मण होने की वजह से अपने को औरों से ऊपर और अधिक पवित्र भी मान बैठी। शायद वर्ग, जाति और माहौल की इन्हीं जटिलताओं की वजह से जहाँ सन्ध्या आगे चलकर विद्रोह करने के लिए एक आक्रोश और आवाज़ पा जाती है, वहीं राधा टकरावों के बीच ख़ामोश-सी रह जाती है! नहीं ज़रूरत महसूस होती राधा को कि उसकी हर बात सुनी ही जाए, क्योंकि सुनकर भी ऊँची जाति में पले लोग उसकी बात समझने या स्वीकारने में सक्षम होंगे, इसकी उम्मीद करना छोड़ दिया है राधा ने।

हमारी चर्चाओं का जो एक अन्य मार्मिक पहलू बना, वह था अपनी माँओं और दादियों की पीड़ाओं और इच्छाओं से जुड़ पाना।

चाँदनी को महसूस हुआ कि कहीं उसकी पैदाइश पर अम्मा की नाराज़गी इस बात से तो नहीं जुड़ी थी कि अब्बू के किसी दूसरी महिला से सम्बन्ध थे। अम्मा शायद डरती थीं कि कहीं एक अनचाही सन्तान पति को और दूर न खींच ले जाए उनसे! उनको दी जाने वाली यातनाएँ कहीं और न बढ़ जाएँ!

इसी तरह जब सन्ध्या और गरिमा की माताएँ क्रमशः छब्बीस और अट्ठाईस वर्ष की आयु में ही विधवा हो गईं, तो क्या रही होंगी उनकी परिस्थितियाँ, उनके संघर्ष और उनकी इच्छाएँ? जिस दुनिया में हमने साँस ली, वहाँ मर्दों की यौनिक-इच्छाओं को तो ज़रूरत मानकर स्वीकार करना हमने बहुत पहले सीख लिया। यही नहीं, हममें से कई अपने पिताओं के अन्य महिलाओं से बने रिश्तों के बारे में भी समझ गईं। पर क्या वजह थी कि माँओं की यौनिक-इच्छाओं के बारे में हम कभी सोच ही नहीं पाए?

माँओं के साथ हुई हिंसा को जब याद किया, तो हममें से कुछ को अपनी दादियों की व्यथा और कष्ट रुला गए। गरिमा की दादी ने पति से इतनी मार खाई थी कि कमर के नीचे का हिस्सा हमेशा के लिए नीला पड़ गया था। डायरी लिखती गरिमा के मन में सवाल जागा कि बच्चे हुए तो ज़रूर दादी के, लेकिन बाबा से उनका रिश्ता कैसा था? दादी के लिए बाबा के दिल में कोई नरमी या प्यार है, यह कभी दिखा ही नहीं। बाबा ने अपनी सभी बहुओं को बेटों से अलग खेत दिए। तब दादी को भी तो दे सकते थे? जिस घर, परिवार और पति के लिए जीवन भर खटती रहीं दादी, उनके अन्त समय पर उन्हें कोई खाने को भी नहीं पूछता था!

डायरियाँ लिखते-बाँटते अपने, माँ के और दादी के कष्ट इस तरह आपस में गुँथ गए कि उन्हें अलग करके देख पाना असम्भव लगा। अपनी-अपनी माँओं के बारे में सोचने बैठे तो यह भी बहुत साफ़ होकर उभरने लगा कि कैसे हमारे जीवन के संघर्षों में अमीरी-ग़रीबी, धर्म-जाति और हमारा औरत होना, सब आपस में हमेशा उलझा रहता है? जैसे कोई रैदास अमीर है, तो उसकी औरत भी इज़्ज़त-आबरू के नाम पर सात परदों के अन्दर होगी, चाहे वहाँ कितनी ही पीटी-कुचली जाए। गरिमा की माँ जानती थीं कि यदि वह दरवाज़े के बाहर निकल जाएँ तो पति मारेंगे नहीं। फिर भी इस तरह क़ैद रहीं पारिवारिक-इज़्ज़त की परिभाषाओं में कि पूरी जवानी घर की चौहद्दियों में ही घुटकर बिता दी। यह तो स्वीकार कर लिया कि घर के बाहर निकलने से बदनामी होगी, लेकिन पूरा गाँव जो जानता था कि कितनी बेरहमी से घर के भीतर पीटी जाती हैं, उस बदनामी की चिन्ता क्यों न थी? कौन से संस्कार और कैसा परिवेश था वह, जिसने उन्हें मार खाना तो

सिखाया पर विरोध करना नहीं? क़ैद को स्वीकार करना सिखाया, पर रिहाई का रास्ता चुनना नहीं?

एक तीसरा मुद्दा जो हमारी रूह को हर बार कँपकँपा-सा जाता था, वह था धर्म का मुद्दा और उससे जुड़ा ख़ून-ख़राबा। जब-जब सन्ध्या उस क़त्ले-आम को याद करके सिसकती, जिसमें उसके पिता मारे गए थे, तब-तब हमें याद आते गुजरात के दंगे, और ऐसे ही तमाम फ़साद। सन्ध्या तो अपने पिता के क़त्ल के समय सिर्फ़ छः माह की थी, फिर भी हर पल दुश्मनों से बदला लेने की सोचती। फिर क्या गुज़रती होगी उन बच्चों पर, जिन्हें अपने बाप का जलता बदन, भाई की कटी लाश या अपनी माँ और बहनों के साथ होते सामूहिक-बलात्कार अपनी आँखों के सामने देखने पड़ते हैं? कैसी आग धधकती होगी सालोसाल उनके भीतर और कितने आँसुओं के सैलाब उमड़ते होंगे बरस-दर-बरस?

बाबरी मस्जिद का टूटना भी तो कुछ इसी तरह दहला गया चाँदनी को, जब गाँव के लोग बिना बात के आपस में बुरी तरह भिड़ गए। बाबरी मस्जिद के हादसे के तुरन्त बाद अफ़वाहें फैलाईं जा रही थीं कि गाँव की मस्जिद आज तोड़ी जाएगी, कल तोड़ी जाएगी। ऐसे में एक भंगी कहीं से जानवर (सुअर) मारकर लाया और मस्जिद की सीढ़ियों पर डाल गया। दंगा भड़का और वह भंगी मारा गया। साज़िश तो और किसी ने रची होगी, लेकिन भंगी ही मारा गया। इसीलिए न क्योंकि उसी के हाथों मस्जिद में ऐसा जानवर डाला गया, जिसे इस्लाम में हराम माना गया है।

यही परिस्थितियाँ तो चाँदनी की ज़िन्दगी और काम को बाक़ी समूह से अधिक चुनौतीपूर्ण बना डालती हैं। एक ओर क़ौमी ग़लतफ़हमियों से भरे नफ़रत के माहौल में सामाजिक लड़ाइयाँ जारी रखने की हिम्मत बनाए रखना और दूसरी ओर अपनी ही क़ौम के लोगों का बार-बार यह ताना मिलना कि इसका तो हर काम हिन्दुओं जैसा है! इसके बावजूद कैसे क़ायम किए रहती है चाँदनी अपना संयम और सन्तुलन? कैसे सुनाती रहती है ख़ूबसूरत नग़्में और अश्आर?

शुरुआत में सब जब बचपन की बातें करने बैठे, तो मालूम हुआ कि हम सात में से पाँच ने बचपन में अपने पैदा होने को कोसा है कि क्यों हुए हम पैदा? क्यों हुआ हमारे साथ यह सब? डायरी पहले-पहल सुनाई एक-दूसरे को तो लगा कि यही वह सबसे अहम कड़ी है, जो हम सबकी अलग-अलग पीड़ाओं को जोड़ रही है; लेकिन जैसे-जैसे हमारी बातचीत गहराई, हमें यह भी महसूस हुआ कि हम कितना कुछ

जानना-समझना तथा बाँटना चाहते हैं एक-दूसरे और आपस में सबके साथ। महिला-संगठनों में औरतों के ख़िलाफ़ हुई हिंसा पर इतनी सारी बातचीत केन्द्रित रहती है, लेकिन वह हिंसा किस क़दर जातिगत, धार्मिक और वर्ग-भेद की हिंसाओं में उलझी और फँसी हुई है, इसके बारे में कितना कम सोचा है हमने अपनी बैठकों, कार्यशालाओं तथा क्षेत्रीय काम में! इन हिंसाओं का आपस में गुँथना, हमारे परिवेशों से जुड़ा हुआ इनका इतिहास और फिर इन पिछली और आज की हिंसाओं के दलदल में से अपने आगे की लड़ाइयों को चुनना! इन्हीं मुद्दों को आगे हमने गहराई से समझने की ठानी है ताकि आज से बीस साल बाद अगर कहीं हमारी बेटियाँ हमारी ही तरह अपने बचपन की कहानी लिखने-बाँटने बैठें, तो आँसुओं के अलावा और भी कई रंग हों बाँटने को—मस्ती हो, क़हक़हे हों—और एक भी शब्द ऐसा न लिखा जाए, जिसमें उन्हें अपनी पैदाइश को कोसना पड़े।

बाबुल की गलियों से आँचल की नमियों तक कितना लम्बा सफ़र!

देखने में हम ख़ूब अच्छे मोटे थे। सोचते थे कि अगर हम लड़का होते तो नौकरी कर लेते। नौकरी करना हमारा सपना था। दो बहनों की शादी हो चुकी थी। उनको ससुराल में बहुत परेशानी थी–दो-चार साल में भी एक कपड़ा न मिलता था। मैं सोचती थी कि हमारे पिताजी मास्टर हैं, तब भी बेटियों की ऐसी शादी क्यों कर दी? यही मनाती थी कि हमारी जिससे शादी हो, वह नौकरी वाला हो और ख़ूब पैसा हो। शहर में उसके साथ रहेंगे। जैसे हमारी बहनें रहती हैं वैसे कभी नहीं रहेंगे...और मायके में अकेले कभी नहीं आएँगे...

–मधुलिका की डायरी से

हमने जब से औरतों की ज़िन्दगियों से जुड़कर काम करना शुरू किया है, तब से आए दिन घरेलू और सामाजिक-हिंसा की तमाम वारदातें रोज़ सामने आती हैं। कभी-कभी लगता है कि जवानी के पहले अहसास से लेकर सिर के सारे बाल पक जाने तक सारी ग़रीब औरतों के हिस्से में एक-सा ही दर्द आता है–सब पहले मायके में बोझ बनती हैं, फिर ससुराल में अपमान झेलती हैं, पिटती हैं, भूखी रहती हैं, और सभी के शरीर किसी दूसरे की मिल्कियत बन जाते हैं...लेकिन इन दुखों में हम अक्सर इतने उलझ जाते हैं कि पलटकर देख ही नहीं पाते उन सपनों को, जो हम सबने कभी बड़े चाव से, बड़े रस लेकर देखे थे। यह सच है कि उनमें से बहुत सारे सपने पूरे न हो सके या बड़ी बेरहमी से कुचल दिए गए, पर आज अपनी कहानियाँ लिखते और बाँटते वक़्त यह भी महसूस कर रहे हैं कि हमारी सम्भावनाओं, अभावों, संघर्षों और चुनौतियों के बारे में वे सपने भी हमें बहुत कुछ सिखाते हैं, जिन्हें हम ज़िन्दगी के हर अहम मोड़ पर देखते हैं।

हमारे बचपन के दुख-सुख भी कब और कैसे किशोरावस्था की टीसों और ख़्वाबों में बदल गए, इसकी ख़बर ख़ुद हमको ही नहीं लगी। पर याद करने बैठे तो यह ख़याल आया कि हमारे शरीर में होते बदलाव रोमांचक रहस्यों की तरह खुलकर

किस तरह हमें उत्साह और भय से भर देते थे! ऊपर से वह सारे शौक़ और सपने, जो जवान होते-होते परवान चढ़ने लगे थे और थामे नहीं थमते थे।

इनके साथ ही महसूस करते गए बड़ों का लगातार सख़्ती के साथ बढ़ता नियंत्रण और रोक-टोक, सारे ज़माने की टीका-टिप्पणी, जवाँ मर्दों की छेड़खानियाँ और नित नए नियम-क़ायदों की घुटन। मधुलिका और पल्लवी दोनों को अच्छी तरह याद है, जब उनके पिता उनकी माँओं को डपटकर बोले थे : "इससे कह दो, दुपट्टा डालकर निकला करे।"

मधुलिका को बाद में यह भी कहा गया : "खाना बनाना नहीं सीखोगी?...तो ससुराल में मार डाली गई, तब भी हम नहीं आएँगे।"

एक दिन पल्लवी सबका खाना पकाकर स्कूल चली गई, पर अम्मा से खाने का आग्रह करना भूल गई। तब अम्मा ने देर तक खाना ही नहीं खाया और ख़ूब डाँटा : "ऐसे ही करोगी, तो ससुराल में कैसे गुज़र होगी? तुम्हारी औक़ात ही क्या है? जलाकर मार डाली जाओगी।"

सजना-सँवरना भी हमारे मन को जितना ज़्यादा भाता, बड़ों के भीतर उतनी ही घबराहट पैदा कर देता। समझ में नहीं आता था कि हमारी वही अम्माएँ, जो बचपन में हमें ख़ूब सजाकर अपने शौक़ भी पूरे किया करती थीं, अब सबके साथ मिलकर हमारे सजने-सँवरने पर रोक-टोक क्यों लगाने लगी थीं? पल्लवी लिखती है : "मैं जब छोटी थी, तो अम्मा अक्सर चूड़ियाँ खरीदकर पहना देती थीं, पर दस-बारह साल की उम्र तक पहुँचते-पहुँचते रोक-टोक शुरू हो गई। मैं जब चूड़ियों के लिए ज़िद करती, तो अम्मा और बाबू से यही सुनने को मिलता कि अब तुम बड़ी हो गई हो, अपने घर जाकर ख़ूब चूड़ी पहनना।"

शायद दोनों को डर यह रहा होगा कि जवान होती बेटी सजेगी, तो लोग क्या कहेंगे...और अगर किसी की नज़र में चढ़ गई, तो ख़ामियाज़ा कौन भुगतेगा?

इसी तरह राधा को भी वह दिन याद है जब उसने पहली बार नाख़ूनी (नेल-पॉलिश) लगाई थी। पिताजी ने तब डाँटकर सबकी सब रेज़र से खुरचवा डाली थी।

इस सबके बावजूद जवानी के सपने इन धमकियों और डाँटों से कहाँ सहमने वाले थे? मन होता था कि पंख लगाकर अपना गगन ढूँढ़ने दूर उड़ जाएँ। कितने सारे सपने थे जो हमारी आत्माओं और आँखों में समा गए थे। सोचते थे कि ख़ूब पढ़ेंगे-लिखेंगे, नौकरी करेंगे, अपनी पसन्द से प्यार और शादी करेंगे...और पति मिलेगा तो ऐसा, जो सुन्दर होगा, नौकरी-पेशा होगा और ख़ूब प्यार करेगा हमें। शहर में घर होगा, और नहीं होगा तो कम से कम एक छोटा-सा कमरा तो ऐसा होगा ही, जिसमें बैठकर पति के साथ ढेरों बातें होंगी।

मगर हमारे माँ–बाप के ऐसे हालात कहाँ थे कि मोटे–मोटे दहेज़ देकर ऐसे पति ख़रीद पाते? हम सब तो बोझ जैसी बन गई थीं अपने–अपने परिवार की छातियों पर! आज सोचते हैं कि जब हमारी परिस्थितियाँ ऐसी थीं, तब फिर हमने इतने अभावों में रहकर भी क्यों कामनाएँ कीं ज़ेवरों और कपड़ों की, नौकरी वाले ख़ूबसूरत पतियों की और शहरी ज़िन्दगियों की? अहम सवाल यह भी है कि क्यों हममें से एक भी लड़की अपनी जवानी के ख़्वाबों को किसी खेतिहर–किसान या मज़दूर के साथ नहीं जोड़ सकी? अब लगता है कि कच्ची उम्र में बुने हमारे ये सपने भी वर्ग, पैसे और मान–सम्मान की राजनीति में किस क़दर जकड़े थे। अपनी दीदियों और भाभियों को उनकी शादियों के बाद देखा करते, तो यही समझ में आता कि जिन लड़कियों के पतियों के पास शहरी नौकरियाँ होती हैं, ढेरों गहने और कपड़े होते हैं, उनकी तो मायके जाने पर ख़ूब पूछ होती है, अच्छे खाने और नाश्ते से सत्कार होता है! वहीं किसी ग़रीब–किसान या मज़दूर की पत्नी जब पीहर लौटती है, तो लोग मुँह बना लेते हैं। पहले से ही घटी बिटिया की इज़्ज़त और भी घट जाती है।

ऐसे में सपनों का टूटना तो पहले से ही बदा था। पर हमें यह मालूम कहाँ था? हमें तो तभी ख़बर लगी, जब अनसोई आँखों और बदलती करवटों के साथ बड़े जतन से खड़े किए हमारे शीशमहल अपने ही सामने चूर–चूर होकर बिखरने लगे।

और, हममें से एक ने तो सपने देखे ही नहीं। बाक़ी सबने जब किशोरावस्था पर डायरियाँ पढ़ीं, सन्ध्या उस दिन चुप रही। सिर्फ़ तब ही नहीं, हमेशा अपनी बातों को उत्साह और ढिठाई से सामने रखने वाली सन्ध्या प्यार और यौनिकता की हर चर्चा में ख़ामोश हो जाती। बाद में एक बार उसने अपनी डायरी में लिखा भी : ''जब–जब यौनिकता, स्त्री–पुरुष के सम्बन्धों, या समलैंगिकता पर बातचीत उठती है, तो मैं अन्दर–अन्दर घुटती रहती हूँ। सोचती हूँ, ये सब चुप क्यों नहीं रहती हैं...हमारे पति को भी इस बात की चिन्ता है कि यह इन बातों को सुनने से क्यों कतराती रहती है?''

क्यों सन्ध्या ने जवान होते–होते उन तमाम भावनाओं से मुँह मोड़ लिया जिनको यौनिकता की स्वाभाविक प्रक्रिया से जोड़ा जाता है? इसका कारण बचपन में पाया सदमा ही था या कुछ और भी, सन्ध्या यह आज तक नहीं जान सकी है। यही याद आता है उसे कि एक भी ख़्वाब नहीं देखा उसने प्यार–मोहब्बत या शादी का। और जब–जब शादी की बात चलती, तो बार–बार यही मनाती थी कि कोई लड़का ही न मिले उसके लिए। शादी ही न हो ताकि उसकी ख़ातिर भाइयों को किसी से मिन्नत–ख़ुशामद न करनी पड़े।

जवानी का ताल्लुक़ अगर सिर्फ़ देखे-अनदेखे ख़्वाबों और उनके टूटने व चटखने के दर्द से होता, तो शायद उन्हें झेलना हमारे लिए थोड़ा आसान हो जाता, लेकिन हमारी तक़लीफ़ें तो वह दसियों भय और ख़ौफ़ बढ़ा गए, जो क़दम-क़दम पर हमारे सामने मुँह बाए खड़े हो जाते थे। आए दिन हमारे भीतर नई दहशतें और डर पैदा कर दिए जाते थे–कभी माहवारी का डर, तो कभी माहवारी से पहले शादी न हो पाने से जुड़ी पारिवारिक-बदनामी का डर।...कभी ख़ूबसूरत दिखने का डर, तो कभी सामाजिक नियमों के ख़िलाफ़ जाकर प्यार करने के अंजाम का डर। बहाने-बहाने से हमारे जाति-बिरादरी के लोग यह भी समझाने से न चूकते कि समाज का ज़िम्मा जवान लड़कियों और औरतों के चरित्र पर अनगिनत सवाल लगाने का है और, उन सवालों का खंडन करने या उन पर प्रश्नचिह्न लगाने का हक़ आरोपित औरत को क़तई नहीं! इसके साथ ही दुनिया भली-भाँति यह भी दिखाती जा रही थी कि बिना पति की स्त्री को केवल समाज के हाशिए पर जगह दी जाती है, चाहे उसके पति को मौत ने छीना हो और चाहे उसने विवाह के रिश्ते से स्वयं मुँह फेरा हो!

मधुलिका जब किशोरावस्था की बीती बातों को पन्नों पर उतारने बैठी, तो सबसे पहले यही याद किया कि जवानी का अहसास कैसे पहले-पहल डर बनकर ही आया। दस साल की उम्र में दो किलोमीटर पैदल जब घर से स्कूल जाती, तो रास्ते में कभी-कभी लड़के गन्दी-गन्दी बातें बकते, भद्दे मज़ाक करते। जूनियर हाई स्कूल गई, तो वहाँ भी मास्टर की नज़र में वासना दिखी। बदन से स्वस्थ और स्वभाव से मस्त मधुलिका का जल्दी जवान हो जाना ही उसके लिए पीड़ादायक बन गया। लड़कों के साथ मस्त होकर जो खेल खेलती थी, उनमें रोक-टोक लगने लगी। जब नहीं मानती, तो मार खाती। इसी तरह उसके हँसी-ठहाकों से भी सबको कड़ी शिकायत होने लगी। एक बार बैलों को पानी डालते हुए ऐसे ही हँस पड़ी किसी बात पर, तो बड़े भाई ने बहुत मारा।

मधुलिका का मन घर के कामों में बिल्कुल नहीं लगता था। हमेशा मौज में रहने वाली मधुलिका तो पुलिस की नौकरी करना चाहती थी, हुड़दंग मचाना चाहती थी, खुली हवा में साँस लेना चाहती थी। पर जब-जब ऐसा करना चाहा, तब-तब मार खाई। कभी माँ से, कभी बड़ी बहन से, तो कभी भैया से। सोचती रह जाती कि एकाएक घर से बाहर निकलने की मनाही क्यों हो गई? हँसने में क्या गुनाह है? पर एक रोज़ गाँव की एक कुँवारी लड़की जान से मार डाली गई! तब भाभी ने बतलाया : "वह लड़की लड़कों से बहुत बातें करती थी। बदचलन थी–इसीलिए

मारी गई।" यह जानकर मधुलिका के मन में गहरे तक एक दहशत-सी बैठ गई। तय कर लिया–किसी लड़के से बात नहीं करेगी, वरना सब ग़लत मान बैठेंगे। बस यही आस लगाकर बैठ गई कि अच्छे और नौकरी-पेशा लड़के से ही ब्याह करूँगी।

जवानी की दहलीज़ पर खड़ी चाँदनी की चमकती आँखें भी न जाने कितने ख़्वाबों में रंग भरा करतीं, लेकिन कल्पना की इन तस्वीरों के धुँधलाने में ज़्यादा वक़्त नहीं लगा। मधुलिका की तरह उसे भी परिस्थितियों ने जल्द ही दिखला दिया कि ज़िन्दगी के कितने सारे ज़हर उसके ख़्वाबों को ख़त्म करने पर आमादा हैं। सजने का बहुत शौक़ था। एक बार आँखों में काजल लगाते-लगाते काजल से एक तिल बना लिया। अम्मा ने देखा तो बहुत पीटा। पर अम्मा की मार मन को बाँध नहीं पाई। यही सोचती रहती कि शादी के बाद कोई पाबन्दी नहीं होगी। ख़ूबसूरत कपड़े और ज़ेवर मिलेंगे। ख़ूब फ़ैशन करके शौक़ से रहेंगे।

चाँदनी के अब्बू का मामा के साथ उठना-बैठना और पीना-पिलाना ख़ूब चलता था। पास ही में एक पुरवा था, जहाँ देह का धन्धा होता था। वहाँ की एक औरत के साथ अब्बू के भी ताल्लुक़ात थे। शायद अम्मा के रोज़-रोज़ पिटने का यह भी एक बड़ा कारण था। मामा भी अब्बू के साथ कभी-कभी पुरवा में जाते थे। एक बार जब अम्मा को पता चला कि मामा ने एक रैदास औरत के साथ ज़बर्दस्ती की है, तो वह बहुत बरसी मामा पर। बाद में इसी मामा ने अब्बू से शिकायत कर दी कि उनकी बहन (चाँदनी की फूफी) का पड़ोस के एक लड़के से चक्कर है। अब्बू और चाचा दोनों फूफी पर बहुत नाराज़ हुए। उसके बाद चाँदनी तो जान ही न पाई कि कैसे-क्या हुआ फूफी को? बस इतना ही जाना कि एक दिन किसी बहाने से दोनों भाई फूफी को लेकर डॉक्टर के यहाँ गए और ज़हर का इन्जेक्शन लगवा दिया। फूफी मर गईं। परिवार ने इस मौत पर चुप्पी साध ली।

यह हादसा चाँदनी को दहला गया। मामा ने एक औरत के साथ ज़बर्दस्ती की, तो उन्हें सिर्फ़ डाँट पड़ी और, फूफी ने किसी से प्यार किया तो जान से हाथ धोना पड़ा!

फूफी की इस मौत की वजह से ही शायद चाँदनी और उसकी बहनों के पैरों में ज़्यादा ही ज़ंजीरें बाँध दी गईं। रास्ते चलते छेड़खानियों की घटनाएँ होतीं तो मन दहशत से भर जाता कि अम्मा को कहीं कुछ पता न चल जाए। अब्बू, अम्मा की जो दुर्गति करते थे, अम्मा उसका सारा ग़ुस्सा बेटियों को मार-कूटकर उतारती थीं। जब भी मारतीं, इतना मारतीं कि ख़ून बहने लगता।

अम्मा-अब्बू ने दस-ग्यारह साल की ही उम्र में चाँदनी की सगाई अपनी दुकान पर काम करने वाले एक लड़के से तय कर दी। वह हमेशा चाँदनी के साथ तफ़रीह

करने के मौक़े तलाशता रहता। और तो और, माँ-बाप और मामा के अलावा अब यह होने वाला शौहर भी चाँदनी का चौकीदार बन गया–हर वक़्त कड़ी निगरानी रखता। जो मरज़ी होती, वही करता। कहता : "शादी तो मुझसे ही होनी है।"

चाँदनी के मन में क्या है, वह क्या सोचती या चाहती है? इसकी उसे ज़रा भी परवाह नहीं थी।

चाँदनी की तरह ही सजने-सँवरने की शौक़ीन गरिमा का मन भी कम पींगें नहीं भर रहा था!

गरिमा की आँखें सपनीली थीं। उसकी विधवा माँ की आँखों में बेटी की उठती जवानी को लेकर डर समाया रहता। गाँव की एक लड़की गरिमा की चचेरी भाभी के भाई को प्यार करने लगी थी। विरोध हुआ, तो वह ज़हर खाकर मर गई। कुछ दिनों बाद वह लड़का भी ज़हर खाकर मर गया। इस घटना से सहमी गरिमा की माँ ने अपनी बिटिया से हाथ जोड़कर विनती की : "बेटी, जब कहोगी, तब तुम्हारे पैर पूज (ब्याह कर) दूँगी। पर बदनामी न कराना।"

माँ के मन में बैठे इस डर से गरिमा सहम गई। उसका मन लड़कों के प्रति आकर्षित होकर लहराता तो था, लेकिन अपने बहकते मन को बस में करके आसमान से वापस ज़मीन पर लाना भी वह ख़ूब सीख गई। सत्रह-अट्ठारह वर्ष की थी, तो उसका दिल एक सहेली के भाई पर आ गया था–तेज़ धूप में भी वह लड़का गरिमा का छत पर इन्तज़ार करता। बात कहीं आगे बढ़ती, इससे पहले ही माँ को पता चल गया और गरिमा को तुरन्त नानी के घर भेज दिया गया।

विधवा माँ की बन्दिशों और बीते हुए वैभव व सम्पन्नता के बीच घुटती शिखा की स्थिति भी कुछ इसी तरह की थी। किशोरावस्था के सपनों को जैसे ही आकार देने की कोशिश करती, माँ की तस्वीर आँखों के सामने आ जाती। हर ख़्वाब को शुरू होने से पहले ही मन की स्लेट से मिटा देना पड़ता। पिता की मौत के बाद घर के हालात जब और बिगड़ने लगे, तब शिखा की चुप्पी अधिक बढ़ गई। हमेशा ख़ामोश रहने वाली शिखा को समाज में एक अच्छी, शालीन लड़की माना जाने लगा। दिल में उसके यही आरज़ू रहती कि मेरी शादी एक ख़ूबसूरत नौकरी-पेशा आदमी से ही हो। पड़ोस के एक नौकरीदार लड़के को देखती, तो ख़याली पुलाव पकाती कि काश, माँ मेरी शादी इससे कर देती। पर माँ के सामने यह बात ज़ाहिर करना न तो इतना आसान था और न ही शिखा कभी कुछ कह पाई।

अपने मन का साथी पाने के मामले में हम सबमें से बस एक राधा को ही सफलता हासिल हो सकी, वह भी इसलिए कि उसे अपने पिता का पूरा सहयोग मिला। यों राधा जब जवान हो रही थी, तब उसके भीतर बस यही धुकधुकी बनी रहती कि रास्ते चलते ऊँची जाति का कोई पुरुष उसके साथ छेड़छाड़ न कर दे; इसलिए स्कूल कभी अकेली नहीं जाती थी। गाँव के एकमात्र दलित-परिवार को घर की बेटियों की जवानी से जुड़ा यह नया बोझ भी बाक़ी सब कष्टों और अपमानों के साथ स्वीकारना पड़ा। यही डर बना रहता था कि बेटियों के साथ किसी भी तरह की ज़्यादती या ऊँच-नीच हो गई, तो पहले से मौजूद बदहाली और भी बदतर हो जाएगी।

कक्षा सात तक पहुँचते-पहुँचते राधा का दिल शादी और ससुराल के ख़्वाबों में उलझने लगा। साथ की सहेली किरन ने एक बार स्कूल में एक लड़के से राधा की शादी की बात चलानी शुरू कर दी, तो राधा को माँ ने ख़ूब मारा और फटकारा। वैसे तो पिता की हर बात पर बचपन में रो पड़ने वाली राधा बाप से बहुत भयभीत रहती थी, लेकिन शादी-ब्याह के विषय में उनके खुले विचारों का उस पर गहरा असर पड़ा। पिताजी अक्सर कहा करते थे : ''शहर में तो लड़कियाँ अपनी पसन्द से शादी करती हैं। अगर कभी कोई ऐसी बात हो तो घर में ज़रूर बता देनी चाहिए।''

पता नहीं माँ के साथ इतनी मार-पीट करने वाले पिता बेटियों के ब्याह के मामले में इतने उदार-हृदय कैसे बन गए! पर उनके प्रभाव से घर में ऐसा माहौल तो बन ही गया कि लड़कियाँ अपनी पसन्दगी-नापसन्दगी पिता को खुलकर बताने की हिम्मत जुटा पाईं। यही नहीं, इसी माहौल की वजह से एक बार जब उसके भैया की शादी के मौक़े पर पिता ने टी.वी. और साइकिल की माँग रखी तो राधा झट बोल पड़ी : ''ठीक है, हम दोनों बहनों के लिए भी दो टी.वी. और दो साइकिलें रख देना। बेटे की शादी में लोगे, तो बेटियों की शादी में देना भी तो पड़ेगा?''

एक बार जिस लड़के से राधा की बात चली, वह उसे बहुत अनाकर्षक लगा। राधा ने शादी से इनकार कर दिया। हाँ, कुर्मी जाति का एक लड़का उसे काफ़ी भाया। सोचती कि अगर अन्तर्जातीय विवाह पर पाबन्दी न होती तो उससे ही शादी करती। पर वह यह भी जानती थी कि जाति की खाइयों का पटना इतना आसान नहीं है, इसलिए घर में किसी को इस बात का अहसास ही नहीं होने दिया। कुछ ही दिनों बाद दूर के एक रिश्तेदार के लड़के पर राधा का दिल आ गया और उससे बहुत लगाव हो गया। उस ही से बाद में शादी भी की। पर अगर बाप और भाई साथ न देते तो राधा यह लड़ाई अपने घर में क़तई नहीं लड़ पाती।

शायद जाति-भेद के अन्यायों के ख़िलाफ़ उनकी निजी लड़ाई ने ही राधा के पिता को इतना दबंग बना दिया था कि शादी-ब्याह से जुड़ी कुछेक सामाजिक रूढ़ियों को तोड़कर बेटियों को अपने मन का जीवन-साथी चुनने का हक़ दे सके। पर सवर्णता के बोझ तले दबे पल्लवी के माता-पिता को तो समाज ने इस बात तक के लिए नहीं बख़्शा कि वह बेटी के हाथ उसके रजस्वला होने से पहले पीले नहीं कर सके।

पल्लवी नौ साल की थी जब उसके बड़े भैया और दीदी का ब्याह हुआ। इसके बाद घर के सारे कामों की ज़िम्मेदारी उसी के नन्हे कन्धों पर आ पड़ी। कम दहेज़ ले जाने के कारण दीदी को ससुराल में जो ताने सुनने पड़ रहे थे, उन्होंने पल्लवी के मन में हज़ारों डर भर दिए। जब कुल जमा बारह साल की हुई, तो पड़ोसियों की टोका-टाकी चालू हो गई : "लड़की सयानी हो रही है, इसका ब्याह क्यों नहीं कर देते?"

लगभग इसी समय की बात है। एक दिन स्कूल से लौटकर आई, तो अपने कपड़ों पर ख़ून के दाग़ देखे। सोचा, कहीं पेट में फोड़ा या कैन्सर तो नहीं हो गया? अम्मा को बताया, तो बोलीं : "अबकी बार जाना, तो उसी ख़ून से तीन बिन्दी बनाना और आधी बिगाड़ देना। यह टोटका होता है। इससे ढाई दिन ही माहवारी आएगी। अब तुम बड़ी हो गई हो।"

तीन दिन बाद माँ ने बाल धुलवाए और कहा : "हर बार ऐसे ही करना।"

और भी कई पाबन्दियाँ लग गईं—माहवारी के समय खाना मत बनाना, पूजा मत करना, तुलसी पर जल मत चढ़ाना, वग़ैरह-वग़ैरह। पर इतना होने पर भी चैन कहाँ? माहवारी शुरू होने से पहले शादी न हो पाने का ताना भी अम्मा को ख़ूब मिलने लगा। एक बार खेत में चरती एक बकरी को पल्लवी की अम्मा ने बाँध लिया। जिस औरत की बकरी थी, उसने लड़ते-लड़ते माँ को सुना डाला : "धरम के पैर तक तो पूज नहीं पाईं, बकरी बाँधकर ताव दिखाती हैं!"

इस घटना के दो-चार दिनों में ही पल्लवी के बाबूजी लड़का देखने निकल पड़े। इस तरह पल्लवी और चाँदनी की शादियाँ तेरह-चौदह साल की कच्ची उम्र में ही हो गईं। हममें से जिनकी शादियाँ इतनी जल्दी नहीं हुईं, वे भी काम के बोझ और अनेक पाबन्दियों में क़ैद हो गईं। बचपन के दुख-दर्द और किशोरावस्था के बन्धन हम सबके जीवन में इस तरह गुँथ गए थे कि डायरी लिखते वक़्त अक्सर हमारी समझ में यही नहीं आता था कि कौन-सा पल हमारे बचपन में आता है और कौन-सा जवानी में? हाँ, यह ज़रूर है कि सपने जो चटखने शुरू

हुए और किरच-किरच बनकर भीतर समा गए, उनकी टीसों ने हम सबको जवानी में ही ज़्यादा रुलाया।

काहे को ब्याहे बिदेस?

एक बार पति ने हमें बहुत मारा था। मन हुआ कहीं जाकर अपनी जान दे दें...आँख बाँधकर बस के नीचे लेट जाएँ, लेकिन ये हमें रास्ते से ज़बर्दस्ती खींच लाए...मन कहे इस ज़िन्दगी का क्या करेंगे, जहाँ प्यार की जगह लड़ाई-झगड़ा और मार-पीट मिल रही है। फिर मैं यह सोचती कि अम्मा को तो दादा लाठी से मारते थे। फिर भी कैसी मज़बूत हैं—मार खाईं, तब भी काम का बोझ ढोती रहीं और जान देने की कभी न सोचीं। मैं तो यह सब झेलने में काफ़ी कमज़ोर थी। यह भी सोचती कि औरतें काम करने के लिए ही तो होती हैं। मार पड़ती है तो क्या? औरों के मुँह से यही सुनती आई थी कि पति परमेश्वर होता है। वह कुछ भी कर सकता है। इसलिए मैं भी चुप हो गई।...ससुराल में एक अच्छी बहू बनकर रहने की कोशिश करने लगी।

—राधा की डायरी से

कभी-कभी यह सोचकर तक़लीफ़ होती है कि जो सपने हमने देखे थे, उनका एक अंश भी पूरी तरह जीने को नहीं मिला। शादी होने के साथ ही किशोरावस्था में देखे हमारे ढेरों ख़्वाब ताश के महलों की तरह बिखरने लगे। हमारे हिस्से में भी वैसे ही बोझ, अपमान और दुख आए, जिन्हें हमने अपनी माँओं को झेलते देखा था। ज़माने ने इतना तो पहले से समझा दिया था कि ससुराल ही हमारा घर होगा, लेकिन कभी यह आभास न दिलाया था कि वहाँ का माहौल तथा हालात हमारी उम्मीदों से इतने अलग होंगे! जब हम मायके का साया छोड़ने को हुए, उस वक़्त यही चिन्ता सालती रही कि हम चले जाएँगे, तब कौन करेगा सारे काम-काज? कौन बँटाएगा हमारी थकी हुई माँओं के हाथ? मालूम था कि दुनिया की निगाहों में हमारा असली घर माँ का घर नहीं, बल्कि ससुराल है। फिर भी बिदाई के समय हमें फ़िक्र मायके की ही लगी रही कि हमारे पीछे यहाँ देखभाल करने वाला कौन होगा! मगर ससुराल पहुँचते ही नए बन्धनों, नियमों और ज़िम्मेदारियों के बोझ तले इतना दबा पाते गए ख़ुद को कि रह-रहकर मायके की यादें टीस बनकर उठती थीं। बचपन के कष्ट, शादी के पहले की जाने वाली रोक-टोक और काम के दबाव—सब ससुराल में आकर छोटे और आसान दीखने लगे।

कहाँ तो हमारे उड़ान भरते दिलों ने पति के रूप में प्रेमी और जीवन-साथी पाने की कल्पनाएँ की थीं...पर जब हक़ीक़त से आँखें मिलीं, तो पता चला कि ससुराल

तो हमको केवल ग़ुलाम बनाकर लाया गया है। और ग़ुलाम भी कोई मामूली नहीं, बल्कि ऐसी जिससे यह उम्मीद रखी जाती है कि वह दहेज़ में मोटी रक़म और सम्पत्ति लाकर परिवार की शान और हैसियत को बढ़ाएगी। सात ज़िन्दगियों की दास्तानों को सुनते-सुनाते वक़्त हर बार यही लगा कि बीवी-बहू तो ससुराल के भीतर एक ऐसी दासी बनकर दाख़िल होती है, जिसे ससुराल वाले जब चाहें इज़्ज़त-आबरू के नाम पर परदे में कर दें और जब मन हो, तब दुनिया के सामने मार-पीटकर नंगा कर दें। न तो वह अपनी मरज़ी के मुताबिक पहन-ओढ़ सकती है, न कहीं आ-जा सकती है, न अपना दुख-सुख अपने घर वालों के साथ बाँट सकती है। और, रात-दिन अपना तन-मन घर में झोंकने के बाद भी न तो हक़पूर्वक भर-पेट खाना माँग सकती है, न ही बीमार पड़ने पर दवा-दारू की उम्मीद कर सकती है। पूरी ज़िन्दगी में उसके हिस्से आता है, तो बस काम और केवल काम। उसके अलावा अगर वह कुछ हासिल कर पाती है, तो समाज की वजह से नहीं बल्कि समाज से लड़कर–सिर्फ़ अपने दम पर।

हमेशा ख़ुश रहने वाली मधुलिका को जब पहली बार एक लड़का देखने आया और नापसन्द करके चला गया, तो उसके आत्मसम्मान को बहुत ठेस लगी। अगर पता होता कि वह ऐसा करेगा तो उसके 'ना' करने के पहले ख़ुद ही कह देती कि लड़का उसके मन का नहीं।

फिर कई जगह बात चली और अन्ततः हरदासपुर के एक लड़के से शादी तय हो गई। वह खेती करता था। ससुर ख़त्म हो चुके थे। इस घर में शादी करने का मन तो न पिताजी का था न मधुलिका का, लेकिन दस बीघा खेत था। दहेज़ की कोई माँग न होने के कारण बात यहीं पक्की हो गई। मधुलिका बहुत रोई। बार-बार लगे : 'कच्चा घर है, ससुर नहीं हैं, खेती-किसानी वाले हैं, नौकरी-चाकरी भी नहीं है। हमारी तो कोई सुनने वाला होगा नहीं...कैसे झेलेंगे?'

मधुलिका की शादी के पाँच दिन पहले ही भाई की शादी हुई थी। भाभी के लिए ख़ूब सामान गया था–सात साड़ी थी, सोने की झुमकी थी। मधुलिका ने सोचा–मैं भी नौकरी वाले की लड़की हूँ, मुझे भी यह सब सामान मिलेगा। पर जब बक्सा पहुँचा तो सिर्फ़ एक जोड़ी कान के टॉप्स, पायल और दो साड़ियाँ थीं। पिताजी को यह अपमान बर्दाश्त नहीं हुआ। उन्होंने सामान फेंक दिया और बोले : "शादी नहीं करेंगे, बरात घुमा ले जाओ।"

द्वारचार में मधुलिका ने भी पति को देख लिया था। अपने से दस-बारह बरस बड़े! उसे भी लगा कि इनसे हमारी शादी न हो तो ही ठीक है। मन करे कि दूसरे

दरवाज़े से भाग जाए। सुबह दो बजे तक झगड़ा होता रहा। बदनामी होगी, अन्ततः इस डर से पैर पूज दिए गए और बरात भी तुरन्त बिदा हो गई।

ससुराल गई, तो मधुलिका के ऊपर काम का बेइन्तिहा बोझ था–कच्चे घर की लिपाई–पुताई, खेत से लेकर घर तक का पूरा काम, और सास–ननद के कभी न थमने वाले ताने। ऊपर से पति को जुआ खेलने से फ़ुरसत नहीं! एक दिन शादी में मिली हज़ार रुपए की घड़ी को पति जुए में हार आया, तो ख़ूब झगड़ा हुआ। पति ने मार–पीट तो कभी नहीं की, पर जुए को लेकर लड़ाई आए दिन होती। मधुलिका को मायके की बहुत याद आती, जब–जब यह गीत सुनती–

सुखवा का मन रहल, दुखवा में बीतले दिनवा

(मन बहुत था कि सुख में रहें पर दिन दुख में ही बीत रहे हैं)

पर इतना सब होने पर भी मधुलिका ने अपने ससुराल की कोई बात कभी मायके में नहीं बताई, क्योंकि उसने अपनी बुआ की ज़िन्दगी को क़रीब से देखा था।

बुआ पचास साल से मायके में ही रहती हैं। जवानी में यही बुआ जब खाते-पीते घर से ससुराल पहुँची, तो वहाँ बहुत ग़रीबी थी। ठाकुरों का ज़ोर था और ससुर, जेठ, जेठानी सब मज़दूरी करते थे। बुआ को यह सब तक़लीफ़ देता था। एक दिन बुआ के हाथ से खाना ठीक नहीं बना। सास ने झगड़ा किया, तो बुआ ने भी सुना दिया : ''जो तुम्हारे यहाँ का खाना है, वह हमारे यहाँ का दाना है।''

और बुआ ग़ुस्से में मायके चली आईं, फिर कभी ससुराल न लौटने के लिए। बुआ के शरीर में जब तक दम था, मायके में ख़ूब मान–सम्मान हुआ। घर भी दे दिया गया। पर जबसे शरीर थका और हड्डियाँ टूटीं, तब से कोई खाने को भी नहीं पूछता। मेहनती, जीवट और आत्मसम्मान से भरी बुआ में मधुलिका को बार–बार अपनी झलक दीखती। पर उनका कष्ट महसूस करती, तो यही लगता कि बुआ ने ससुराल का घर न छोड़ा होता तो आज यह दिन नहीं देखना पड़ता। तभी अपने ससुराल के दुख मधुलिका ने मायके में कभी नहीं कहे।

इसी तरह सन्ध्या के ससुराल में दहेज़ को लेकर बहुत तानाकशी हुई। तब उसने ख़ून के घूँट पी लिये पर मायके में किसी को भनक तक नहीं पड़ने दी, क्योंकि भाइयों को दुखी नहीं देख सकती थी। पिता के न रहने पर सन्ध्या के बचपन की दुनिया पूरी तरह से अपने भाइयों के इर्द–गिर्द सिमट गई थी। शादी के बाद भी वह यही सोचती : 'मुझे चाहे कितने ही दुख उठाने पड़ें, भाइयों को मेरी वजह से कभी कोई कष्ट न हो।'

पर कैसा विचित्र है मायके और ससुराल के ताने–बाने में उलझा हमारा यह जीवन। कभी मायके के घर ने अपना बनाकर गले लगाया, तो कभी ससुराल के घर

ने। और कभी दोनों घरों के होते हुए भी यही लगता रहा कि कहीं कोई छोटा-सा भी ऐसा कोना या ठिकाना नहीं, जिसे हम सचमुच अपना कह सकें।

राधा के हिस्से में भी मधुलिका की तरह ग़रीबी और जुए से जुड़े ग़म भरपूर आए। सन्ध्या और मधुलिका की तरह ज़बान पर ताला लगाकर सब कुछ सहन करने के सिवाय उसे भी दूसरा कोई रास्ता नहीं सूझा। राधा जिस गाँव में ब्याहकर आई थी, वहाँ का माहौल मायके से अलग था। पीहर में तो सिर्फ़ अपना परिवार अछूत कहलाता था, पर यहाँ पासी और रैदास पास-पास रहते थे। इसलिए अछूत होने का अहसास यहाँ थोड़ा कम हुआ। दिन-रात की छुआछूत से छुटकारा मिला, लेकिन क्या इतना आसान था उस 'अछूत' शब्द के गहरे घावों से निजात पाना! यहीं शिद्दत से यह भी महसूस किया कि कितनी ग़रीबी है इन जातियों में। इसी ग़रीब तबक़े के जवान मर्द जुए व शराब की चपेट में सबसे ज़्यादा आते हैं। गाँव की लगभग सारी मशीनें—ट्रैक्टर, थ्रेशर, बोरिंग, आटा पीसने की चक्की-इंजन, गुड़ बनाने वाली मशीनें—मौर्य लोगों के हाथों में थीं। इन्हीं साधन-सम्पन्न मौर्यों के पास सारा पैसा भी था। जब मशीनें नहीं थीं, तब सबकी रोज़ी-रोटी किसी न किसी तरह चल जाती थी। पर जैसे-जैसे मशीनों की संख्या बढ़ रही है, वैसे-वैसे ग़रीब और उपेक्षित जातियों में भुखमरी के साथ-साथ जुआ, शराब और झगड़े भी तेज़ी से बढ़ते जा रहे हैं।

अपने होने वाले पति की सूरत पर राधा जिस समय रीझी थी, उस समय उसे तनिक भी आभास नहीं था कि यह कोई काम-धन्धा नहीं करते। जो व्यक्ति स्वयं अपना ख़र्च नहीं चला पाता था, वह नई दुल्हन का कहाँ से झेलता! ससुर और बड़े देवर नामी शराबी और जुआरी थे। पति का यही बहाना था कि हम बाहर काम करके जो कुछ भी कमाएँगे, उसे बाप और भाई जुआ-शराब में गँवा देंगे। घर में पन्द्रह बीघा खेती होने के बावजूद हालात ऐसे थे कि कभी-कभी चूल्हा तक न जलता। सारी खेती जुआ खेलने के लिए गिरवी रख दी जाती।

शुरुआत के दिनों में राधा से बहुत कुछ छुपाया भी जाता था। सास को डर था कि यदि घर की सारी स्थितियाँ नई बहू को पता चल गईं, तो कहीं वापस मायके न लौट जाए। उन्हें लगता कि बहू अगर मायके चली जाएगी, तो उनकी इज़्ज़त मिट्टी में मिल जाएगी। पर यह नहीं सोच पाईं कि अकेली राधा पर ही इस इज़्ज़त को ढोने की ज़िम्मेदारी क्यों? वह भी ऐसी इज़्ज़त जिसका ससुर और देवर रोज़ तमाशा बनाते थे। शादी को छः माह ही हुए थे कि राधा के दहेज़ में दिए गए कुछ बरतन गिरवी रख दिए गए। राधा को पति ने उस समय बताया, जब कुछ बरतन

छुड़ाकर वह वापस लाने वाले थे। सास बेटे से इस बात पर झगड़ पड़ीं कि बहू को क्यों बताया? बोलीं : "अगर उसने मायके में कह दिया, तो मेरी इज़्ज़त चली जाएगी।" फाँसी लगाने को तैयार हो गईं।

पति ने राधा को क़सम दिलाई कि मायके में किसी से इस घटना का ज़िक्र न करे। राधा ने तो किसी से कुछ नहीं कहा, पर दूसरे लोग बार-बार उसे यही सलाह देते कि यहाँ की हालत ठीक नहीं। तुम्हें कभी आराम नहीं मिलेगा। इससे अच्छा तुम वापस अपने मायके चली जाओ।

राधा को पति का ख़ूब प्यार-दुलार मिला। पर शक्की बहुत थे–शायद इसलिए कि स्वयं उनके सम्बन्ध गाँव की दूसरी लड़कियों से रहा करते थे। अगर राधा इस पर कुछ बोल देती, तो भयंकर मार-पीट होती और वह किसी पुरुष के साथ ज़रा-सी भी बात कर लेती, तो हंगामा खड़ा हो जाता। राधा अक्सर यही सोचती : 'शादी क्या की, हमने तो अपने शरीर पर पति और ससुराल का पूरा क़ब्ज़ा करा दिया!'

अक्सर लोग कहा करते हैं कि औरतों को परदे की ओट में क़ैद करके सिर्फ़ रईस व सफ़ेदपोश लोग रखते हैं, क्योंकि ग़रीब के घर की औरत यदि परदे में बैठ जाए तो घर की रोज़ी-रोटी ही न चले। पर हमारे अनुभवों ने हमें सिखाया है कि यह धारणा पूरी तरह सही नहीं है। सच यह है कि ख़ानदानी इज़्ज़त-आबरू बनाए रखने के नाम पर सफ़ेदपोश परिवारों की बहू-बेटियों के पाँवों में बहुत सारी बेड़ियाँ डाल दी जाती हैं, मगर हमारे ग़रीब और दलित-समाज में भी ज़बर्दस्त परदा है–चाहे हिन्दुओं में देखें चाहे मुसलमानों में। तभी तो राधा की तरह ही ससुराल के कड़े परदे ने चाँदनी के संघर्ष और भी कठिन बना डाले।

चाँदनी का पहला निकाह तेरह की उम्र में हुआ। तब उसकी माहवारी शुरू भी नहीं हुई थी। यह पहला शौहर वही लड़का था, जो कभी चाँदनी के इश्क़ में दीवाना था। चाँदनी को लगता था कि सुख ही सुख होंगे शादी के बाद–मेला, टॉकीज़, रिश्तेदारों में आना-जाना, और भी न जाने क्या-क्या! लेकिन 'वही होता है जो मंज़ूरे ख़ुदा होता है।'

ससुराल में भी हथकरघे का काम था–पाँच-छः धोतियाँ हर रोज़ बुननी पड़ती थीं। परदा बहुत सख़्त था। चाँदनी को यह तो मालूम था कि ससुराल में मुँह छिपाया जाता है। पर अपने ही रिश्तेदारों से मुँह छिपाने की बात हज़म नहीं होती थी।

सास कहतीं : "मुँह छिपाओ।" पर वे जितना कहतीं, चाँदनी उनकी बात उतना ही अनसुनी कर देती। चाँदनी ने तो अपनी अम्मा से इस्लामी-मज़हब के मुताबिक़

सीखा था कि औरत और मर्द के बीच आँख का परदा होता है, चेहरे का नहीं। पर पति नाराज़ होकर कहते : "जो अम्मी कहा करें, वही किया करो।"

चाँदनी जवाब देती : "जो हमारे हैं, वे तुम्हारे भी। मैं जिनके सामने छुटपन में नंगी रही, उन्हीं से मुँह कैसे छिपाऊँ?"

ससुराल में इस पर ज़िद की, तो बात कुछ ज़्यादा ही बढ़ गई। अम्मा और सास का झगड़ा हो गया।

पति की मार-पीट भी बहुत जल्द शुरू हो गई। वह चाहते थे कि चाँदनी के पिता उनके लिए अलग से दुकान कर दें, लेकिन चाँदनी के ग़रीब अब्बू के लिए यह नामुमकिन था। बोले : "मेरी और बेटियाँ भी तो हैं। उनके लिए क्या करूँगा?"

पिता के इस इनकार से चाँदनी पर होने वाले ज़ुल्म और बढ़ गए। भर पेट खाना न मिलता। सास प्लेट में ज़रा-सी सब्ज़ी देती और कोई न देखता होता, तो उसमें भी पानी मिला देती। कभी-कभी चाँदनी पति से ख़ुशामद करती : "तुम्हारी अम्मी तुमको ज़्यादा खाना दे देती हैं। तुम कभी-कभी हमारे लिए ज़रा-सा छोड़ दिया करो। हमारा पेट नहीं भरता।"

जब बीमार होती तो दवा भी न मिलती–बस, काम ही काम। कोख में पल रहे बच्चे की तो किसी को परवाह ही नहीं थी। निकाह का एक साल होते-होते बेटी पैदा हो गई। बेटी के जन्म से आठ दिन पहले चाँदनी बहुत पीटी गई थी। बेटी पैदा हुई है, चाँदनी ने जब यह जाना, तब उसका दिल और भी बैठ गया।

घर में सब बेटे की आस लगाए बैठे थे। बेटी के होते ही चाँदनी पर ग़म के पहाड़ टूट पड़े। न खाना मिले, न आराम। चौदह साल की उम्र में माँ बनी चाँदनी का शरीर जवाब दे गया। जब बहुत बीमार हो गई, तो अम्मा-अब्बू घर ले आए। पूरे डेढ़ महीने इलाज कराया। जैसे ही ठीक हुई, पति पहुँच गए और चाँदनी को धमकाने लगे : "चलना हो तो अभी चलो।"

पर अभी तो चाँदनी की दवा चल रही थी। वह जाने को तैयार नहीं हुई। बोली : "मैं तुम्हारी कौन हूँ? अम्मी की बात मानते हो, उन्हीं के पास रहो। मेरा और बेटी का ख़र्च कौन उठाएगा? बीमार हो जाऊँगी, तो दवा कौन करेगा?"

अब्बू भी रोने लगे। दामाद से बोले : "तुमने हमारे साथ जो सुलूक किया है, वह कभी नहीं भूल सकते।"

दामाद ने तेज़ होकर कहा : "ठीक है, तलाक़ ले लो।"

यह बात पाँवों के नीचे से ज़मीन खिसका देने वाली थी। यह घटना जिस दिन घटी, चाँदनी को एक हाथ और एक पैर में फ़ालिज़ मार गया। आँख की रोशनी भी कम हो गई। चार हज़ार रुपए लगाकर अब्बू ने कानपुर में इलाज करवाया। तब दोबारा खड़ी हुई। जैसे ही ठीक हुई, शौहर फिर लेने आ गया।

चाँदनी ने आग्रह किया : "जो पैसा दवा में लगा, वह अम्मा को दे दो।"

पति ने जवाब दिया : "कैसा पैसा? हम एक धेला नहीं देंगे। चलना है तो चलो। मैं तो सबके समझाने पर चला आया, वरना मुझे तो तलाक़ देना है।"

चाँदनी को लगा, यह शौहर है या दुश्मन! तय कर लिया कि अब नहीं जाऊँगी। साथ जाने पर अगर कहीं दूसरा बच्चा ठहर गया, तब क्या होगा?

अब्बू-अम्मा बेहद नाराज़ और दुखी थे। पंचायत हुई और तलाक़ हो गया। छः माह की दूध पीती औलाद को अब्बू ने अपने ही गाँव में बेटी के हाथों से छीनकर तलाक़ देने वाले को दे दिया और कहा : "देखना, मैं चाँदनी की शादी तुम्हारी दूसरी शादी होने से पहले करके दिखाऊँगा।"

उन्होंने अपनी ज़िद पूरी की। अपनी बिटिया के बिछड़ने के ग़म में पागल चाँदनी ने बहुत मिन्नतें कीं : "मेरी शादी न करो, मैं बुनाई करके अपना ख़र्च चला लूँगी।"

पर किसी ने एक न सुनी। छः ही महीने में दूसरा निकाह रघुनाथपुर गाँव में हो गया।

वक़्त और शरीर की मार से डरी-सहमी चाँदनी इस नई ससुराल में चली आई। पति को पहली शादी और बेटी के बारे में मालूम तो था, पर सख़्त हिदायत थी कि बेटी का नाम भी ज़बान पर लाईं तो ठीक न होगा। बेटी का दर्द सीने में छिपाकर चाँदनी ने होंठ सी लिये। डरती थी—अगर यहाँ भी तलाक़ हो गया, तो कहाँ जाऊँगी। इसलिए नए ससुराल के सारे जुल्मोसितम भी बर्दाश्त करने के लिए मन को तैयार कर लिया।

गरिमा, सन्ध्या, शिखा और पल्लवी के परिवार राधा और चाँदनी के माता-पिता की अपेक्षा अधिक साधन-सम्पन्न थे। इसलिए इनके जीवन में जो कष्ट और दबाव आए, उनमें रोज़ी-रोटी और भूख का दर्द कुछ कम, और सफ़ेदपोशी और जातिगत मान-मर्यादा का बोझ कुछ अधिक था। विधवा माताओं की बेटियाँ होने की वजह से गरिमा, सन्ध्या और शिखा ने जो पीड़ाएँ सहन कीं, उनमें उनकी माँओं की तक़लीफ़ों और छटपटाहटों के रंग भी अच्छी तरह घुल गए थे।

गरिमा एक ओर तो सजने-सँवरने की कल्पनाओं में गोते लगाती हुई रोज़ अपना मनचाहा पति पाने की प्रार्थना कर रही थी। दूसरी ओर पड़ोसियों और रिश्तेदारों के दबाव से परेशान माँ को देखकर उसे लगता कि वह परिवार के लिए एक भारी बोझ बन गई है। एक बार नानी ने सुना भी दिया : "मोहन (पिता) तो शराब पीकर चले गए और हम लोगों की जान आफ़त में डाल गए।" माँ के पास

नक़द पैसा न होने के कारण दहेज़ देने की स्थिति तो थी नहीं, इसलिए नाना, मौसा, माँ और स्वयं गरिमा यही मनाते कि किसी तरह शादी हो जाए तो चिन्ता मिटे।

आख़िर मौसाजी ने एक जगह बिना दहेज़ के शादी तय कर दी—लड़का सीतापुर में आँख के अस्पताल में नौकरी करता था। पर तिलक के चार दिन पहले पता चला कि वे लोग कुलीन ब्राह्मण नहीं हैं। अतः शादी टूट गई। इसके बाद मौसा ने उन्नाव ज़िले के सुजानपुर गाँव में ब्याही अपनी एक बहन के चौथे बेटे से गरिमा की बात पक्की कर दी। नाना बेमन से तैयार हुए, क्योंकि परिवार झगड़ालू क़िस्म का माना जाता था। गरिमा की जेठानी के झगड़े चर्चित थे। मौसा-मौसी ने इत्मीनान दिलाया कि लड़का बहुत अच्छे स्वभाव का है, पर पुरानी रिश्तेदारी के कारण गरिमा यह भी जानती थी कि ग़रीबी की वजह से सुजानपुर गाँव के लोगों की उसके अपने गाँव मनोहरपुर में कोई ख़ास इज़्ज़त नहीं थी। गरिमा को तो सुजानपुर के नाम से चिढ़ थी। उसे लगा : 'मेरे तो सपने टूट गए। जैसे बाक़ी लड़कियाँ आती हैं और साबुन, मंजन, तेल मायके से ले जाती हैं। किसी को कपड़े तक ढंग से नहीं मिलते हैं। मेरी भी यही दशा होने वाली है।'

जो भी सुनता, यही कहता : 'हाय, सुजानपुर में बड़े दबंग लोग रहते हैं। लड़की को इतनी दूर डाल रही हो! इसे तो रोटी भी खाने को नहीं मिलेगी।'

दस बीघा खेत पर शादी तय हुई। बरिच्छा (सगाई) के लिए जौ बेचना पड़ा। तिलक में सामान तो गया, पर नक़द पैसा थोड़ा होने से सास को काफ़ी नाराज़गी हुई, जो वह बरसों तक बात-बात में अपने तानों और झगड़ों के माध्यम से ज़ाहिर करती रहीं। पर गरिमा के घर में पहली शादी थी, इसलिए सारी रस्में धूमधाम से निभाई गईं। हाँ, माँ के आँसू उसी दिन से बहने लगे, जिस दिन से गरिमा की शादी तय हुई। जिस बेटी के साथ ने इतनी मुसीबतें झेलने के लिए शक्ति दी थी, उसके दूर चले जाने की कल्पना मात्र से वह सिहर उठती थीं।

शादी हो गई। शुरू-शुरू में ससुराल में गरिमा हमेशा डरी ही रहती। कुछ तो नए परिवेश की वजह से, बाक़ी शायद अपने ही पिता द्वारा माँ के साथ की गई मार-पीट की अमिट यादों ने दिल को दहला रखा था। खाने में ज़रा-सा नमक भी तेज़ हो जाए, तो लगे कि बस, अब मार पड़ेगी। पर मार कभी नहीं पड़ी। मायके की अपेक्षा ससुराल में औरतों पर बन्धन कम थे। परदा भी कम था, लेकिन पति अपने आलसी स्वभाव के कारण कुछ ख़ास कमा नहीं पाते थे। इसलिए घर में आए दिन सास और पति के बीच झगड़े भी होते, जिसमें सास की गन्दी गालियाँ हमेशा गरिमा और उसकी माँ को पड़तीं। गरिमा को यह सब झकझोर डालता। पर उसे हमेशा इस बात से बेहद तसल्ली मिलती कि पति के साथ उसका रिश्ता बहुत अच्छा है।

'मेरी ख़ुशी में ख़ुश और मेरे दुख में दुखी'–ऐसा पति पाकर गरिमा सन्तुष्ट थी। बार-बार यही मनाती : 'चाहे मेरा सब कुछ खो जाए, पर यह रिश्ता कभी न खोए।'

प्यार के रिश्तों के बारे में अपने मन में दबी बातें कहने-बाँटने के लिए जब अलफ़ाज़ ढूँढ़ने लगो, तब कहीं यह भी लगता है कि जब तक किसी रिश्ते से ज़्यादा उम्मीदें न रखो, उसमें ख़ुशी पाना तभी तक आसान होता है। जहाँ प्यार से उम्मीदें बढ़ती हैं, वहाँ तलाश और छटपटाहट, अक्सर दोनों बढ़ती ही चली जाती हैं। शायद इसी वजह से कुम्हराँवा गाँव में ब्याही पल्लवी विवाह के कई सालों बाद भी प्यार ढूँढ़ती रही।

पल्लवी के लिए पहले जो लड़का देखा गया, वह विधुर था। पहली शादी से दो बच्चे थे। दहेज़ की कोई माँग नहीं थी। पल्लवी शुरू में इसी बात से सन्तोष कर रही थी कि कम से कम ख़ूब कपड़े और ज़ेवर तो मिलेंगे। पर लड़के का फ़ोटो देखा, तो लगा जैसे पिताजी की फ़ोटो हो। जब वह पल्लवी को देखने आया तो ख़ुद भी यही बोला : "यह तो मेरी बेटी की उम्र की है। इसे भला मैं पत्नी के रूप में कैसे स्वीकार करूँ?"

ऊपर वाले का शुक्र कि उसने स्वयं ही ब्याह के लिए 'ना' कर दिया, पर इस शादी का मना होना गाँव में चर्चा का विषय बन गया। लोगों ने सीधे पल्लवी के चरित्र पर ही दोष मढ़ा कि इतनी सुन्दर लड़की को कोई ऐसे ही थोड़े नापसन्द करता है। ज़रूर कोई कारण होगा! अब इसे एक भद्दी गाली के सिवाय और क्या कह सकते हैं कि पिता की उम्र का एक पुरुष जब समझदारी का परिचय देकर एक कच्ची उम्र की लड़की से विवाह करने को मना करता है, तब भी समाज लड़की में ही खोट देखता है। अत: अगर तरह-तरह के लांछन और सवाल बरसों तक पल्लवी का पीछा करते रहे, तो ताज्जुब कैसा?

इस प्रकरण के बाद उन्नाव ज़िले में शादी तय हुई। न्योता भी बँट गया, पर तिलक चढ़ते समय लेन-देन को लेकर काफ़ी झगड़ा हुआ। वर-पक्ष तिलक में दस हज़ार रुपए चाहता था। इतना नहीं मिला, तो बेइज़्ज़ती पर उतर आया। पल्लवी के भइया और जीजाजी भी नहीं दबे। बात बढ़ गई। वहाँ से तिलक वापस कर दिया गया।

लड़की का तिलक ससुराल से वापस आ जाए, इससे बड़ी तौहीन और क्या हो सकती थी! आठ दिनों बाद ही शादी होनी थी। अम्मा और बाबू ख़ूब रोए कि अब क्या होगा? कहाँ करेंगे इसकी शादी? दीदी के ससुर ने अपने नाकारा लड़के

से शादी करनी चाही, पर दीदी और जीजा ने बचा लिया। घर में मातम-सा छा गया था। पिताजी तुरन्त दीदी के ससुर और भइया के साथ निकले यह तय करके कि अब तिलक चढ़ाकर ही वापस लौटेंगे। कुम्हराँवा में झट-पट बात पक्की कर दी गई और पिछला तिलक लौटने के तीन दिनों के अन्दर ही यह तिलक भी चढ़ गया। छः दिनों में ब्याह होना था।

वर-पक्ष ने साफ़ कह दिया—इतनी जल्दी हमसे बहू के लिए कपड़े और ज़ेवर नहीं बन पाएँगे। एक सूती साड़ी और नथ में शादी हो गई, बस।

पहले तो दहेज़ की कोई ख़ास माँग नहीं थी, पर कलेवा के समय दहेज़ की माँग भी होने लगी। ससुराल की देहरी पर क़दम रखा, तो सबसे पहले सास से यही सुनने को मिला : ''शादी तो ऐसे तय की थी, जैसे कोई राजा-महाराजा हों। पर दिया कुछ नहीं। बस पीपा भरा दिया।''

पल्लवी की सास उसे सीधे घर की उस कोठरी में ले गई, जिसमें आधे में तो कंडा[6] भरा हुआ था और आधे में भूसा[7]। पल्लवी को भूसे पर पड़े दरे पर बिठा दिया गया। घूँघट उठाकर देखा, तो हर तरफ़ जाला और कूड़ा। कहाँ तो सोचा था कि ससुराल में मेरा छोटा-सा कमरा होगा, जिसमें मैं पति के साथ बैठकर बातें करूँगी, और कहाँ यह कोठरी! घर का माहौल देखकर उस दिन पल्लवी से कुछ खाया तक नहीं गया। भूसे पर ही वहीं सो गई। रात पति कोठरी में आए, तो सबसे पहले नाम पूछा। फिर छूटते ही कहा : ''जहानगंज वाली शादी क्यों टूटी?''

पल्लवी बोली : ''भला मैं क्या जानूँ।''

उस पहली रात को इस तरह एक अनजान पुरुष के साथ सोना बिल्कुल अच्छा नहीं लगा। पल्लवी यह सोचकर बहुत रोई कि अब रोज़ ऐसा ही होगा। दूसरे दिन कुल एक रोज़ के लिए पति के साथ मायके गई, फिर ससुराल लौट आई। शादी से पहले माहवारी हुई थी, फिर नहीं हुई। दाई को दिखलाया, तो पेट में बच्चा निकला। सास को लगा कि कहीं शादी से पहले का बच्चा तो नहीं जो इतनी झट-पट में ब्याह कर दिया? पल्लवी ने कोई सफ़ाई नहीं दी। ढाई महीने बीते फिर मायके आ गई।

मायके में पल्लवी को सबके सामने निकलने में झिझक होती। जब तीन महीने मायके में हो गए, तो पति को चिट्ठी लिखी कि मुझे यहाँ से ले जाओ। पर लेने के लिए ससुर आए। अम्मा ने दाल, चावल, रोटी, सब्ज़ी खिलाकर भेजा।

---

6. गाय-भैंस के गोबर से पाथकर बनाया गया सूखा जलावन, जो लकड़ी की जगह इस्तेमाल होता है।
7. गेहूँ आदि की फ़सल से दाने निकालने के बाद बाक़ी बचा सूखा चारा, जो जानवरों को खिलाया जाता है।

ससुर ने वहाँ तो खा लिया, लेकिन ससुराल पहुँचते ही आधे गाँव को सुनाया : "स्सालों ने पहले पहल दाल-चावल ही खिला दिया। लिफ़ाफ़ा छाप हैं। अरे, पहले दिन तो मेहमान को पूड़ी-सब्ज़ी खिलाए होते! वहाँ तो मेहरी-राज[8] है। न कोई परदा है, न कुछ। समधिन सामने ही मुँह खोलकर बैठी थी और हालचाल पूछ रही थी।"

इतनी यातनाएँ सहने के बावजूद पल्लवी को पति-मिलन की बहुत आस थी, लेकिन पल्लवी की पीठ पीछे न जाने क्या हुआ कि पति ने पास आना ही बन्द कर दिया। हाल-चाल भी न पूछते। दोपहर में जब खाना खाने आते, तो पल्लवी दबाव की वजह से घूँघट मारे रहती। दूसरे समय आते, तो छोटी ननदें वहीं मौजूद रहतीं। मिलने और बात करने के लिए कहीं जगह ही नहीं मिलती थी। पल्लवी से रहा न जाता। एक बार सोचा : 'पति शाम को चारा खाँदते हैं। अगर मैं मशीन खींचने लगूँ, तो कम से कम नज़र भर देख तो सकूँगी, उनके हाथों को छू तो सकूँगी।'

हुआ बिल्कुल उलटा। पति पल्लवी के साथ मशीन पर देवर को कर देते और ख़ुद तब तक बाहर बैठे रहते, जब तक मशीन खींचना बन्द न होता। पल्लवी चारा खींचती जाती और अम्मा-बाबू को कोसती जाती कि ऐसे ब्याह से तो अच्छा होता सल्फ़ास खिला देते।

जब पल्लवी से न रहा जाता, तब पति के पास ज़बर्दस्ती चली जाती। एक बेटी हो गई। पति का यह रवैया तीसरे बच्चे के जन्म तक बना रहा। आज पल्लवी सोचती है कि उसके साथ ऐसा मज़ाक क्यों हुआ? ऐसा है यह दुख कि समाज इसे किसी के सामने कहने भी नहीं देता! कौन जान पाएगा वह दर्दनाक ख़ालीपन, जिसे पल्लवी झेलती रही? लोग तो कहेंगे कि अगर पति प्यार नहीं करता होता, तो तीन-तीन बच्चे कैसे हो गए? क्या प्यार केवल शरीर से सम्बन्ध बना लेने से हो जाता है? मानसिक सन्तुष्टि और दिल की सन्तुष्टि क्या मायने नहीं रखती पति-पत्नी के सम्बन्ध में? तीन बच्चों की माँ बन जाने के बाद भी पल्लवी सालोसाल इतना असन्तुष्ट क्यों महसूस करती रही, इसका कारण वह आज तक खोज रही है।

शिखा की माँ को भी अपनी सयानी होती बेटी को 'अपने घर' भेजने की चिन्ता जल्दी ही लग गई। पति को गुज़रे तीन बरस हुए थे। तब तक शिखा पन्द्रह की हो चली थी। बड़ी बहन ने चन्दौसी में एक लड़का बताया। माँ देखने गई तो पता चला कि लड़का घर का सबसे बड़ा है, पीछे चार छोटे भाई-बहन और हैं। यह सभी

---

8. औरतों का आधिपत्य और दबदबा।

भाई-बहन सात बरस से नौ माह के बीच की उम्र के थे। वापस आकर शिखा को बताया कि परिवार ठीक है और लड़का दुकान करता है। जन्मपत्री माँगी गई। तब पत्री तो न मिली, यह सूचना ज़रूर मिली कि बड़ा परिवार है। काम बहुत करना पड़ेगा। माँ ने किसी तरह पैसे व ज़ेवर का जुगाड़ करके शादी कर दी।

जिस दिन बरात आई, उस दिन भी शिखा को दोपहर की रोटियाँ बनानी पड़ीं। माँ हाय-हाय करती रहीं कि कम से कम शादी के दिन तो बिटिया को आराम करने दिया होता। शिखा को डर था कि आगे क्या होगा—कहीं ससुराल पहुँचकर दोबारा पिटाई तो शुरू नहीं हो जाएगी? साथ ही यह सोचकर भी बार-बार रुलाई छूटती थी कि माँ, भाई, बहन सब दूर हो जाएँगे।

विवाह के बाद, जिस रात पति से पहला मिलन होना था, उस रात शिखा को एक कमरे में पहुँचा दिया गया। वहाँ दुकान का काफ़ी सामान बोरों में रखा हुआ था तथा एक चारपाई पर पति सो रहे थे। शिखा भी चुपचाप एक बोरे पर बैठी और सो गई। पति की सहसा नींद टूटी, तो उठे, अपने पास लिटाया और सम्बन्ध बनाने से पहले घर-परिवार के बारे में तमाम बातें कीं। बताया कि किस तरह से उनके साथ घर और समाज में चलना है।

ससुराल के बाक़ी सदस्यों ने भी हिदायतें देने में कोई कसर नहीं छोड़ी। शिखा को सभी के पाँव छूने हैं, सिर झुकाकर बैठना है, धीरे से बोलना है, खाना सबसे पूछकर बनाना है, सबका छोटा-बड़ा काम करना है, रात में सास के पैर दबाकर उनकी इजाज़त लेकर ही सोना है। नए घर में आते ही इतनी सारी हिदायतें! शिखा को डर-सा लगा कि कहीं कुछ ग़लत हो गया तो पता नहीं क्या होगा!

ससुराल में सबके होते हुए भी शिखा अकेली थी। पति को रोज़मर्रा की गृहस्थी की बातें सुनना बिल्कुल न सुहाता था। घर में परिवार के लोगों के अलावा किसी का आना-जाना भी नहीं था। शिखा सारा दिन काम में लगी रहती, सास और ननद का कभी ख़त्म न होने वाला बड़बड़ाना और शिकायतें सुना करती। केवल पाँच बरस की ननद नीतू ही शिखा की एकमात्र हमदर्द थी। जब काफ़ी परेशान हो जाती, तो नीतू को पैसा देकर पोस्टकार्ड मँगाती और मायके लिखती। माँ से मिन्नतें करती कि बुलवा लो। बहनोई[9] को भेजकर माँ पन्द्रह दिनों के लिए बुलवा लेतीं, पर पन्द्रहवें दिन कोई न कोई लेने ज़रूर पहुँच जाता। मायके से लौटते हुए चन्दौसी का चौराहा जैसे ही पार होता, शिखा वापस क़ैद में पहुँच जाती। पति कहते कि मुँह ढँक लो, कोई देख लेगा। घूँघट काढ़ना होता—वह भी एक हाथ लम्बा और ऊपर से एक चादर!

---

9. माँ की बड़ी बहन के पति; शिखा के मौसिया।

कई बार शिखा को लगता कि सपने कुछ और थे, मिला कुछ और। फिर भी जो कुछ मिला, उसे अपनी क़िस्मत मानकर उसने होंठ सिल लिये। क्योंकि जब से होश सँभाला था, यही जाना था कि अपनी इच्छाओं का गला घोंटकर जो औरतें जीना सीख जाती हैं, उन्हीं को दुनिया शालीन और इज़्ज़तदार मानती है।

शिखा की कहानी ऊपर से तो समूह की बाक़ी छः डायरी लेखिकाओं की अपेक्षा ज़्यादा आसान लगती है, क्योंकि उसने उस हद तक आर्थिक अभाव नहीं झेला जितने बाक़ी चारों ने। शिखा किसी तरह से यह दावा भी नहीं कर सकती है कि वह अपने समाज के हाशिए पर जीवन यापन कर रही थी। पर शिखा ने बाक़ी सबसे कहीं ज़्यादा जो झेला, वह था मध्यम-वर्गीय, दिखावटी समाज के क़ायदे-क़ानूनों और खोखले मूल्यों का बोझ! वही इज़्ज़तदारी व मान-मर्यादाओं की घुटन और सब कुछ ज़बर्दस्ती ढाँक-मूँदकर रखने का दबाव, जिसके तले वह मायके में पिसती रही, यहाँ ससुराल में और भी विकराल रूप धरकर उसका पीछा करने लगा।

मातृत्व का दुख-सुख...

> *ससुराल में एक बार ताऊ की बहू को लड़का पैदा हुआ। उसकी सास ने किसी बात पर नाराज़ होकर चाय के कप में बहू को ज़हर पिला दिया। बहू मर गई। उसकी माँ ने कुछ हल्ला नहीं मचाया–सास से सुलह कर ली और लड़के को एक गाँव में गोद दे दिया।...हम सोचते थे कि औरत सुहागिन मरती है तो शकुन मानते हैं। जीने से अच्छा ऐसे ही मर जाया जाए। मैंने कई बार मरने की सोची भी, लेकिन बेटी के मोह ने रोक लिया कि मेरे बिना यह लड़की क्या करेगी! क्या जाने क्या हो इसका!*
>
> *–मधुलिका की डायरी से*

> *मेरी शादी के बाद सास को बेटी हुई। ससुर ने आँगन में खड़े होकर एक भद्दी-सी गाली दी और सास से कहा : "ससुरी, चल। उठकर गाय लगा। लड़की को पिलाने का दूध क्या तुम्हारे बाप दे जाएँगे?"*
>
> *मुझे सुनकर बहुत ख़राब लगा कि जब मेरे लड़का पैदा हुआ था, तब तो घंटों बाद कहीं जाकर नाल कट पाई थी, इस बिटिया के पैदा होने में क्या होगा?*
>
> *–पल्लवी की डायरी से*

माँ बनने के बारे में इतने सालों से बहुत कुछ सुनते आए थे। मातृत्व हम सबके जीवन में बहुत ही महत्त्वपूर्ण, और अहम घटना बनकर आया भी, पर कितने सारे अलग-अलग रूपों और ढंगों से! कहीं बच्चे न पैदा होना ख़ुशी लाया, तो कहीं

बच्चे का पैदा होना क़हर ढा गया। हमारी भिन्न-भिन्न परिस्थितियाँ माँ बनने के सुख को भी अलग-अलग आकारों और परिभाषाओं में बाँधती-पिरोती चली गईं।

पन्द्रह बरस की पल्लवी शादी के दस महीनों में ही एक बेटे की माँ बन गई। जिस समय प्रसव-पीड़ा ने ज़ोर पकड़ा, पल्लवी खाना बना रही थी। मदद करने वाला कोई भी नहीं था। चौके में ही बेटा पैदा हो गया। गाँव में ख़बर फैलते ही पड़ोस की औरतें दौड़ी चली आईं और आने के साथ एक-एक ने सबसे पहला हिसाब यही लगाया कि बच्चा शादी के कितने महीनों बाद हुआ? पल्लवी को पहली बार समझ में आया कि न तो किसी को यह परवाह थी कि वह माँ बनी और न ही यह कि उसने कितनी कठिनाई से बेटे को जन्म दिया। दुनिया ने सबसे ज़्यादा अहमियत दी, तो इसी प्रपंच को कि बच्चा कहीं मायके का तो नहीं! लोगों के भीतर यह शक शायद इसलिए और भी बैठ गया था, क्योंकि पल्लवी शहर की ख़ूबसूरत पढ़ी-लिखी लड़की थी और पति देखने-सुनने में बिल्कुल उलटा था। यही सोचते सब कि पेट में मायके की औलाद रही होगी। तभी तो बहू के माँ-बाप ने ऐसे निकम्मे लड़के के साथ झट ब्याह दिया।

सर्दियों के दिन थे। सुबह के वक़्त लगभग सात बजे बच्चा पैदा हुआ था और नाल काटने के लिए धनकुन[10] दोपहर दो बजे पहुँची। तब तक पल्लवी और बच्चा, दोनों वैसे ही पड़े रहे। सास ने कहा कि बच्चे को मायके से आया कपड़ा ही पहनाते हैं। सो तीन माह बाद, जब माँ ने कपड़े भेजे तब कहीं जाकर बच्चे को नया कपड़ा पहनाया गया। सास दिन भर बच्चे को गोद में लिये बैठी रहती, ताकि घर के सारे काम पल्लवी को ही निबटाने पड़ें। जब दूध पिलाने का समय होता तभी बेटे को कुछ पलों के लिए माँ को थमा दिया जाता, बस। बेटा होने की वजह से बच्चे की तो पूरी देखभाल की गई, पर पल्लवी की कोई क़दर नहीं हुई। ग़नीमत थी तो यही कि पहली सन्तान ने बेटे का रूप धरा। अगर कहीं बेटी हो जाती, तो पल्लवी कदाचित् ज़िन्दा न बचती।

बेटे के बाद एक बेटी और फिर एक बेटे का जन्म हुआ। एक ओर पति से लगातार बनी हुई दूरी, और दूसरी ओर तीन बच्चों का पैदा होना। पल्लवी के जी को बराबर कचोटता रहता कि हे भगवान, यह भला कैसा रिश्ता है? दिल की यह कसक अनबहे-आँसू बनकर आँखों की कोरों पर हरदम सूखती और चुभती-सी रहती।

---

10. एक जाति, जिसकी महिलाएँ प्रसव के बाद बच्चे की नाल काटती हैं।

पल्लवी का जल्दी माँ बनना अगर दुनिया को नहीं सुहाया, तो शादी के तीन साल बाद राधा को उठते-बैठते यही सुनने को मिलता : "हाय, लगता है कि इसे तो बच्चा ही नहीं होगा!"

परिवार की औरतें ताना देतीं : "यह पढ़ी-लिखी है, बच्चा रोकने के लिए ज़रूर कुछ खाती होगी!"

और जब पेट में बच्चा ठहरा, तो खाना-पीना भी ठीक से नहीं मिला। कमज़ोरी की वजह से प्रसव के समय चार दिन तक परेशान रही। बेटा हुआ। अभी एक माह का ही था कि सास एक दिन राधा से बहुत झगड़ी। बाद में ससुर व सास ने राधा का सारा सामान घर के बाहर फेंक दिया और अपना दिया सारा ज़ेवर वापस ले लिया। पोता होने के बाद सास को लगता था कि अब तो बहू को चाहे जितना परेशान करें, माँ बनने के बाद तो यह दूसरी शादी करने से रही।

पहले बेटे के तीन साल बाद दूसरे बेटे का जन्म हुआ। जिस समय गर्भ का पता चला, पति ने धमकाकर कहा कि अगर बेटी पैदा हुई, तो उसकी ज़िम्मेदार तुम होगी। यह बात राधा को काँटे की तरह चुभ गई। दिन पूरे होने के दो महीने पहले ही मायके चली गई और बेटे को वहीं जन्म दिया।

बेटा गोद में ही था कि नारी समता योजना में काम मिल गया। काम के दौरान बेटे की देख-रेख की ज़िम्मेदारी पति पर आ पड़ी। बच्चों पर राधा ध्यान ही नहीं दे पाती। छोटा बेटा बीमार पड़ा, और इससे पहले कि डॉक्टर उसका रोग भी पकड़ पाते, राधा के दिल का यह नन्हा-सा टुकड़ा चल बसा। पति को इस घटना से बहुत ज़बर्दस्त झटका लगा–जिस बेटे का सब-कुछ किया था, उसकी मौत सहन कर पाना उनके लिए कठिन हो गया। और राधा को तो कई सदमे एक साथ झेलने पड़ गए–एक तो बच्चे को खोने का दुख, दूसरे पति की बीमारी, और ऊपर से इस बात की पीड़ा और ग्लानि कि अगर मैं काम में इतनी व्यस्त न होती और बच्चे का ध्यान रख पाती, तो शायद यह दुख का पहाड़ न टूटता।

बेटे की मृत्यु के ठीक नौ महीने बाद फिर एक बेटा हुआ।

तेरह साल की चाँदनी ब्याही गई, तो शरीर और उमर दोनों से ही बच्ची थी। पति से सम्बन्ध बने तब माहवारी आई। इसके दो ही माह बाद गर्भ में बिटिया आ गई। चाँदनी को जब पता चला कि पेट में बच्चा ठहर गया है, तो बहुत दुख हुआ; लेकिन यह तो बस शुरुआत थी।

बेटी के जन्म के साथ तक़लीफ़ें बढती गईं। चाँदनी और बच्ची का ध्यान बिल्कुल भी नहीं रखा गया। हालात ऐसे बने कि छः माह की होते-होते बच्ची सदा के लिए बिछुड़ गई। चाँदनी इस ग़म को सीने में छिपाए करौना में शादी के बाद फिर गर्भवती हुई। यहाँ जिस समय पहला बेटा पैदा हुआ, घर में चाँदनी बिल्कुल अकेली थी। गाँव में दो मुसलमान दाइयाँ थीं, लेकिन दोनों में से एक भी वक़्त पर नहीं पहुँच सकीं। एक बीमार थी और दूसरी गाँव के बाहर गई हुई थी। मजबूरी में शौहर साहब मौर्य जाति की एक दाई को मदद के लिए बुलाने गए। पर उस दाई ने मुसलमान के घर के काम में हाथ लगाने से इनकार कर दिया।

बेटे के आने से पहली बेटी के छिनने का ग़म थोड़ा कम हुआ। घर में लगातार झगड़ा चलता रहता। कभी-कभी चाँदनी के मन में आता कि ज़हर खा ले। फिर यह सोचकर सारे अत्याचार झेलने की हिम्मत बटोरती कि बेटे के सहारे ज़िन्दगी बिता देंगे। इस बीच दो बेटियाँ और पैदा हो गईं। पति धमकाते कि मैं इसे नहीं रखूँगा—बेटियाँ ही बेटियाँ पैदा करती जाती है।

दूसरी बेटी होने के पाँच दिनों बाद ही चाँदनी के ऊपर घर-बाहर का सारा काम आ पड़ा। तब उसे रह-रहकर अपनी अम्मा का वह दर्द याद आया, जब चाँदनी को जनने के साथ ही वह हथकरघे पर बैठ गई थीं। न जाने क्यों अम्मा के दुख को याद करके अपना दुख कुछ कम हो जाता।

चाँदनी को एक और बेटा हुआ, पर वह पाँच साल तक खड़ा ही नहीं हो पाया। पोलियो भी नहीं था। सोलह हज़ार रुपए दवा में लगे, लेकिन ठीक नहीं हुआ। उसको अपने चले जाने का अहसास रहा होगा शायद, तभी मरने से पहले माँ की ख़ुशामद की : "अम्मी, एक बार हमको अपना दूध पिलाय दो।"

चाँदनी की गोद में दूध पीती बेटी थी, पर मरते हुए इस बेटे को किस दिल से 'ना' कहती? लेकिन दूध भी कहाँ पिया उसने? उसने तो माँ की छाती से लगते ही दम तोड़ दिया!

कैसे होते हैं दिल, आत्मा और शरीर के ये रिश्ते! जिस तरह राधा ने एक बेटा खोकर दूसरा बेटा पाया, वैसे ही इस बच्चे के गुज़रने के ठीक नौ माह बाद चाँदनी भी दूसरे बेटे की माँ बनी।

सन्ध्या को लगता था कि बच्चे जल्दी नहीं होने चाहिए। लोग क्या कहेंगे? गाँवों में बड़ी-बूढ़ियों को यही कहते सुना था कि शादी के बाद चार-पाँच सालों तक लड़की को ख़ूब खा-खेल और हँस लेना चाहिए, फिर माँ बनना चाहिए। यही सोचकर सन्ध्या शादी के तीन साल बाद भी बच्चा नहीं चाहती थी।

कहाँ तो राधा को तीन साल तक बच्चा न होने पर ताने मिलने लगे थे और कहाँ यह दूसरा दबाव? कब और कहाँ किस बात को मान्यता मिलेगी, किसे नहीं यह सब ठीक-ठीक समझ पाना भी टेढ़ी खीर है।

सन्ध्या के पेट में बच्चा ठहरे अभी तीन माह ही हुए थे कि दाहिने कूल्हे की हड्डी खिसक गई! तक़लीफ़ ज़्यादा बढ़ी, तो बिस्तर पकड़ लिया। पर घर के कामों का दबाव फिर भी कम नहीं हुआ। सन्ध्या ने सोचा कि अगर खाना नहीं खाऊँगी, तो मुझसे कोई काम की उम्मीद भी नहीं करेगा। दो दिन न खाना खाया, न काम किया। मगर तीसरे दिन जेठानी ने सुना दिया : "खाना खाओ या न खाओ, वह तुम्हारी मरज़ी, लेकिन ससुराल में रहोगी तब काम तो करना ही पड़ेगा।"

सन्ध्या की परेशानियाँ गर्भावस्था में बढ़ती ही जा रही थीं। पति भी चाहते थे कि मायके जाकर कुछ आराम पाए। पर संकोचवश घर वालों से कुछ कहने की हिम्मत नहीं कर पाते थे। आख़िर सन्ध्या ने ख़ुद ही अपने मायके ख़बर भिजवाई। भाई आया तो साथ चली गई। पहले बेटे का जन्म मायके में ही हुआ।

परन्तु गरिमा जब शादी के तीन-चार साल बाद भी माँ नहीं बनी, तब लोगों को चिन्ता होने लगी। इलाज हुआ। तब शादी के पाँच साल पूरे होने के बाद उसे बच्चा ठहरा। पेट में बच्चा रहने के दौरान काफ़ी देखभाल हुई। सास, पति, देवर, ननद सभी ने बहुत ख़याल रखा। बच्चा तगड़ा और गोरा हो, इसके लिए गरिमा को ख़ूब दूध, घी और गरी खिलाई जाती। पर प्रसव के दौरान बच्चा उलटा हो गया। गाँव से उन्नाव काफ़ी दूर होने की वजह से ठीक समय पर अस्पताल भा नहीं पहुँच पाई। बेटा ज़िन्दा न बचा। गरिमा के लिए पहले बच्चे की मौत का सदमा असहनीय था। दूसरी बार बेटी पैदा हुई, तो पहले बच्चे का दुख फिर से बहुत उमड़ा। ख़ासकर उस समय, जब बेटी को देखकर सास का उत्साह ठंडा पड़ता देखा; किन्तु पति ने गरिमा को यह कहकर ढाढ़स बँधाया कि पहले बेटे से तो यह बेटी भली, जिसने पैदा होने के साथ परिवार को ज़रा भी कष्ट नहीं पहुँचाया।

मधुलिका जब पहली बार माँ बनी थी, तब उसे कभी ओढ़ने को नहीं मिला तो कभी खाने को। पहली बेटी ब्याह के ढाई साल बाद हुई, पर जन्म लेने से पहले वह पेट में ही मर गई। अगर मधुलिका सही समय पर अस्पताल पहुँच जाती, तो शायद ऐसा न होता। इसके बाद एक और बेटी जन्मी। सौभाग्य से दूसरी बेटी के जन्म के समय ननद को भी बच्चा हुआ था, इसलिए ननद के साथ मधुलिका का भी ध्यान रखा

गया। बेटी के छः साल बाद बेटा पैदा हुआ। चाँदनी के हाथों जनवरी 2003 में हमारे पहले डायरी-पाठ के दौरान जन्मे इस बेटे को संगतिन-यात्रा के हम सब यात्रियों ने मिलकर पुकारा–सार्थक।

सवाल-दर-सवाल

जवानी से मातृत्व तक के लम्बे सफ़र में आए इतने सारे अन्तरंग क्षणों और घटनाओं को इन पन्नों में उतार चुकने के बाद अत्यन्त उत्सुकता से यह विचार आना सहज-स्वाभाविक ही है कि हम आपको–अपने पाठकों को–यह सब लिखकर क्या बताना चाह रहे हैं? क्या ये कहानियाँ केवल इसलिए अहमियत रखती हैं, क्योंकि यह एक सामूहिक-प्रक्रिया का नतीजा हैं? या फिर इसलिए कि इनके माध्यम से हम आपके साथ कुछ नया या अभूतपूर्व बाँटना चाह रहे हैं?

दरअसल हमें पूरा अहसास है कि हमारी इन कहानियों में नया कुछ भी नहीं है, बल्कि कहीं-कहीं तो हमारा जीवन बिल्कुल उन्हीं घटनाओं और उलझनों के बीच घिरा रहा है, जिनमें हमारी माताएँ, बुआएँ, बहनें, भाभियाँ, और पड़ोसिनें दिन-रात जकड़ी रहती हैं। इसमें कोई शक नहीं कि रोज़मर्रा के इन बहुत ही आम अनुभवों के ऊपर सामूहिक-रूप से लिखने, बाँटने और चिन्तन करने की प्रक्रिया ने हमें अपने समाज के कई पहलुओं को समझने के लिए नई नज़र दी है–चाहे वह औरत-मर्द के रिश्तों का पहलू हो, चाहे औरतों के उत्पीड़न के विभिन्न कारणों पर समझ बनाने की बात हो या फिर जाति-वर्ग और शहर व गाँव के बीच की दरारों का पहलू। सरकारी व ग़ैर-सरकारी संगठनों में जिस तरह मुद्दे उठते रहे हैं, उनमें अक्सर महिलाओं और दलित व ग़रीब वर्गों के संघर्षों के इन विभिन्न पहलुओं को आपस में जोड़कर देखने के बजाय उन्हें टुकड़ा-टुकड़ा करके अलग कर दिया जाता है। इसकी वजह से हमारी दृष्टि, समझ और संघर्ष भी कहीं-कहीं अधूरे-से, तो कहीं-कहीं खोखले रह जाते हैं। इस सामूहिक-प्रयास के ज़रिए इसी अधूरेपन और खोखलेपन से निकलकर हमने सामाजिक जटिलताओं को थोड़ा और अधिक, क़रीब व गहराई से देखने की कोशिश की है।

डायरियों के सन्दर्भ में एक सवाल, जो अक्सर उठा और जिसने हमें थोड़ा चौंकाया भी, वह ख़ुशियों के मौक़ों को लेकर था। ऐसा तो नहीं है कि ससुराल में रहते हुए हमारे जीवन में कभी ख़ुशी के पल ही नहीं आए? फिर क्या वजह है कि ऐसे लम्हे हमारी डायरियों में से लगभग पूरी तरह से ग़ायब थे?

हममें से कोई सोचता कि अपनी पसन्द की शादी की होती, तो शायद कष्ट कम झेलने पड़ते और ख़ुशियाँ अधिक मिलतीं। राधा को ही लीजिए। उसने तो अपने ही

मन का पति चुना था–फिर भी ख़ुद को रोज़ के बन्धनों, अपमानों और मार-पीट से कहाँ बचा पाई? कुछ मायनों में तो इन तक़लीफ़ों को झेलना और भी कठिन हो गया क्योंकि राधा को मालूम था कि जिससे अपना दर्द कहेगी, उससे यही ताना मिलेगा : "हम क्या करें, तुमने ही तो पसन्द किया था!"

फिर क्या यह मान लें कि दुखों के ज़ख़्म हम सबके दिलो-दिमाग़ में इतने गहरे समा गए कि ख़ुशियों के निशान भी धुँधले पड़ गए? या फिर यह भी हो सकता है कि अपने सपनों को हासिल न कर पाने के ग़म में हम इस क़दर उलझ के रह गए हों कि सुख जब आए, तो हम उन्हें ठीक से पहचान ही न पाए और ख़ुशी के लम्हे हाथों में थमने के पहले ही फिसल गए...

जवानी की शुरुआत से अब तक हमने सबसे बड़ा जो बोझ ढोया, वह है अपने परिवारों, कुनबों और नातेदारों की इज़्ज़तदारी का बोझ। इस इज़्ज़तदारी के नाम पर हमारे ऊपर जाति और कुल से जुड़ी मान-मर्यादाओं की जो परिभाषाएँ थोपी गईं, उनमें कभी दहेज़ की माँगें शामिल थीं, तो कभी सख़्त परदा और कभी निरी ग़ुलामी। पति, ससुर, पिता और भाई की नाकें बचाने के लिए कभी हमारा तिलक वापस लौटाया गया, तो कभी हमें ज़बर्दस्ती ब्याह दिया गया। कभी हमारी कोख की वफ़ादारी पर सवाल उठाए गए, तो कभी हमारी दूध-पीती सन्तान को ही छीनकर हमसे अलग कर दिया गया! कुल मिलाकर देखें तो वही लगा, जो राधा ने एक जगह अपनी डायरी में कहा है कि जवानी और शादी का मतलब हुआ अपने पूरे अस्तित्व पर औरों का क़ब्ज़ा हो जाना, जैसे–कड़ा परदा चाहे मज़हब के नाम पर थोपा गया हो चाहे मान-मर्यादा बनाए रखने के बहाने से, पर उसका मक़सद यही रहा है कि औरत की आज़ादी पर पति और ससुराल का क़ब्ज़ा बना रहे। लेकिन पत्नी परदे के बाहर हो, तब भी उसके शरीर और यौनिकता पर पूरा हक़ पति का ही माना जाता है–पति ने जब चाहा बीवी से सम्बन्ध बनाया और जब चाहा तब उसे तन और मन से तिरस्कृत करके अकेले में तिलमिलाने और आँसू बहाने के लिए छोड़ दिया।

कैसी दिलचस्प विडम्बना है यह! इज़्ज़तदारी की इसी धुरी पर नाचा करती हैं मर्दानगी की वे सारी परिभाषाएँ, जिनके बोझ को हमारे आदमी और समाज, दोनों इतनी मेहनत और ईमानदारी से ढोते हैं। मर्दानगी के परम्परागत बोझ को अपने कन्धों पर लादे दुनिया कभी तो पल्लवी से पूछती है कि उसकी शादी क्यों टूटी और उसने बच्चा किसका जना? और कभी चाँदनी की ज़िन्दगी से उसकी नन्ही-सी बच्ची का नामोनिशान मिटाने पर तुल जाती है, ताकि किसी को कानोकान यह पता न चले कि उसके मौजूदा पति से पहले कोई दूसरा मर्द भी उसे अपनी 'मिल्कियत' बनाकर रख चुका है। आज चाँदनी की पहली बेटी ब्याहता हो गई है, लेकिन अपनी

ज़बान पर चाँदनी सत्रह साल तक इस बेटी का नाम नहीं लाई। डायरी-लेखन की इस प्रक्रिया के दौरान जब दिसम्बर 2002 में चाँदनी ने बेटी से बिछोह के दर्द को पहली बार सबके साथ बाँटा, तो हम सब हिल गए। हमारे दिलों को बार-बार यही सवाल मथते रहे कि चाँदनी और उसकी बेटी को दुख के इतने बड़े पहाड़ क्यों झेलने पड़े? चाँदनी का दूसरा पति आज तक उसकी पहली शादी की सच्चाई को बर्दाश्त क्यों नहीं कर पाता? दूसरा शौहर पाने के लिए चाँदनी को यह क्यों नकार देना पड़ा कि नए पति से पहले भी उसकी ज़िन्दगी में एक पति और सन्तान की मौजूदगी रह चुकी है? क्या यह सब सिर्फ़ इसलिए कि पुरुष की जिस मर्दानगी को हमारा समाज दिन-रात पालता, पोसता व पूजता रहता है, पितृसत्ता पर ज़रा-सा प्रश्न और ज़रा-सी खरोंच लगते ही वही मर्दानगी चरमरा जाती है?

पति के न रहने पर भी तो इज़्ज़त-आबरू व मर्दानगी के इन सारे ढकोसलों और अपमानों से पिंड नहीं छूटता। बिना पति की स्त्री को पहले तो पूरी तरह से कुनबे के पुरुषों की आश्रिता बना दिया जाता है। फिर इन्हीं स्त्रियों को अपशकुन की संज्ञा देकर समाज इतनी बेदर्दी से किनारे कर देता है कि जिन सन्तानों को अपने हाड़-मांस घुलाकर वह पालती-पोसती है, उनकी ख़ुशी में भाग लेने का अधिकार भी छिन जाता है। सन्ध्या और गरिमा की माताओं के साथ यही तो घटा। विधवा होने के कारण दोनों को अपनी-अपनी बेटी की शादी की सारी रस्मों से दूर रखा गया। गरिमा के विवाह का सारा काम उसके ताऊजी और ताईजी के हाथों सम्पन्न हुआ। जिस समय ताऊजी द्वारचार करने लगे, माँ चक्कर खाकर गिर पड़ीं। माँ की यह हालत देखकर गरिमा बहुत रोई–उस वक़्त समझ नहीं पाई कि माँ की इस हालत के लिए वह ख़ुद दोषी है या समाज के वे संस्कार, नियम, क़ायदे और क़ानून जो बिना पुरुष की औरत से जीने के सारे सहारे ज़बर्दस्ती खींच लेते हैं। जिस समय गरिमा का हाथ पति को पकड़ाया गया, उसे बार-बार यही लगे : 'हाय, अब तो शादी हो गई। अब क्या करूँ? माँ से बिछुड़ने से तो अच्छा है कि अभी मर जाऊँ।'

सन्ध्या भी अपनी शादी को लेकर भाइयों और माँ को परेशान देखती, तो सोचती : 'काश! मैं मर गई होती।' जिस समय बेटी की शादी की रस्में निभाई जा रही थीं उस समय सन्ध्या की माँ के लिए भी पति की मृत्यु का सदमा हरा हो गया। रस्मो-रिवाज भी हमारे दुखों को गहरा करने में कितनी बड़ी भूमिका निभाते हैं!

अपने जीवन के हिस्से में आए इन अनुभवों को आपस में कहते और गूँथते वक़्त कई बार महसूस हुआ कि होश सँभालते ही समाज ने हमें जो मान्यताएँ दीं या जो सपने देखना सिखाया, वह भी अनजाने में ही कितने बोझिल बन गए! हमारे लिए

उन सपनों में न तो ग़रीबी या काली-चमड़ी के लिए इज़्ज़त की जगह थी, न ग्रामीण जीवन या खेती-किसानी के लिए। यह भी लगा कि बचपन की अपेक्षा जीवन के इस पड़ाव में जाति व वर्ग के मुद्दे हमारी कहानियों में अक्सर धुँधला गए और मायके तथा ससुराल से बनते-बदलते सम्बन्ध, उनसे जुड़ी तमाम उम्मीदें और ज़िम्मेदारियाँ ही हमारे मन पर अधिक हावी रहीं।

इसके बावजूद जाति व वर्ग की ग़ैरबराबरियाँ कई बार नुकीली बनकर उभरीं और उनकी चुभन हमें याद दिलाती रही कि जातिगत भेदभाव के ढाँचे इज़्ज़त-आबरू के बोझ को भी अलग-अलग तरह के जामे पहनाते हैं। उदाहरण के तौर पर, गरिमा जब जवान हुई, तो माँ के भीतर यह डर समाया कि कहीं बिटिया से कोई ऐसी ऊँच-नीच न हो जाए, जिससे उनके ब्राह्मण-कुल की नाक नीची हो। वहीं, ग़रीबी और अस्पृश्यता से लड़ते राधा के माता-पिता ने ख़ुद को दोहरे दबाव में पाया। उनका मन इस भय से घिर गया कि अगर किसी सवर्ण पुरुष ने बेटी के साथ कुछ कर दिया, तो परिवार कहीं का नहीं रहेगा। इसी तरह जब पहले प्रसव के दौरान पल्लवी अकेली पड़ गई, तब उसे यह तक़लीफ़ तो हुई कि ऐसे समय में भी कोई हाथ धरने वाला नहीं है, लेकिन छुआछूत से जुड़ा वह अपमान नहीं झेलना पड़ा, जो मौर्य महिलाओं के बर्ताव की वजह से दूसरी ससुराल में चाँदनी को झेलना पड़ा था। इस ज़िल्लत ने चाँदनी का मन इतना दुखाया कि उसने दाई बनने की ठान ली। उसने जब से यह काम सीखा, क्या मज़ाल है कि उसके काम पर कोई छुआछूत और ग़ैरबराबरी की छाया तक डाल पाए। जिसे भी, जहाँ भी, जिस वक़्त भी दाई की ज़रूरत होती है, चाँदनी वहाँ ज़रूर पहुँचती है।

इसी तरह पारिवारिक-हिंसा के अनेक पहलू भी पूरी तरह जातिगत भेदभाव तथा अमीरी-ग़रीबी की बढ़ती हुई खाइयों के दलदल में फँस जाते हैं। जब सरकारी नीतियाँ ग़रीबों व दलितों को सामाजिक और आर्थिक रूप से लगातार और अशक्त बनाती जा रही हैं और जब इस जूझन व टूटन के माहौल में जुआ-शराब मर्दानगी के नए चिह्न बनकर उभर रहे हैं, तब इन लगातार बिगड़ते हालातों के बीच राधा, मधुलिका और चाँदनी जैसी औरतें उम्मीद की रोशनी तलाश करने कहाँ जाएँ?

किशोरावस्था, शादी और ससुराल की बातें कहते-सुनते हम सबने अपने हालात और परेशानियों को अक्सर अपनी माताओं, सासों, जेठानियों या ननदों के इर्द-गिर्द मँडराते महसूस किया। और, अन्ततः जब मथने बैठे, तो सवाल उठा कि क्या ये सारी कहानियाँ सुनाकर हम उसी पुरानी कहावत कि 'औरत ही औरत की दुश्मन होती है' की पुष्टि नहीं करना चाह रहे हैं?

पर नहीं, क़तई नहीं! हमें तो लगता है कि ऐसी कहावतें महिलाओं की ज़िन्दगियों के उलझावों के साथ इन्साफ़ बिल्कुल नहीं कर पातीं।

गरिमा को लगता है कि उसकी माँ उसे मार-पीटकर इतना शालीन बना देना चाहती थी कि उसे ससुराल में ताने न सुनने पड़ें। उधर पल्लवी और मधुलिका की माताओं का मानना था कि बिटिया अगर दबाव, नियन्त्रण और ज़िल्लत की आदी होगी, तो ससुराल की हर मुसीबत आसानी से झेल ले जाएगी। कभी-कभी तो माँ की बदन और मन को तोड़ देने वाली डाँट व मार उन्हीं के आँसुओं और प्यार के साथ इस तरह घुल-मिल जाती थी कि दोनों को जुदा कर पाना नामुमकिन हो जाता था।

ससुराल आने पर अपनी सासों के साथ भी हमारे रिश्ते इसी तरह कई परतों में लिपटे रहे। मायके में अक्सर देखा था कि पिता सीधे हमको डाँटने-पीटने के बजाय हमारी अम्माओं को दहलाकर हमारे दिल में खौफ़ बिठाते थे। इसी तरह ससुराल के मर्दों की इज़्ज़त बचाने का काम हमारी सास और जेठानियों के ज़िम्मे था। और यह भी कैसे नकार सकते हैं कि इस पितृसत्तात्मक-व्यवस्था में सास बनने के कुछेक फ़ायदे तो महिलाओं को मिलते ही हैं। बरसों बहू बनकर ससुराल की चक्की में पिसने के बाद उस नई ताक़त का लाभ उठाने का मोह सासें कहाँ छोड़ पाती हैं? हमारा सामाजिक ढाँचा जब तक नहीं बदलेगा, तब तक सासें यह मोह छोड़ेंगी भी कैसे?

अन्त में कुछ शब्द उन चुप्पियों और ख़ामोशियों के बारे में, जिन्हें आपसी साफ़गोई, ईमानदारी और गोपनीयता की तमाम क़समें खाने के बावजूद हम अपने लेखन में आने से नहीं रोक पाए। डायरियों के लेखन और सामूहिक चर्चाओं के क़रीब दो माह बाद जब हम इस पुस्तक की रूपरेखा पर विचार-विमर्श कर रहे थे, तब हमारी एक चर्चा में पहली बार समलैंगिकता का मुद्दा उठा। अक्सर हमें महसूस होता है कि आमतौर पर इस मुद्दे पर जिस तरह से बातचीत होती है, हमारे जैसे परिवेश की महिलाएँ उससे जुड़ ही नहीं पाती हैं।

सारी डायरियों में सिर्फ़ राधा ही अपनी पक्की सहेली के साथ घटी एक घटना का बखान करने का साहस जुटा पाई, जबकि हममें से अधिकतर लोगों ने अपने जीवन में इस तरह की नज़दीकियों से—चाहे दूर से ही सही—पर साक्षात्कार ज़रूर किया था। इसके बावजूद यह बातचीत हमारे लिए इतनी आसान नहीं थी, लेकिन जब इसकी तह में जाने लगे तो गहरे पैठते चले गए। ख़ासकर उस समय, जब प्रेम सम्बन्धों की जटिलताओं की बात पल्लवी ने सीधे अपनी निजी ज़िन्दगी की कशमकश से जोड़ दी। स्त्री और पुरुष के बीच किस तरह के शारीरिक, मानसिक और भावनात्मक रिश्ते बन पाते हैं हमारी इस दुनिया में? और वे सारे रिश्ते कौन

से हैं, जो लाख चाहने पर भी कभी हम अपने-अपने पतियों के साथ बना ही नहीं पाए? वे कौन से अन्तरंग लम्हे हैं, जिन्हें लाख सपने सँजोने के बावजूद हमने कभी जीया ही नहीं? किस तरह हमारे पारिवारिक ढाँचों और समाजीकरण ने ये रिश्ते पनपने ही नहीं दिए? तो फिर चाह होने पर स्त्रियाँ एक-दूसरे से जुड़कर क्यों नहीं बना सकतीं वे सारी क़रीबियाँ, जो हमारे समाज में उन्हें पुरुषों के साथ अक्सर जीने को मिलती ही नहीं? सवालों के इस चक्रव्यूह में घिरकर एक समूह के रूप में हमने पहली बार समलैंगिकता को भी अपने जीवन और कष्टों से दूर रखने या किसी हल्के मसले के रूप में देखने के बजाय एक महत्त्वपूर्ण सामाजिक मुद्दे का स्थान देने की शुरुआत की।

इस एक चर्चा के अलावा दूसरे भी कई मौक़े आए, जब कुछ आवाज़ें मौन बनी रहीं। ऐसा लगा कि चाँदनी ने तो अपने मन की डिबिया खोल दी, लेकिन हममें से कुछ लोग अपनी-अपनी डिब्बियाँ खोलने के लिए छटपटाते रह गए, पर अधखुली ही रह गईं वे डिब्बियाँ। यह कहना भी शायद ग़लत नहीं होगा कि चाँदनी भी इतनी जल्दी सत्रह साल से बन्द अपनी इस एक डिब्बी को इसलिए खोल सकी, क्योंकि पहली बेटी शादी करके पैदा की थी। अगर कहीं यह बिटिया शादी के बिना जीवन में आई होती, तो क्या इतनी जल्दी कह पाती बरसों से जतन से सँभाला हुआ अपना यह दुख?

तो जवानी की दहलीज़ से मातृत्व की चौखट तक के इस लम्बे सफ़र की कहानी का अन्त करते समय अब हमारी यही ख़्वाहिश है कि हम अपनी-अपनी इन अधखुली डिब्बियों की छटपटाहट को ख़त्म करने की ताक़त पा सकें...और, दिमाग़ी सोच-समझ पैनी करने के साथ-साथ अपने और दूसरों के दिलों के दरवाज़े भी इस तरह खोल सकें कि रोज़मर्रा के सामाजिक, जिस्मानी, और जज़्बाती-शोषण के ख़िलाफ़ सबको अपनी लड़ाइयों को लड़ने के लिए पर्याप्त जगह मिल सके और, बरसों से घुटती हुई आवाज़ों को गाने और चीख़ने के लिए मनचाहा स्वर।

क़ैद-दर-क़ैद :
चहारदीवारियों से मानसिकताओं तक छिड़ी जंग

मेरे घर में जब मेरे ससुरजी और अन्य सभी को पता चला कि मैं नौकरी करने जा रही हूँ, तो ससुरजी ने घर में ख़ूब गाली-गलौज़ की कि अगर बहू नौकरी करेगी तो मैं फाँसी लगा लूँगा। मेरे घर में इतना सब कुछ है। मेरे घर की महिला को काम करने की ज़रूरत नहीं है। पति भी नाराज़ थे। मेरा कहना था कि मेरे बच्चे बड़े हो रहे हैं– इन्हें मैं कैसे पढ़ाऊँगी-लिखाऊँगी? पर मेरे पति और ससुर के पास इस सवाल का कोई जवाब नहीं था... ग़ुस्से में जाते-जाते पति कह गए : ''मैं इस घर से बहुत ज़्यादा परेशान हो गया हूँ। तुम जो चाहो, सो करो। चाहे हमारी इज़्ज़त मिट्टी में मिलाओ, चाहे रखो।''

मैं सोचने लगी–यह सारे लोग आख़िर किस इज़्ज़त की दुहाई दे रहे हैं? जब मेरा बेटा मायके में रहकर पढ़ता है और ख़र्च उठाती है मेरी माँ, तब कहाँ चली जाती है इज़्ज़त? जब मैं बिना साबुन-तेल के रहती हूँ, तब इज़्ज़त नहीं जाती और जब मैं दो पैसा कमाने की बात करती हूँ, तब इज़्ज़त का जनाज़ा निकलता दीखता है!

–पल्लवी की डायरी स

घरों की चहारदीवारियाँ लाँघकर बाहर काम करना हममें से किसी के लिए आसान नहीं रहा। अपने अलग-अलग हालात और परिवेशों के कारण अलग-अलग तरह के ख़तरे और संघर्ष मोल लेकर हम सबने अपने कार्यक्षेत्रों में प्रवेश किया; फिर जो एक बार अपने काम में घुसे, तो ऐसे रमे कि हमारी ज़िन्दगी की धारा हमेशा के लिए बदल ही गई। एक समय वह था, जब हमें इतना भी आत्मविश्वास नहीं था कि महिलाओं पर केन्द्रित एक सरकारी कार्यक्रम में हमें कोई मामूली-सी नौकरी भी मिल सकेगी, लेकिन कुछ अन्तराल के बाद एक समय ऐसा भी आ गया जब अपने काम में डूबकर हम इतना आगे निकल आए कि नौकरी की अहमियत हमारी नज़रों में धुँधली पड़ने लगी। हमारे रोम-रोम में समाज को बदल डालने का नशा हावी हो गया।

मानसिकताओं, विचारधाराओं और संघर्षों का यह सफ़र सबसे पहले हमारे निजी तथा सामूहिक जीवन और रिश्तों में भूचाल लेकर आया। एक तरफ़ हमने अपने कुचले हुए सपनों को पूरा करने और छिने हुए निजी हक़ वापस लेने का संकल्प ले लिया। अपनी आजीविका कमाना, शिक्षा पाना, अपनी आज़ादी के मायने जानना ये सब वे सपने और अधिकार थे, जिनके लिए लड़कर हमने बदनामी, कलंक और पारिवारिक मान-मर्यादाओं की परिभाषाओं पर प्रश्नचिह्न लगाते हुए अपनी भीतरी आवाज़ को पहचानना और जूझना शुरू किया। जितनी चहारदीवारियाँ लाँघते गए और जितने विरोध सहते गए, हमारे अन्दर का आत्मविश्वास उतना ही मज़बूत होता चला गया।

इसी के साथ हमने उन मानसिक और सामाजिक दलदलों को पहचानने का सिलसिला शुरू किया, जिनमें हमारे अनुभव, हमारी सामाजिक और धार्मिक मान्यताएँ, और हमारे संस्कार गहरे तक फँसे हुए थे। यह सब ऐसी कठिन खाइयाँ थीं कि लाख कोशिशों के बाद भी पाटे नहीं पटती थीं और न इनमें समाया ज़हर ही कम होता था। सच तो यह है कि इस पुस्तक से जुड़े डायरी-लेखन के माध्यम से ही हम अपने मन की परतों के भीतर बरसों से पालथी मारे बैठी ज़हरीली गाँठों को पहली बार निडर होकर एक-दूसरे के सामने खोलने-खुलवाने की हिम्मत जुटा पाए हैं।

संगतिन-यात्रा के इस चौथे अध्याय में अपने कार्यक्षेत्र की ऐसी ही गुँथी हुई कहानियों के अंश हम आपके साथ बाँट रहे हैं–किस तरह हम अपने घरों से बाहर निकले, कैसे हम अपने काम से जुड़े, जुड़ाव की इस प्रक्रिया के दौरान हम किन कशमकशों से गुज़रे और इन तमाम रास्तों ने किस तरह हमें अपने समाज में पैठी जाति, धर्म और वर्ग की ग़ैरबराबरी के ढाँचों को नई नज़रों से देखने-समझने को बाध्य किया।

जाति-वर्ग के दलदल में नारीवाद का आगमन

सन् 1996 में महिला मुद्दों पर काम करने वाले एक जाने-माने और प्रभावशाली स्वैच्छिक-कार्यक्रम, नारी समता योजना (एन.एस.वाई.) ने ऋचा सिंह के नेतृत्व में अपने पाँव सीतापुर ज़िले में जमाने शुरू किए थे। कार्यक्रम की स्थापना के साथ ही मिश्रिख की ग्रामीण महिलाओं को संगठित करने के लिए क्षेत्रीय-कार्यकर्ताओं की खोज भी शुरू हो गई थी। जिन गाँवों में महिलाओं को सशक्त बनाने का काम होना था, उन्हीं इलाक़ों में रहने वाली ऐसी कार्यकर्ताओं की तलाश की जा रही थी, जो महिला मुद्दों को उठाकर उन्हें एक निश्चित मुक़ाम तक पहुँचाने में महिला समूहों की मदद कर सकें।

इस पुस्तक की सात डायरी लेखिकाओं में से मधुलिका, शिखा और पल्लवी का चयन अगस्त 1996 में क्षेत्रीय-कार्यकर्ताओं के रूप में हुआ। हालाँकि, चयन की इस प्रक्रिया में सन्ध्या भी शामिल हुई थी, लेकिन एन.एस.वाई. के काम के पहले दौर में वह गाँव में साक्षरता केन्द्र चलाने के लिए चुनी गई। शिक्षिका के पद पर डेढ़ वर्ष काम करने के बाद उसने क्षेत्रीय-कार्यकर्ता का दायित्व सँभाला। इसी तरह शुरुआत में एन.एस.वाई. में गरिमा का आगमन दैनिक-वेतन पर कार्यालयकर्मी के रूप में हुआ। गरिमा कार्यालय स्तर पर ही स्थायी रूप से जुड़ना चाहती थी, पर अनौपचारिक चयन-प्रक्रिया में जब उसका चयन नहीं हुआ, तो मजबूरन क्षेत्रीय-कार्यकर्ता की नौकरी स्वीकार करनी पड़ी। राधा ने 1998 में क्षेत्रीय-कार्यकर्ता के रूप में काम करना शुरू किया। बाद में राधा की ही कोशिश से चाँदनी भी शिक्षिका के पद पर एन.एस.वाई. से जुड़ गई।

महिला समूहों के निर्माण हेतु गाँव-स्तर की कार्यकर्ता तलाशी जा रही हैं; नौकरी मिल सकती है—यह ख़बर सात डायरी लेखिकाओं तक अलग-अलग हालात के बीच भिन्न-भिन्न माध्यमों से पहुँची। सबने अपने डरों से लड़ते हुए आगे बढ़ने की हिम्मत जुटाई।

राधा लिखती है : "हमें अपना ख़र्च चलाने की बड़ी परेशानी थी। बहुत दुखी रहती थी कि आख़िर कब तक ऐसा चलेगा? मैं तो बाहर काम करने के लिए सोचती थी, लेकिन पति नहीं तैयार होते थे। इसलिए हार मानकर घर बैठ गई थी। इधर नारी समता योजना को महिला-कार्यकर्ता की तलाश थी। दीदी (ऋचा सिंह) हमारे घर पहुँचीं। मुझसे और मेरे पति से पूरी बातचीत हुई। वे फिर भी तैयार नहीं हुए। लेकिन दीदी से बात करके मेरी हिम्मत इतनी बढ़ गई कि मैं पति की इजाज़त के बिना ही काम करने निकल पड़ी।"

इसी तरह मानपुर गाँव में दीवार-लेखन का काम कर रही ज़िला-स्तरीय टीम के लोगों की मधुलिका से बातचीत हुई। मधुलिका जब नारी समता योजना के ज़िला-कार्यालय जाने को तैयार हुई, तो घर से साथ जाने को कोई भी तैयार नहीं हुआ। मधुलिका ख़ूब रोई। अन्त में छोटी ननद, सीमा और पति तैयार हो गए। नौकरी करने का शौक़ तो बचपन से ही था, लेकिन कार्यालय पहुँचने के साथ यह डर लगने लगा कि पता नहीं कैसे लोग होंगे वहाँ! आठवीं पास मधुलिका को बार-बार यही लगे कि हम तो इतना ज़्यादा पढ़े-लिखे भी नहीं हैं, हमारी नौकरी भला क्या लगेगी!

उधर पल्लवी, सन्ध्या, शिखा और चाँदनी का एन.एस.वाई. से साक्षात्कार कुछ अलग ढंग से हुआ। एन.एस.वाई. को कार्यकर्ता की तलाश है, यह जानकारी पल्लवी तक पहुँचाई उसकी बड़ी बहन सुनीता ने, जो एक अन्य स्थानीय एन.जी.ओ. में काम

कर रही थी। इसी सुनीता के ज़रिए उनकी रिश्तेदार, शिखा, को भी यह शुभ सूचना पहुँची। इसी तरह सहजनपुर गाँव में सन्ध्या के ही मुहल्ले की एक विधवा लड़की थी जमुना, जिसे सात दिन काम करके घर वालों के दबाव के कारण एन.एस.वाई. का काम छोड़ देना पड़ा था। उसने सन्ध्या को बताया : "मैं तो काम नहीं कर पा रही हूँ, अगर आप चाहें तो कर लें।"

सन्ध्या और गरिमा अपने-अपने घरों में आर्थिक परेशानियों के दौर से गुज़र रही थीं, लिहाज़ा सन्ध्या की ननद, किरन, जो प्राथमिक विद्यालय की अध्यापिका थी, ने दोनों को एन.एस.वाई. में नौकरी के लिए कोशिश करने की सलाह दी।

चाँदनी का अनुभव इन सबसे अलग रहा। एन.एस.वाई.. से उसका परिचय राधा के माध्यम से उस समय हुआ, जब उसे पता चला कि राधा को अपने गाँव, जगरौली, में साक्षरता-केन्द्र चलाने के लिए एक कार्यकर्ता की तलाश है।

एन.एस.वाई. में कार्यरत सात डायरी-लेखिकाओं के परिचय की इस कहानी में ग़ौरतलब है कि अनुसूचित जाति की दोनों कार्यकर्ता–राधा और मधुलिका–ही ऐसी थीं, जिन तक 1996 से 1998 तक के शुरुआती दौर में नारी समता योजना स्वयं पहुँची। उस समय सवर्ण जातियों से जुड़ी अन्य सभी कार्यकर्ता–पल्लवी, सन्ध्या, गरिमा, शिखा–तक सूचनाएँ ख़ुद-ब-ख़ुद उनके निजी माध्यमों द्वारा पहुँच गईं, क्योंकि कहीं एक की बहन स्थानीय एन.जी.ओ. में कार्यकर्ता थी, तो दूसरी की ननद प्राथमिक विद्यालय की अध्यापिका। हालाँकि कार्यक्षेत्रों में नारी समता योजना की यह छवि बनी थी कि वह दलित और शोषित समूहों के बीच काम करेगी। कार्यक्रम की कोशिश बराबर यह भी रही कि कार्यकर्ता भी इन्हीं समूहों से ली जाएँ, लेकिन सच्चाई यह है कि अनुसूचित जातियों से कार्यकर्ता लेने की कोशिश के बावजूद मात्र दो कार्यकर्ता इस श्रेणी से आ पाईं। इनमें से भी मधुलिका 1996 में आई और राधा 1998 में ही जुड़ सकी। बाद में शिक्षिका के पद पर चाँदनी का जुड़ाव सीधे राधा के माध्यम से हुआ। सूचनाओं के इस सफ़र में इस बात को हम हरगिज़ अनदेखा नहीं कर सकते कि किस तरह से नए अवसरों से सम्बन्धित जानकारियाँ सबसे तेज़ी से उन ख़ास वर्गों और जातियों तक पहुँचती हैं, जिनका पहले से ही संसाधनों पर क़ब्ज़ा होता है। निश्चित रूप से कार्यक्रम को उस समय कार्यकर्ताओं की तलाश थी और ऊँची जाति से जुड़ी ये महिलाएँ भी आर्थिक रूप से थोड़ी परेशान तो थीं ही। इसलिए कहीं काम करके व पैसा कमा करके अपनी ज़िन्दगी को और बेहतर करने की चाहत भी थी।

अन्ततः परिस्थितियाँ ऐसी बनीं कि ये सबकी सब कार्यक्रम से जुड़ गईं।

चहारदीवारियों की जकड़न से यों निकले पहले क़दम

घर से बाहर निकलकर काम करने की तमन्ना तो हम सबकी थी। इसके सारे अवसर भी थे। परन्तु अड़चनें भी तो कितनी थीं! सबसे पहले तो यही डर भीतर घर किए बैठा था कि हम जैसों को भला कौन नौकरी देगा? जब इस भय की गिरफ़्त से ख़ुद को बाहर निकाला, तो सामने घर वालों का विरोध सामने मुँह बाए खड़ा था। हरेक के घर में बस यही तर्क सामने रख दिया जाता : "नौकरी कर ली तो लोग क्या कहेंगे?"

जाति और मज़हब की दूरियों के होते हुए भी हममें से कई के घरों में परदे की कड़ाई एक जैसी थी, भले ही उस कड़ाई के पीछे वजहें जुदा-जुदा रही हों। चाँदनी के लिए यही सोच पाना बेहद कठिन था कि उसे अपने घर से दूर दूसरे गाँव में साक्षरता-केन्द्र चलाने की इजाज़त मिल पाएगी? एक तो दिन-रात हिन्दुओं के बीच में उठना-बैठना, ऊपर से रोज़ाना मीलों का सफ़र तय करके अकेले आना-जाना!

उधर आर्थिक सम्पन्नता और ऊँची-जाति की मर्यादा के खोखले बोझ में दबी शिखा ऐसे मनहूस पिंजरे में क़ैद थी कि पूरी खिड़की खोलकर बाहर देखने तक की मनाही थी। घर के नौकरों के सामने भी उसे परदा करना पड़ता। अन्य सवर्ण जातियों की बहुओं की तरह शिखा भी घर की इज़्ज़त के नाम पर परदे में रहती, ताकि उसके ससुराल वाले अकड़कर कह सकें कि हमारी बहू का तो कोई मुँह ही नहीं देख सकता। तीन बच्चों की माँ शिखा शादी के बाद दस सालों तक मान-मर्यादा के ऐसे दबाव और कटघरों में जकड़ी पड़ी रही। इन सबसे बाहर आने की उसकी कशमकश कितनी चुनौतियों भरी रही होगी, इसकी कल्पना भर की जा सकती है।

दलितों के परदे के लिए हमारे इलाक़े में कहा तो यह जाता है : "इनका परदा भी कोई परदा होता है! आज डोली गई है, कल लँगोटा बाँधे घास छीलेंगी।"

यह कहावत अपनी जगह, लेकिन हर एक पर लागू नहीं होती। राधा पर भी नहीं लागू हुई। राधा के घर में इतना सख़्त परदा था कि उसे घर-परिवार की औरतों के पास बैठने तक की इजाज़त नहीं थी। कोई भी घर में दाख़िल होता, तो उसे उठकर भीतर चले जाना पड़ता। पर इस परदे की वजह इज़्ज़त का दिखावा नहीं, बल्कि सास-ससुर के दिल में बैठा यह डर था कि अगर राधा को दूसरों से मिलने-जुलने से नहीं रोका गया, तो वह लोगों के बहकावे में आकर ससुराल छोड़ मायके चल देगी।

इन हालात में घर के लोगों को नौकरी के लिए राज़ी करना टेढ़ी खीर साबित हो रहा था। ऊपर से रही-सही क़सर आस-पड़ोस की औरतें पूरी किए दे रही थीं। बात-बात में ताना मारतीं : "अगर हमारी बहू नौकरी करने के लिए इस तरह उधराती[11], तो उसके हाथ-पैर तोड़ के धर देते।"

---

11. अपनी मनमानी करना।

घर के लोगों को भड़काने में ये ताने आग में घी का काम कर रहे थे। पल्लवी के घर में उसके ससुर इतना भड़के कि इज़्ज़त की दुहाई दे-देकर सिर पर आसमान उठा लिया। पति ने भी उनकी हाँ में हाँ मिलाकर उनका भरपूर साथ दिया। उधर मधुलिका के घर में भी लगभग यही स्थिति थी। उसका देवर, जो ख़ुद बेरोज़गार था, भाभी की नौकरी बर्दाश्त नहीं कर पाता था। मधुलिका जब पहली मीटिंग से वापस लौटकर घर गई, तो उसके पास एन.एस.वाई. से मिली हुई डायरी थी। उस समय मधुलिका के देवर के कुछ पैसे घर में रखे हुए थे। देवर ने डायरी देखी, तो बिना कुछ पूछे-ताछे ही समझ लिया कि भाभी ने घूस में उसका पैसा देकर अपनी नौकरी लगवा ली है। इस ग़लतफ़हमी के कारण ख़ूब झगड़ा हुआ। काम शुरू होने के बाद मधुलिका को जब दूर-दराज़ के गाँवों में जाना होता, घर वालों से तनिक मदद तब भी नहीं मिलती थी।

ऐसी पारिवारिक बन्दिशों और तानाकशियों के बावजूद सबको एक-सा विरोध झेलना पड़ा हो, ऐसा भी नहीं था। पल्लवी, राधा और मधुलिका की अपेक्षा सन्ध्या, गरिमा और शिखा को अपने पतियों की ओर से कम दिक़्क़तें हुईं। जहाँ पल्लवी, राधा और मधुलिका को विरोध का सामना करना पड़ा, वहीं सन्ध्या, गरिमा और शिखा को अपने पतियों की ओर से नौकरी करने के लिए सहयोग मिला।

चाँदनी के हालात कुछ अधिक उलझे हुए थे। बुनाई करके अपना थोड़ा-बहुत पैसा ख़ुद कमाने की आदत चाँदनी को मायके से ही थी। लिखती है : ''हमारे हाथ में पैसा नहीं होता था, तो हमें कुछ अच्छा नहीं लगता था।''

ससुराल में बुनाई के बजाय खेती का काम होता था, जो चाँदनी कर नहीं पाती थी। एक बार आँगनबाड़ी कार्यक्रम में सहायिका का काम करने का मौक़ा मिल रहा था। पति से पूछा, तो उन्होंने छूटते ही साफ़ मना कर दिया। कहा : ''चमार-पासी के घर में जाकर बच्चे लाना–यह काम हमारी समझ में नहीं आता। अगर साक्षरता-केन्द्र जैसा काम मिलता हो, तो करो।''

घर में परेशानियाँ बढ़ती ही जा रही थीं। तभी राधा एक गाँव के लिए शिक्षिका ढूँढ़ते-ढूँढ़ते चाँदनी के पास फ़रिश्ता बनकर पहुँच गई। राधा ने उसके पति से बात की, तो तैयार हो गए। कहा : ''जाओ अगर पढ़ाई का काम है, तो ज़रूर करो। घर वालों को दिखाना है।'' चाँदनी को लगता है कि शायद दूसरों को कुछ करके दिखा सकने की उम्मीद में पति ने 'हाँ' कर दी, वरना दूसरे गाँव में केन्द्र चलाने की इजाज़त मिल पाना उसके लिए तो मुश्किल ही था। फिर भी ताने सुनाने में परिवार के अन्य सदस्यों और गाँव वालों ने कोई क़सर न छोड़ी।

पारिवारिक-विरोध की इस राजनीति को अगर जाति और धर्म से जोड़ने की

कोशिश करें, तो दिलचस्प तस्वीरें उभरती हैं। इन सातों में से तीन–यानी गरिमा, सन्ध्या और शिखा–ऐसी महिलाएँ थीं, जो सवर्ण हिन्दू और अपेक्षाकृत कम तंगी के माहौल से आई थीं। इनके ससुराल वालों ने इनके साथ कोई रोक-टोक नहीं की, बल्कि सम्मानजनक नौकरी देखकर अपनी रूढ़िवादी मान्यताएँ तोड़ीं और इन्हें पूरा सहयोग दिया। सवर्ण होते हुए भी पल्लवी आर्थिक रूप से इन तीनों की तुलना में ज़्यादा कष्ट में थी। उसके घर में विरोध भी तगड़ा था। इसका एक कारण यह हो सकता है कि पल्लवी के घर के चारों ओर ब्राह्मणों का बाहुल्य है और उसके ससुराल के लोग बराबर ब्राह्मणवादी परम्पराओं और मान्यताओं को निभाने की भरसक कोशिश करते रहते हैं। इसके विपरीत दलित समुदायों से निकली राधा और मधुलिका तथा मुस्लिम समुदाय से निकली चाँदनी के घरों में जो विरोध हुआ, उसका आंशिक कारण यह था कि ऊँची जातियों और मध्यम-वर्ग की देखा-देखी इनके परिवार वाले भी अपने घर की बहुओं को घर के अन्दर बन्द करके अपना 'मान' बनाए रखना चाहते थे, ताकि गाँव में उच्च-वर्ग का कोई सदस्य इन पर उँगली न उठा सके।

यह विचित्र लग सकता है पर वजूद में था कि कार्यकर्ता बनने के बाद भी इस समूह की अधिकतर सदस्याएँ अपने ससुराल में परदे को किसी न किसी रूप में सँभाले रहीं; बल्कि काम से जुड़ने के बाद कुछ मायनों में परदे का लिहाज़ करने की ज़रूरत और ज़्यादा बढ़ गई। दुनिया के इस इल्ज़ाम का सामना जो करना था कि ''ये तो दुनिया-जहान में घूमती हैं, रात-रात भर वहीं पड़ीं रहती हैं।''

अत: थोड़ा-बहुत परदा करने से मोहल्ले-टोले के लोगों के प्रपंच से भी बचाव हो जाता था तथा ससुराल वाले भी गर्व से फूले रहते कि देखो, बहू कमाकर भी लाती है और घर की मर्यादा भी बनाए रखती है।

चाँदनी के लिए यह मामला ज़रा अलग तरह का और पेचीदा था। वह जानती थी कि लोग मौक़ा मिलते ही क़ौम से बेईमानी करने का आरोप लगाएँगे और कहेंगे : ''उनकी बीबी तो बड़ी आवारा है। हिन्दुओं के बीच काम क्या करने लगी, नक़ाब तक उतारकर रख दिया।'' इस नाते रीति के अनुसार चाँदनी अपने गाँव में नक़ाब सिर से ओढ़े रखती, लेकिन मुँह न ढँकती। गाँव से बाहर निकलते ही चाँदनी का नक़ाब भी बाक़ियों के घूँघट और पल्लों की तरह ही सिमटकर बैग में आ जाता। पर गाँव के लोग चाँदनी और उसके काम को पूरी इज़्ज़त देते। बराबर यही कहते : ''भले ही हिन्दुओं के साथ काम करती हो, पर अपने मज़हब को ईमानदारी से पकड़कर चलती है।''

घर–पड़ोस के तमाम विरोधों और तानेबाज़ियों को सहकर हम सातों जब पहली बार कार्यालय पहुँचीं, तो डर के मारे सभी का बुरा हाल था। न जाने कितने ख़याल मन में आ–जा रहे थे–पता नहीं किन लोगों के बीच जा रहे हैं? कैसे होंगे वे लोग? क्या पूछेंगे? हम तो इतने क़ाबिल भी नहीं हैं! हमसे कोई बात करेगा, तो मुँह से बोल भी फूटेगा या नहीं? यानी, हममें से एक को भी अपनी क्षमता पर विश्वास नहीं था। बचपन से ही हमारे मग़ज़ों में ठूँसी गई उन सारी हीन–भावनाओं ने हमें जकड़ रखा था : "हम औरत हैं, ग़रीब हैं, कम पढ़े–लिखे हैं, इसलिए बाक़ी दुनिया से कमज़ोर और कमतर हैं।"

राधा और मधुलिका लिखती हैं : "अपनी नौकरी को लेकर कहीं न कहीं हमारे भीतर ये सारे डर तब तक जमे रहे, जब तक हमारे हाथ में पहली तनख़्वाह का पैसा नहीं आ गया।"

ऐसा नहीं कि ये सारे डर सिर्फ़ आत्मविश्वास की कमी के कारण थे। कुछ डर सरकारी नीतियों और ग्रामीण–विकास योजनाओं के खोखलेपन से प्रेरित गहरे अविश्वास से भी जुड़े थे, जैसे–राधा के पति ने काम के लिए पहले तो किसी तरह 'हाँ' कर दी, पर आने वाले समय में उनकी हिम्मत जवाब देने लगी। उनका कहना था : "यह बाहरी लोगों की संस्था है। यहाँ पहले व्यवहार बनाएँगे फिर कहीं बाहर–विदेश में ले जाकर औरतों को बेच देंगे।"

राधा जिस दिन से बाहर निकलने लगी, उस दिन से घर में इसी बात पर झगड़ा होने लगा। जब किसी गाँव में जाती, यही सोचती कि काम कैसे कर पाऊँगी!

इसी तरह चाँदनी भी सिर्फ़ राधा के भरोसे पहली बार अपने गाँव से कार्यालय तक चली आई थी। उसने ग़रीब मुसलमान औरतों के प्रति सरकार के रवैए के बारे में बहुत कुछ सुन रखा था। पहली बार जब दफ़्तर में रात बितानी पड़ी, तो चाँदनी और उसके पति को यही डर लगे कि कहीं नौकरी के चक्कर में ज़बर्दस्ती नसबन्दी न कर दें। इसी डर के कारण चाँदनी अपने साथ पड़ोसन को लेकर आई। लिखती है : "बार–बार यही चिन्ता सताती कि देखो, अब क्या होता है। सारी रात नींद नहीं आई। बस : 'इज़्ज़त' का ही डर बना रहा।"

मन के भय को जैसे–जैसे हम अपने भीतर से निकालते गए, वैसे–वैसे शुरू हुआ हमारे जीवन का एक और सफ़र–अपनी घुटी हुई आवाज़ के स्वरों को पहचानने का सफ़र, मन के दबे हुए सपनों को साकार करने का सफ़र, नई सोच और नई हिम्मत के साथ ताक़त देने–लेने का सफ़र!

इसी कार्यक्रम में दैनिक वेतन पर काम की शुरुआत करने वाली गरिमा जब अपने शुरुआती दिन याद करती है, तो भूल नहीं पाती कि 'गऊ जैसी सीधी लड़की' की उपाधि से नवाज़ी गई गरिमा के लिए अपनी चुप्पी तोड़ना कितना कठिन था।

लिखती है : "सभी दिक़्क़तों को किनारे करते हुए मैं नौकरी शुरू करने सीतापुर आई। मम्मी और बिटिया साथ आई थीं। कार्यालय से लगभग डेढ़ किलोमीटर दूर पर रोटी गोदाम में मेरे एक चाचा रहते हैं। हम उनके घर चले गए। रिक्शे का ख़र्च उठाना मुश्किल था, इसलिए सुबह वहाँ से पैदल ही चल देती और कार्यालय आ जाती। वहाँ से पैदल घर वापस जाती। मुझे शहरी-ज़बान भी बोलना नहीं आता था, इसलिए अपनी ज़बान बोलते संकोच लगे। पर रास्ते में मैं अपने से ही शहरी ज़बान में बातें करूँ, ताकि मेरी आदत पड़ जाए।"

शुरुआती दौर में सन्ध्या के सिर पर धुन सवार थी तो अपने आपको साबित करने की, बस! सन्ध्या का चूँकि क्षेत्रीय-कार्यकर्ता के पद पर चयन नहीं हुआ था, इसलिए उसकी कोशिश लगातार यही रहती कि कोई भी काम उसे मिल जाए। लगातार प्रयास करने पर उसे साक्षरता-केन्द्र चलाने के लिए रख लिया गया। इस काम से जुड़कर सन्ध्या को बहुत इत्मीनान मिला, लेकिन तनख़्वाह इतनी कम थी कि उसे शर्म लगे कि घर वालों को पैसा कितना बताएँगे? यह भी भय था कि अगर ट्रायल के एक माह बाद काम से निकाल दिया तो? घर वालों को क्या मुँह दिखाएँगे? अत: सन्ध्या ने निश्चय कर लिया था कि चाहे जो हो, काम तो अच्छा करके दिखाना ही है।

काम को क़रीब से जानना शुरू किया तो यह भ्रम टूटते भी अधिक देर न लगी कि यह केवल मासिक आय पाने वाली दस से पाँच की नौकरी नहीं है, यह तो ख़ुद को एक संघर्ष में डुबो देने का संकल्प है। पल्लवी ने पहले क्षेत्रीय-कार्यकर्ता के काम को आँगनबाड़ी या अनौपचारिक काम से मिलता-जुलता समझा था, लेकिन काम से जुड़ने के बाद मालूम हुआ कि यह तो बहुत ही मेहनत वाला काम है। इसी तरह मधुलिका का रुख़ भी तुरन्त बदल गया। लिखती है : "जब हम इस कार्यक्रम से जुड़े, तब यही सोचते थे कि जैसे और सबकी नौकरी है, वैसे ही यह भी होगी।...एक दिन जाएँगे, तो चार दिन घर में रहेंगे। यह तो ज़रा भी अहसास नहीं था कि यह नौकरी नहीं, दरअसल 'समाज सेवा' है।"

जाति-भेद की जकड़नें : कितनी ज़ालिम, कितनी ज़हरीली!

मैं सोचती थी कि महिलाओं का यह कार्यक्रम केवल हरिजनों (दलितों) के लिए है, लेकिन इसमें तो सब जाति के लोग हैं और ज़्यादातर पंडित हैं। केवल कुछ ही लोग हरिजन हैं। जहाँ भी देखो, ऑफिस से लगाकर फील्ड तक हरिजन कोई विरला ही है।...मीटिंगों में तो जाति-भेद पर ख़ूब चर्चा होती..., उसके बाद जब छुट्टी हो जाती, तब कुछ लोग गुस्सा होते : "हम ऊँची जाति के हैं, तो इसमें हमारा क्या दोष? जो

नीचे हैं, इनको कहीं इनसे भी नीची जाति में खाना खिलाओ। तब असलियत मालूम होगी।" यह सब सुनकर हमको बहुत कष्ट होता था। अपने मन में सोचती थी कि हमको यहाँ नौकरी करनी है, तो यह सब सुनना पड़ेगा। यहाँ नौकरी नहीं की होती, तो आज यह सब नहीं सुनना पड़ता।

–मधुलिका की डायरी से

1996 में चयन की प्रक्रिया में शामिल होने के बाद जब सन्ध्या को क्षेत्रीय-कार्यकर्ता के पद के लिए नहीं चुना गया, तब उसके आत्मसम्मान को बहुत ठेस लगी। एक तो सन्ध्या शादी से पहले अनौपचारिक साक्षरता-केन्द्र चला चुकी थी, इसलिए उसे यक़ीन था कि औरों की अपेक्षा उसे काम से जुड़ा अनुभव अधिक है। दूसरे, ब्राह्मण जाति की होने की वजह से बचपन से ही सन्ध्या अपने आपको सबसे ऊँचा समझती रही। क्षेत्रीय-कार्यकर्ता के रूप में नियुक्त न हो पाना उसे इतना अपमानजनक लगा कि भीतर तक तिलमिला उठी। लिखती है : "मैं तो पहले ही सोच रही थी कि पता नहीं नौकरी लगेगी या नहीं, क्योंकि हमने यह बात सुनी थी कि यह संस्था सिर्फ़ अनुसूचित जातियों के लिए है। वही लोग इसमें काम करेंगी। अन्त में जवाब भी वही मिला। सभी लोगों का कहना था कि ऊँची जाति से कार्यकर्ता नहीं ली जाएँगी। यह सुनकर मुझे बहुत दुख हुआ, बहुत ग़ुस्सा भी आया कि मधुलिका केवल आठवीं पास है, पर उसको नौकरी मिल गई। और मुझे, ऊँची जाति की वजह से केन्द्र चलाने का काम भी देने को तैयार नहीं हो रही हैं। मुझे लगा, इस महिला कार्यक्रम से जुड़े और लोग भी चमार हैं इसलिए तो चमारों का पक्ष ले रही हैं...।"

अपनी आज तक की सामूहिक-यात्रा का यदि एक कड़वी ईमानदारी और सच्चाई के साथ विश्लेषण करें, तो यह कहना ग़लत नहीं होगा कि पहले-पहल बहे सन्ध्या के आँसू प्रतीक थे, उन नुकीले पत्थरों और गहरे घावों के, जो जाति के दलदल में जीकर हम सबने अलग-अलग रूपों में महसूस किए थे, और जिनसे हम आज तक मुक्त नहीं हो सके हैं।

संस्कारों और मान्यताओं की यों तो बहुत-सी बेड़ियाँ हमारे पैरों को जकड़े थीं, लेकिन जितनी वज़नी जाति और मज़हब की ज़ंजीरें थीं, उतनी कोई दूसरी नहीं। धर्म और पवित्रता के दोने में जाति-भेद का जो प्रसाद बचपन से हम इतना रस लेकर खाते चले आ रहे थे, उस दोने को ऐसे ही किसी के कहने से उठाकर कैसे फेंक देते? ज़ाहिर-सी बात यह भी है कि सवर्णों के हिस्से में अक्सर चूँकि सबसे लज़ीज़ प्रसाद आता है, इसलिए दोने को उठाकर फेंकना भी दलित वर्गों की बनिस्बत सवर्ण जातियों के लिए अधिक पीड़ादायक होता है। जिन्हें हमने सदा से नीची निगाहों से देखा हो, उनके साथ अपनी झोली में पड़े पकवान को ज़बर्दस्ती बाँटना पड़े, तो

तक़लीफ़ तो आख़िर होगी ही! पर ऊँच-नीच की चाशनी में डूबा पकवान अगर कोई तरस खाकर सामने फेंक दे, तो उसे स्वीकार करने में भी तो स्वाभिमान कुचला जाता है न?

बैठकों में अक्सर यह चर्चा चल पड़ती कि नारी समता योजना केवल अनुसूचित जातियों की महिलाओं के बीच ही काम क्यों करती है? क्या उनके सिवाय और किसी का शोषण नहीं हुआ है? सन्ध्या बार-बार यह बात उठाती कि दूसरी जातियों में भी तो औरतों के ख़िलाफ़ अन्याय हो रहे हैं। फिर उनके साथ यह संस्था काम क्यों नहीं करती? पर दूसरी ओर एन.एस.वाई. का यह दावा कि वह दलित व शोषित वर्ग में काम करती है, कुछ लोगों को खोखला और क़ाग़ज़ी महसूस होता। मधुलिका को लगता कि यहाँ तो कार्यालय से लेकर क्षेत्र तक ज़्यादातर सवर्ण जातियों से आए हिन्दू ही जुड़े हैं। कितना अच्छा होता अगर अनुसूचित जाति में भी पढ़ी-लिखी महिलाएँ मिल पातीं! हमारी दलित जातियों में भी लोगों ने अगर अपनी बेटियों को पढ़ाया होता, तो आज इस संस्था में इतनी सारी सवर्ण कार्यकर्ताओं की जगह अनुसूचित जाति की महिलाएँ काम कर रही होतीं। इसी तरह चाँदनी जब संस्था में ऊँची जाति के हिन्दुओं का वर्चस्व महसूस करती, तब सोचती कि हमारी क़ौम में तो इतना परदा है कि बच्चियों को पढ़ाते भी नहीं हैं। पढ़ाने भेजे होते, तो हमारी औरतें-लड़कियाँ भी यहाँ नौकरियाँ पातीं।

अब महसूस होता है कि पिछड़ी जातियों और वर्गों की नारी समता योजना में ग़ैरमौजूदगी का दोष कितनी आसानी से हम सभी ने उन्हीं समुदायों पर मढ़ दिया था कि इन लोगों ने अपने पिछड़ेपन की वजह से अपनी बेटियों को घर से बाहर निकाला नहीं, पढ़ाया-लिखाया नहीं, इसीलिए उन्हें यहाँ नौकरियाँ नहीं मिल सकीं। यह सब कुछ अगर इतना सरल होता, तो 1996 से अब तक हमने अपने कार्यक्षेत्रों की सभी बहू-बेटियों को उनके घरों से निकालकर उनके हाथों में नौकरियाँ थमा दी होतीं। किन सामाजिक ढाँचों के कारण अनुसूचित जाति की लड़कियाँ माँ-बाप के चाहने पर भी पढ़ नहीं पातीं? क्यों आरक्षण के इतने ढोल पीटे जाने के बाद भी इन्हें नौकरियाँ नहीं मिलतीं? क्यों दलित वर्गों के नाम पर चलने वाली और उन्हीं के मध्य कार्यरत संस्थाओं में भी कार्यालय से लेकर गाँवों तक ऊँची जाति के कार्यकर्ता भरे हुए हैं? इन सारे प्रश्नों से जुड़ी गुत्थियाँ कितनी जटिल और कसी हुई हैं, इसका अहसास हमें धीरे-धीरे ही हुआ।

सन्ध्या के गाँव में एक ब्राह्मण मास्टर थे। अपनी कक्षाओं में वह दलित-वर्ग के छात्रों और छात्राओं को सुना-सुनाकर हमेशा कहते थे : "क्या करेगी सरकार तुम्हें आरक्षण देकर? दे, जितना चाहे, उतना दे। तुम आगे तो तभी निकलोगे, जब हम तुम्हें पढ़ाएँगे।"

दिल को छलनी कर देने वाली स्कूल की ऐसी ही यादें राधा के दिल को आज भी कँपा जाती हैं। स्कूल में उसके एक मास्टर उसे बहुत मारते थे। बात-बात में कहते : ''इन साले चमारों को तो कुछ भी समझ में नहीं आता है।''

राधा को लगे कि वह नीची जाति की है, इसलिए मास्टर उसे नहीं पढ़ाना चाहते और जो कुर्मी जाति के बच्चे हैं, उन्हें अधिक चीज़ें अच्छे से समझाते-बताते हैं। कोई भी मौक़ा होता, जैसे-कविता सुनाना या जमात का मॉनीटर बनाना, तो सबसे पहले मास्टर कुर्मी बच्चों को खड़ा करते। राधा को ये सब बहुत ही ख़राब लगता था। बहुत ग़ुस्सा भी आता था, लेकिन मास्टरजी से कुछ कहने की हिम्मत कभी न जुटा पाई।

पग-पग पर जाति और वर्ग-भेद की बू में लिपटे ऐसे अपमान और ऐसी उपेक्षाएँ हममें से कइयों ने बचपन से पाई हैं। सन्ध्या को सिर्फ़ ब्राह्मण जाति में जन्म लेने की वजह से जहाँ अपने समाज में सम्मान मिला, वहीं राधा ने पासी होने के कारण बराबर नए घाव और बेहद तक़लीफ़देह जिल्लतें पाईं। अक्सर देखते हैं कि दलित जातियों की दबंग कार्यकर्ताओं को पाने या बनाने की उम्मीद में डूबी संस्थाएँ शहरों से अनुदान लेकर गाँवों में चली आती हैं। पर यह बहुत कम लोग महसूस कर पाते हैं कि बचपन से ही जिसे जाति-भेद की चोटें मिली हों, उसके लिए एक दबंग कार्यकर्ता बनकर उन्हीं गाँवों में बदलाव लाने का काम कर पाना कितना चुनौतीपूर्ण है! एक ही सामाजिक परिवेश में तथा एक ही जैसा काम करते हुए भी जाति, वर्ग, और धर्म की पेचीदगियों ने हमारे काम से जुड़े अनुभवों और संघर्षों को बहुत ही जुदा रूप-रंग दे डाले हैं। सन्ध्या को समाज में जो जगह सिर्फ़ एक प्रतिष्ठित परिवार की बहू होने की वजह से सहज ही मिल जाती है, वहीं राधा को हमेशा इस बात के लिए तैयार रहना पड़ता है कि गाँव में कभी भी कोई यह सुना देगा : ''अरे, यह तो उसी पासी की बहू है, जो बहुत जुआ खेलता है।''

इसी प्रकार गरिमा शराब के मुद्दे को उठाने में मज़बूती के साथ जुड़ जाती है, क्योंकि लोग जानते हैं कि यह वही शराब है, जिसकी वजह से उसका बचपन उससे छिन गया था। इसके विपरीत मधुलिका को जुए के मुद्दे पर पीछे हटना पड़ता है, क्योंकि वह भली-भाँति जानती है कि उसे यह ताना देने का अवसर कोई भी नहीं खोएगा : ''तुम भला दूसरों को जुआ खेलने से क्या रोकोगी? तुम्हारा पति तो ख़ुद इतना जुआ खेलता है।''

खानपान के कड़वे संस्कार : गहरे पैठा ज़हर

जाति और धर्म की दीवारों में हम किस क़दर क़ैद हैं, इसका अहसास सबसे ज़्यादा तब-तब हुआ, जब-जब हमने खानपान को लेकर अपने अन्दर के द्वन्द्वों से जूझने

की कोशिश की। काम से जब नए-नए जुड़े थे, उस समय हम सबको यही लगता था कि न जाने हमारे काम में हर जाति और धर्म के लोगों के साथ खाने-पीने के चोंचले क्यों होते हैं? दूसरी जातियों या क़ौमों में काम करने का यह मतलब कहाँ से हो गया कि उनके साथ हम उनके या अपने घरों में खाएँ-पिएँ? जहाँ सवर्ण जातियों से आई सन्ध्या, गरिमा, पल्लवी और शिखा को हमेशा यह बात खटकती रहती कि यहाँ तो सब जातियों के लोगों का खाना-पीना चलता है, वहीं राधा और मधुलिका के मन को लगातार यह बात सालती रहती कि कहीं दलित जातियों से होने के कारण कोई उनका अपमान न कर दे। चाँदनी जिस परिवेश से आई थी, वहाँ भी रैदासों और पासियों के ख़िलाफ़ थोड़ी-बहुत छुआछूत मानते थे, पर उतनी दिक़्क़त नहीं थी; किन्तु चाँदनी सहित सभी कार्यकर्ताओं को उस दम साँप सूँघ गया, जब इन्होंने भंगी जाति के सफ़ाई-कर्मी को रसोई-घर में काम करते देखा। सातों में से एक को भी किसी भंगी का रसोई में काम करना बर्दाश्त नहीं हो रहा था। पर चूँकि नौकरी करके पैसा कमाने की चाह थी, इसलिए मजबूरी में सब चुप्पी साधे रहीं और किसी ने भी कोई नकारात्मक प्रतिक्रिया खुलकर व्यक्त नहीं की।

यह तो बस शुरुआत थी। हम जिन उत्पीड़नों को अपने काम के ज़रिए ख़त्म करने चले थे, उनका खानपान के राजपाट से कितना गहरा ताल्लुक़ है, यह हमें जल्द ही समझ में आने लगा। शुरुआती दौर के ही एक दिन की बात है–मधुलिका रतौसिया गाँव में बैठक के लिए गई थी। गाँव में मौर्य जाति की एक महिला उसे ज़बर्दस्ती अपने घर ले गई। वह समझी थी कि मधुलिका ब्राह्मण-बाहुल्य रामपुर गाँव की रहने वाली है। अत: उसने मधुलिका को बड़े प्रेम से चाय पिलाई। बचपन से यही संस्कार डाले गए थे कि किसी सवर्ण के घर का बरतन इस्तेमाल करो, तो उसे धोकर ही उठो। तो चाय पीने के बाद मधुलिका अपना कप धोने लगी! अब उस महिला को यह कहते देर नहीं लगी : "अच्छा, तो तुम चमारों में से हो। अब ऐसी ग़लती कभी मत करना। अपनी जाति ज़रूर बता दिया करो।"

यह सुनकर पहले से ही चाय पीने में संकोच करती मधुलिका का खानपान को लेकर संकोच और अधिक बढ़ गया। मधुलिका अच्छी तरह जानती थी कि जातिगत ऊँच-नीच का ढाँचा किसके द्वारा तथा किसके फ़ायदे के लिए बनाया गया है, फिर भी उस महिला की टिप्पणी और आरोप सुनकर मधुलिका को ऐसा लगा कि जैसे उससे बहुत भयंकर अपराध हो गया है।

इस हादसे से ज़रा अलग हटकर सवर्ण जाति की कार्यकर्ताओं के अनुभव देखें, तो तस्वीर का दूसरा पहलू उभरता है। सन्ध्या ने जब अनुसूचित जातियों के बीच खानपान का भेदभाव कम किया, तो कमालपुर गाँव की शकुन्तला ने उससे गद्‌गद स्वर में कहा : "जब आप लोग हमारे घरों में कुछ खा-पी लेती हैं, तो हमें बहुत अच्छा लगता है।"

सवाल यह उठता है कि शकुन्तला ने ये शब्द सिर्फ़ इसलिए कहे, क्योंकि सन्ध्या और उसके बीच परस्पर आदर और प्यार का रिश्ता है या फिर इस उद्‌गार में सन्ध्या के ब्राह्मण होने की वजह से शकुन्तला का स्वयं को सौभाग्यशाली मानने का भी भाव निहित है? शायद दोनों ही बातें सच हैं, लेकिन नतीजा वही होता है कि जहाँ खानपान के घिनौने नियमों को तोड़कर सन्ध्या एक गाँव की महिला से प्रशंसा, प्रेम, इज़्ज़त व ऊर्जा पाती है, वहीं मधुलिका उन नियमों को तोड़ने की क़ीमत तिरस्कृत होकर चुकाती है। अपनी जाति के लिए उस मौर्य महिला की आँखों में मधुलिका ने जो घृणा देखी, उससे इतना कष्ट हुआ कि उसने क़सम खा ली कि वह जिस घर में जाएगी, वहाँ का पानी नहीं पिएगी ताकि कोई उससे उसकी जाति न पूछे। नफ़रत के ज़हर का यह घूँट पी चुकने के बाद मधुलिका ने अपने मन में कोई भी भ्रम पालना छोड़ दिया। अपने ही कार्यालय में काम करते सवर्ण लोगों को देखकर वह यह सोचने को मजबूर हो जाती—पता नहीं, सचमुच ये अपने मन से भेदभाव को निकाल सकी हैं या जितनी देर नौकरी करती हैं, सिर्फ़ उतनी देर के लिए उसे एक किनारे रख देती हैं?

राधा की डायरी में भी यही भाव व्यक्त हुए हैं। वह लिखती है : "खान-पान में तो हमने इतना भेदभाव नहीं महसूस किया, लेकिन कभी-कभी व्यक्तिगत चर्चाओं से मेरा मन टूट जाता था। मैं यही सोचने लगती कि यहाँ कार्यालय में तो सबकी मजबूरी है, जिससे भेदभाव पता नहीं चलता। पर यहाँ की चौखट लाँघ के देखो तो कितना बदल पाया है कोई अपने आपको? कुछ बदला भी है या सब लगभग जस का तस है?"

ईमानदारी से देखें तो मधुलिका और राधा के मन में बैठे ये सवाल यथार्थ से इतने परे भी नहीं हैं। गरिमा अपना ही उदाहरण लेकर क़ुबूल करती है कि उसे अपने से नीची जातियों के घरों में चाय व पानी पीने में तो कोई दिक़्क़त नहीं होती, पर पता नहीं क्यों अन्दर से कुछ भी खाने का मन ही नहीं करता, जैसे—एक दिन गुड़िया के त्योहार पर मधुलिका सबके लिए चने की घुघरी[12] बनाकर लाई, पर गरिमा उसे खाने की हिम्मत नहीं कर सकी। हालाँकि अपनी कमज़ोरियों को समूह के सामने स्वीकार करना कठिन काम है, इस नाते ईमानदारी से इस बात को सबके साथ बाँटने के लिए हम गरिमा की इज़्ज़त करते हैं। फिर भी जब गरिमा यह बात बता रही थी, तब राधा और मधुलिका उसका चेहरा एकटक देख रही थीं। मानो कह रही हों : 'इतने साल साथ काम करने के बाद भी क्यों नहीं बदल सका तुम्हारा मन? कैसे तुम नहीं खा सकीं मधुलिका के हाथों इतने प्यार से बनाई घुघरी?'

12. तेल के छौंक में उबाले हुए भीगे चने।

पर मुँह से दोनों में से किसी ने कुछ नहीं कहा। कुछ शायद इसलिए कि न कहने की पुरानी आदत पड़ी हुई थी, और बाक़ी इसलिए कि जातिगत भेदभाव को लेकर एक-दूसरे पर प्रश्न उठाना हमारे समूह के लिए आज तक बेहद कठिन है।

कार्यालय से निकलकर जब यही संघर्ष हमारे घरों और गाँवों तक पहुँचने लगे, तब इनसे जुड़ी तक़लीफ़ें तथा चुनौतियाँ और भी उलझनें पैदा करने लगीं। राधा लिखती है : "मैं तो ज़ात-पाँत के भेदभाव को भूल गई थी। पर तभी एक ऐसी घटना घटी, जिसने मुझे अन्दर तक हिला दिया।...एक दिन जब एक गाँव की महिला, रूपा, गरिमा के घर गई, तो गरिमा के पति ने उसे उलटे पैर वापस कर दिया, इसलिए कि रूपा रैदास जाति की है। गरिमा कार्यकर्ता होकर भी पति की सुनती रही। एक बार भी जवाब नहीं दिया। क्यों?"

ऐसा नहीं है कि सवर्ण जातियों से आई कार्यकर्ताओं ने अपने घर-परिवारों में इस स्थिति को बदलने का कोई प्रयत्न न किया हो। काफ़ी मुठभेड़ें हुईं, झगड़े हुए। पल्लवी जब एक दिन अपने साथ की एक रैदास-कार्यकर्ता को अपने घर ले गई, तो उसके ससुर ने कहा : "बिटिया, तुम कौन जात हो?"

वह कुछ बोल पाती, इससे पहले पल्लवी तपाक से बोल पड़ी : "रैदास हैं।" पल्लवी के तेवर देखकर ससुरजी उस समय तो शान्त हो गए, पर बाद में बहुत हंगामा किया।

अपने घरों में विरोध करने के साथ-साथ पल्लवी, सन्ध्या और गरिमा ख़ुद भी इस ऊँच-नीच के चक्रव्यूह में बहुत उलझती हैं। सन्ध्या पूछती है कि हम सवर्णों के हर जाति में सिर्फ़ खा-पी लेने से क्या बदलाव हो जाएगा? नीची जाति वाले क्यों नहीं खाते उनके घरों में, जिन्हें वे अपने से नीचा मानते हैं? यह कैसा ढाँचा है? कहाँ से शुरू हुआ? क्यों तमाम क़ानून बनने के बावजूद यह टिका हुआ है?

इन्ही ढाँचों से जुड़े और भी अहम पहलू हैं। सन्ध्या के लिए उन्हें देख पाना कठिन हो जाता है। जैसे जाति-भेद की बेड़ियाँ हमारे व्यक्तित्व पर कितना बड़ा असर डालती हैं। होश सँभालते ही राधा ने छुआछूत की जो पीड़ा सही तथा सन्ध्या ने ऊँची जाति की सदस्यता के जिस गौरव और जिन फ़ायदों को सहर्ष अपनाया, उस हक़ीक़त का क्या इन दोनों के व्यक्तित्व और आत्मविश्वास पर कोई असर नहीं पड़ा होगा? ऐसा तो असम्भव है।

मज़हबी छुआछूत–एक और खाई!

इस्लाम धर्म को लेकर भी हमारे हिन्दू-बाहुल्य महिला-कार्यक्रम में बहुत ही ऊहापोह की स्थिति रहती है। लेखन की इस पूरी प्रक्रिया के दौरान समूह से जुड़ी

एकमात्र मुसलमान सदस्या चाँदनी ने मुसलमान-समुदाय को बेहतर रूप से जानने-समझने में निश्चित ही हमारी बहुत मदद की। सबसे बड़ी बात यह हुई कि जिन मान्यताओं ने बचपन से ही हमारे दिलों में घर करके हमें इस मज़हब को मानने वाले लोगों से अलग कर दिया था, उनके बारे में हम सब खुलकर बातचीत कर पाए। जब चर्चाएँ चलीं, तब कभी-कभी तो आश्चर्य और शर्म से सिर झुक गया। विश्वास नहीं होता था कि हमारे दिमाग़ों में हमारे ही बड़े-बूढ़ों और तथाकथित सभ्य समाज द्वारा कैसी-कैसी बातें भरी गई थीं! गरिमा कहती है : "मुझे चमारों से ज़्यादा मुसलमानों के बरतनों और पहनावे से घृणा थी।"

स्वयं जिस राधा ने जाति-भेद की पीड़ा का भयानक रूप झेला था, वह भी मुसलमानों के प्रति भरी जाने वाली नफ़रत से अछूती नहीं रही : "मैं पहले इतना जानती थी कि मुसलमान-धर्म को मानने वाले लोग बहुत कठोर होते हैं। इनके अन्दर एकता की भावना होती है और...हिन्दुओं के प्रति शील नहीं होता।...जब मैं किसी औरत को सिर से पैर तक काले बुर्क़े में देखती, तो कभी-कभी अन्दर से डर जाती कि पता नहीं इन लोगों का व्यवहार कैसा होगा! मेरे मन में भी यही भरा था कि ये लोग बहुत गन्दे होते हैं। इनके घरों में पानी तक नहीं पीना चाहिए।"

मधुलिका लिखती है : "मेरे यहाँ मुसलमान लोगों का आना-जाना था, उनके साथ उठना-बैठना था, पर घर में उनके साथ खाने-पीने का कोई व्यवहार नहीं था। हम लोगों को भी मना किया जाता था कि इनके यहाँ मत जाना। हम लोगों के यहाँ इनके घरों में खाया-पिया नहीं जाता है।...अम्मा कहतीं–वे बहुत ही गन्दे होते हैं। जब पेशाब जाते हैं तब तो पानी लेते हैं। पर जब पाख़ाने जाते हैं, तो टोंटी वाला लोटा लेते हैं। हाथ तक नहीं धोते।"

इन्हीं विचारों के साथ पली मधुलिका जब इस महिला कार्यक्रम में आई, तो उसकी एक दोस्त बनी–नूर। शुरू के पाँच बरसों तक एन.एस.वाई. में नूर ही एकमात्र मुसलमान समुदाय की क्षेत्रीय-कार्यकर्ता थी। मधुलिका का नूर के घर बहुत आना-जाना था। काम को लेकर नूर भी मधुलिका के घर जाती रहती थी। नूर को जब मधुलिका के घर खाने को कहा जाता, वह खा लेती, लेकिन मधुलिका के लिए नूर के घर खा पाना कठिन होता था। नूर अपने मज़हब को लेकर हिन्दुओं के रवैयों से परिचित थी, इसलिए खाने पर ज़्यादा ज़ोर नहीं देती थी। एकाध बार कहा भी, तो मधुलिका का मन खाने को नहीं हुआ।

इसी तरह बचपन में सन्ध्या के घर आबिद नाम के एक व्यक्ति का आना-जाना था–जिन्हें वह मामा कहती थी। वे घर पर खाते-पीते भी थे, लेकिन उनके बरतन अलग रखे रहते थे। एक बार ईद के दिन सन्ध्या उनके घर गई। त्योहार का दिन

था। घर आई बच्ची को मामा बिना कुछ खिलाए कैसे जाने देते? मामी बड़े मन से खाने को मिठाई लेकर आईं। बोलीं : "आज के दिन तो कुछ खाए बिना नहीं जाने देंगे।"

सन्ध्या रोने लगी। उसे बस यही डर लगे कि ये मुसलमान लोग बड़े कट्टर-स्वभाव के होते है, कहीं मुझे चाकू से मार न डालें। यह भी लगे कि इनके त्योहार पर इन्हीं के घर खा लिया, तो ये हमको मुसलमान बनाकर छोड़ेंगे : "मैं बिल्कुल भी मुसलमान बनना नहीं चाहती थी, नहीं तो आबिद मामा की तरह हमको भी अलग बरतन में खाना दिया जाएगा।" ईद के दिन सन्ध्या आबिद मामा और मामी के प्यार से दिए खाने को ठुकराकर चली आई, क्योंकि बचपन का वह हठी मन किसी भी हालत में मुसलमान नहीं बनना चाहता था। पर इस घटना ने सन्ध्या को बेचैन भी किया। मन में यह सवाल उठे कि क्यों आबिद मामा के घर में पका खाने की तो मनाही है, लेकिन जब बाज़ार से वह कुछ ख़रीदकर लाते हैं, तो वह सामान घर में रख लिया जाता है। यह प्रश्न एक बार सन्ध्या ने नानी से भी पूछा। पर कोई जवाब नहीं मिला।

छहों हिन्दू लेखिकाओं के मन में जब मुसलमानों के प्रति इतनी ग़लतफ़हमियाँ बचपन से भर दी गई थीं, तो उसी समाज में साँस लेती चाँदनी का दिलो-दिमाग़ नफ़रत की इस राजनीति से भला कैसे अछूता रहता? घर में, मोहल्ले में, स्कूल में, हर जगह बस यही तो जाना था कि सारे के सारे हिन्दू मुसलमानों को अछूत मानते हैं। बदले में चाँदनी ने भी यही सीखा था कि हमारी मुसलमान-क़ौम हिन्दू-क़ौम से ऊँची और बेहतर है। यही नहीं, हिन्दू-मुसलमान के भेद के साथ ही जाति का भेद भी उसके अपने मन में गहरे तक उतर गया था। मेहतरों व सुअर पालने वाली जातियों से चाँदनी हमेशा बहुत दूर रहती। उसे लगता था कि कहीं इनसे छू गई तो वह ख़ुद भी अछूत हो जाएगी।

एक बार लखनऊ की एक संस्था से चार मुस्लिम महिलाएँ सहजनपुर गाँव में तीन माह का चिकन प्रशिक्षण देने के लिए आईं। सन्ध्या, जो इस प्रशिक्षण में सक्रिय भूमिका निभा रही थी, बड़े असमंजस की स्थिति में पड़ गई। हर समय उसे यह डर लगता कि अगर ये चारों मेहमान बनकर मेरे घर आ गईं, तो इन्हें चाय-पानी तो कराना ही पड़ेगा। मगर घर के लोगों ने अगर कोई आपत्ति कर दी या इनमें से किसी का अपमान कर दिया, तब क्या होगा? आख़िर वह दिन भी आ ही गया, जब ये चारों महिलाएँ सन्ध्या के घर मिलने आ पहुँचीं। सन्ध्या ने बहुत हिम्मत करके उन्हें अपने बरतनों में चाय-पानी करवाया। शहर से आईं इन प्रशिक्षिकाओं को देखकर घर वालों की भी कुछ कहने की हिम्मत नहीं हुई और सब-कुछ बिना किसी कष्टप्रद-प्रकरण के निबट गया।

इस पूरे प्रसंग ने सन्ध्या को यह सोचने पर मजबूर कर दिया कि इसी घर में क्या वह एक मज़दूर-वर्ग की मुस्लिम औरत को भी इतने ही सम्मान के साथ अपने बरतनों में चाय पिला सकती थी? क़तई नहीं। यहीं हमने पहली बार बड़ी शिद्दत से महसूस किया कि जाति और धर्म से जुड़ा छुआछूत किस हद तक वर्ग-भेद के साथ गुँथा हुआ है। नीची-जाति का व्यक्ति यदि ऊँचे ओहदे या अधिक पैसे वाला है, तो उसकी जाति व धर्म का महत्त्व घट जाता है और हमारा समाज पैसे व ओहदे की ताक़त से संचालित हो जाता है। गरिमा हँसते हुए टिप्पणी करती है : "अभी मायावती खाने पर बुलाएँ तो सारे ठाकुर और पंडित दौड़ते चले जाएँगे।"

पर इसकी भी सीमा बनती है। जैसे अगर कोई ऊँची जाति का ज़िलाधीश बहुत साधारण और सीधे स्वभाव का हो, तो लोग कहेंगे कि वह बहुत अच्छे हैं। वहीं अगर रैदास ज़िलाधीश सीधा और साधारण दिखे, तो लोग कहेंगे कि वह चमार है, इसलिए बेवक़ूफ़ है—गधा है।

सफ़र का अगला दौर

> *जब मैंने ख़ुद को ऊँची जाति वालों की जगह रखकर अपने से भी नीची-जाति (भंगी) के बारे में सोचा, तब कहीं जाकर समझ पाई कि उनको कब, कहाँ और कैसे मेरी जाति द्वारा चोट पहुँचती होगी। हम नीची-जाति के लोग भी इस छुआछूत के ढाँचे में कैसा फँसे हुए हैं! क्या हममें से कभी किसी को भी अछूत शब्द से छुटकारा मिल पाएगा?...मुसलमान धर्म में यह एक बड़ी ख़ासियत है कि वहाँ छुआछूत का कोई भेदभाव नहीं होता है, जबकि वहाँ भी कई जातियाँ होती हैं...!*
>
> *—राधा की डायरी से*

'ज़ात-पाँत का भेद नहीं होगा'—जिन महिला संगठनों से हम जुड़े, वहाँ यह सिर्फ़ एक मान्यता या नियम नहीं है, बल्कि इसे हमने अपने कार्यक्रमों का एक सामंजस्य-विरुद्ध (नॉन-नेगोशियेबिल) बिन्दु माना है। यानी, यह इन संगठनों की उन शर्तों में से है, जिन पर हम कोई समझौता नहीं कर सकते। कार्यालय में, बैठकों-प्रशिक्षणों में, यहाँ तक कि खाने-पीने में भी जाति व धर्म का भेद बिल्कुल नहीं दिखता। पर सवाल यह उठता है कि क्या महज़ इस नियम को बना देने के बूते पर हम यह दावा कर सकते हैं कि हमारे संगठनों में दलित-जाति की कार्यकर्ता को जातिगत भेदभाव का सामना नहीं करना पड़ता? क्या सिर्फ़ शर्तों में शामिल भर कर लिये जाने से जाति-भेद समाप्त हो जाएगा? या फिर, हर संगठन को इस पर लगकर, सोच-समझकर काम करने की ज़रूरत है, वह भी मात्र चर्चाओं के दायरे से आगे बढ़कर? आए दिन जाति-भेद पर चर्चाएँ तो ख़ूब हो जाती हैं—कभी आरक्षण को लेकर, तो

कभी अन्य संसाधनों व सुविधाओं को लेकर। पर कभी एक पल रुककर हम शायद ही पूछते हैं कि कहाँ तक पहुँच पाए हैं हम? चर्चाओं से ऊबी मधुलिका और राधा अक्सर कहती हैं : "जो नीचे हैं, वे तो हैं ही। अब यह चर्चाएँ बन्द होनी चाहिए।"

छुआछूत को सबसे क़रीब से देखने और सहने वाली मधुलिका और राधा ही क्यों ऊब गई इन चर्चाओं से? इसलिए कि उन्हें बार-बार महसूस हुआ कि कार्यक्रम से जुड़कर लोग ऐसा दिखाते तो हैं कि वे जाति-भेद को नहीं मानते, पर सच्चाई कुछ और है। अगर मन बदले होते, तो काम से जुड़ने के सात वर्षों बाद मधुलिका के घर में हाथ में कचौड़ी लिये बैठी गरिमा के चेहरे पर यह भाव न दिखाई देता : "हाय, इसे कैसे खाऊँ?"

इसी तरह चाँदनी भी खाने के बाद यह कहने को मजबूर नहीं होती कि आज पहली बार मैंने बहुत हिम्मत करके मधुलिका के घर में कुछ खाया है। न ही जाति-भेद की बात उठने पर बार-बार सवर्ण-जाति की कार्यकर्ताओं के चेहरे तने हुए मिलते!

जातिगत ऊँच-नीच को लेकर जब सवाल उठते हैं, तो अक्सर सवर्ण-जाति की कार्यकर्ता अपने बचाव या सफ़ाई में कुछ कहकर अपनी प्रतिक्रिया व्यक्त करती हैं। यह भी बार-बार सुनने को मिल ही जाता है कि छुआछूत मानने वाले सवर्ण-हिन्दू अकेले तो नहीं हैं। रैदास और मुसलमान भी तो भंगी जाति के घरों में नहीं खाते-पीते। सवाल यह है कि दूसरों के छुआछूत के उदाहरणों पर टिके तथा अपने बचाव में दिए गए ये तर्क क्या हमें अपने संघर्ष में बहुत आगे बढ़ने देंगे? ऐसा भी तो हो सकता है कि राधा जिस तरह पासी और भंगी जातियों के परस्पर सम्बन्धों पर विचार करके स्वयं से जूझती है, उसी तरह हम सब अपने बचाव के लिए नए तर्क ढूँढ़ने के बजाय इन चर्चाओं को अपने आत्म-विश्लेषण का माध्यम बनाएँ? अपने आप में यह कितनी बड़ी बात है कि बचपन से सवर्ण हिन्दुओं के बीच रहकर अछूत होने की पीड़ा झेल रही राधा अपने दर्द के ज़रिए इस्लाम-धर्म की यह ख़ूबी समझ गई कि वहाँ कोई अछूत नहीं होता। हममें से कोई दूसरा इन दो अनुभवों को आपस में इतने सहज रूप से जोड़ ही नहीं सका।

कहीं-न-कहीं इस पूरी प्रक्रिया के दौरान हम सभी इस तरह के आत्म-विश्लेषण और आत्म-मन्थन से गुज़रे। एक-दूसरे के साथ इतना समय बिताने और साथ काम करने के बाद भी हमारे बीच सालोसाल इतनी दूरियाँ क्यों बनी रहीं? जब भी इस असलियत पर ग़ौर किया, तभी गहराई से समझा कि बचपन से हमारे भीतर धर्म और पवित्रता के नाम पर जो संस्कार डाले गए, जो डर बिठाए गए, उनकी गिरफ़्त से बाहर निकल पाना कितना मुश्किल है। किन्तु जब-जब इन कठिन सवालों से जूझने का सामूहिक प्रयास किया, तब-तब कुछ दिमाग़ी गुत्थियाँ सुलझती हुई भी

महसूस हुईं। बाबरी मस्जिद का गिराया जाना और गुजरात का नरसंहार एक बार फिर हमारी बातचीत का विषय बना और हम लोगों ने देखा कि वही मज़हबी नफ़रत व डर, जो कभी हमारे दिमाग़ में ठूँसे गए थे, कैसे उन्हें आज हमारे बच्चों के दिलो-दिमाग़ में भी ठूँसने की कोशिशें की जा रही हैं।

संगतिन जैसे कई संगठन बाहरी दुनिया में जिन अभावों और अन्यायों से लड़ने की कोशिश करते हैं, उनका हमारे निजी जीवन के संघर्षों से कितना गहरा सम्बन्ध है, यह भी हमने नए सिरे से देखना शुरू किया। हमने इस हक़ीक़त को स्वीकार करना सीखा कि दलित व सवर्ण परिवारों से आई कार्यकर्ता भले ही प्रशिक्षण की समान प्रक्रियाओं से गुज़रकर निकलें, लेकिन दोनों कभी एक जैसी कार्यकर्ताओं के रूप में उभरकर नहीं आ सकतीं, जैसे–निजी ज़िन्दगी में झेले अवसरों और संसाधनों के अभावों के कारण राधा को हर चीज़ सीखने के लिए सन्ध्या की अपेक्षा अधिक मेहनत और संघर्ष करना पड़ता है। पर इन्हीं अभावों और संघर्षों ने राधा को वह दृष्टि और समझ दी है, जिनके सहारे वह कुछ चीज़ों की तह में इतनी गहराई से जा पाती है, जितना समूह का कोई दूसरा सदस्य नहीं।

भेदभाव के इन मुद्दों से जूझकर हमने अपने काम, अनुभवों, ज़रूरतों और सीमाओं के बारे में बहुत कुछ सीखा है। आज हम पूरे आत्मविश्वास के साथ कह सकते हैं कि लिंग-भेद पर काम कर रहे महिला संगठन जब तक जाति और धर्म-भेद को नहीं उठाएँगे, जब तक इन ढाँचों को परिवारों, संस्कारों और वर्ग की राजनीति से नहीं जोड़ेंगे तब तक वह दलित व शोषित महिलाओं के साथ ईमानदारी से समता की बात कर ही नहीं सकते।

टूटते पिंजरे, नए आसमान

गाँव और घर के लोग हम पर तरस खाकर कहते थे : ''एक तो बाप नहीं है दूसरे मोटी बुद्धि की! आज के समय में ऐसे लोगों का गुज़ारा नहीं है।'' लेकिन हमारी चुप्पी के कुछ कारण थे।...हमारी माँ ने हमें बचपन में बताया था कि पिताजी को जब दुश्मन लोग मार रहे थे, तो उस समय वह यही कहते रहे कि अगर बच गया तो बताऊँगा, बेटा। माँ कहती कि अगर पिताजी चुप रहे होते, तो हम सबकी क़िस्मत जाग जाती।...तब से हमारे भीतर हमेशा यही बात बैठी थी कि हमको हमेशा चुप रहना है। ससुराल में भी मैंने चुप रहने का संकल्प लिया था।...लेकिन जब काम शुरू किया, तो एकदम दूसरी तरह का माहौल मिला। अन्दर की जो बात थी, उसे मैं स्पष्ट कहने लगी। अम्मा ने क्या बताया था, बिल्कुल भूल गई।

—सन्ध्या की डायरी से

हमारे साथ शुरू से ही बहुत भेदभाव हुआ था—बाहर मत जाओ, हँसो मत, अच्छा खाना मत खाओ, घर में बराबर ज़बान मत लड़ाओ लेकिन काम जानवरों की तरहकरो—चाहे घर में, चाहे खेत में, चाहे खलिहान में। काम के लिए कहीं कोई मनाही, कोई रोकथाम नहीं थी।...जब मैं पहले शुरुआत में ऑफिस आती थी, तो मन में यही सोचती कि वहाँ पर पता नहीं क्या उम्मीदें होंगी हमसे। इसी से हमको डर लगता था। हम आँख मिलाकर बात भी नहीं करते थे, लेकिन धीरे-धीरे हमारा डर छूटता गया। अब तो कहीं डर नहीं लगता। सामने चाहे जो हो, हम चुप नहीं रहेंगे।

—मधुलिका की डायरी से

काम की शुरुआत से लेकर आज तक मैं लगभग बीस ज़िले घूम चुकी हूँ। काम के ज़रिए सीखने और सिखाने के बहुत मौक़े मिले...बाहर निकलने के साथ ही मुझे बाहरी दुनिया की जानकारी होती गई, जैसे—औरतों के बारे में लोग क्या सोचते हैं? औरतों के साथ कितने अन्याय होते हैं? क़ानून बने हैं पर जनता को कौन से हक़ मिले हैं, कौन से नहीं?...जैसे-जैसे यह सब जानकारी होती गई, वैसे-वैसे मेरे अन्दर हिम्मत आती गई—बोलने की हिम्मत...थाने पर पुलिस जैसे लोगों का सामना करने की हिम्मत...दुनिया को बदलने का सपना देखने की हिम्मत।

—पल्लवी की डायरी से

बचपन से हम सब यही सुनती आई थीं कि औरतें तो बस बिना मतलब का प्रपंच करती रहती हैं। इनके पास दिमाग़ नाम की चीज़ नहीं होती! इसी तरह की और भी न जाने कितनी कैसी बातें! पर एन.एस.वाई. में काम करते हुए जैसे-जैसे हमारी क्षमताएँ बढ़ती गईं, वैसे-वैसे हमारे दिलों में बैठे हुए डर और हीन भावनाएँ भी दूर होने लगीं। हमसे अब यह कोई नहीं कह सकता था कि हम लोग कुछ कर नहीं सकतीं। हम सब यह ख़ूब समझ गई थीं कि हम भी किसी से कम नहीं हैं। बस, ज़रूरत है मौक़ा और माहौल मिलने की। इसका मतलब यह नहीं है कि हमें संघर्ष नहीं करने पड़े। हमने बहुतेरी लड़ाइयाँ लड़ीं–निजी-स्तर पर भी और सामाजिक-स्तर पर भी। इन्हीं संघर्षों से जूझते हुए हमने अपने काम को समझा, परखा और उसे बराबर नई गति और नए रुख देने की ऊर्जा पाई। इन्हीं के बीच हमने अपनी सीमाओं को पहचानना भी सीखा। इससे हमें बराबर यह अहसास रहा कि आगे अभी कितना सारा सफ़र बाक़ी है।

मिसाल के तौर पर, नारी समता योजना में काम की शुरुआत के साथ ही हमने गुड़िया पीटने की परम्परा को बदलने का बीड़ा उठाया। गुड़िया को दुबारा परिभाषित करने का अभियान मिश्रिख में एन.एस.वाई. के तत्वावधान में और उसी के संसाधनों से किया गया। जिन औरतों और लड़कियों की मान-मर्यादा और हक़-हुक़ूक़ की ख़ातिर हम सीतापुर में एक संगठन खड़ा कर रहे थे, उसी ज़िले में हर नागपंचमी को लड़के और नौजवान पुरुष अपनी बहनों द्वारा बड़े जतन से बनाई गुड़ियाओं को सार्वजनिक रूप से पीटते थे। धर्म और समाज द्वारा मान्यता-प्राप्त इस त्योहार को हमने भी बचपन से अपने घरों या मोहल्ले-टोलों में बहुत धूमधाम से मनाए जाते हुए देखा था! गुड़िया के पिटने को हमने प्राचीन हिन्दू-संस्कृति का एक अंग मानकर स्वीकार कर लिया था। किन्तु जब हमने गहराई में जाकर देखा, तो गुड़िया के इस त्योहार में से हिंसा की तीखी गन्ध आई। फिर तो यह तय करने में हमें अधिक देर नहीं लगी कि अगर इस क्षेत्र में महिला-हिंसा के ख़िलाफ़ काम करना है, तो सुधार की पहल इस महोत्सव से ही करनी होगी।

अब यह सोचने की ज़रूरत महसूस की कि इस त्योहार पर किस तरह का प्रहार किया जाए? समस्या स्पष्ट थी कि पीढ़ी-दर-पीढ़ी जिस प्रथा को इतना मान-सम्मान दिया गया हो, क्या उसे जड़ से उखाड़कर फेंक देना सम्भव है? अगर ऐसा सम्भव है भी, तो क्या जिस परम्परा को ख़त्म करने चले हैं, उसकी जगह ख़ाली गड्ढा छोड़ देने से सफलता हासिल हो सकेगी? या फिर पुरानी परम्परा को खोदकर उसकी जगह एक ऐसी नई परम्परा के बीज डाले जाएँ, जिसकी जड़ों से नई मान्यताएँ और नए संस्कार फूट सकें?

हमें लगा कि पहली राह के बजाय दूसरी राह चुनना दूरदृष्टि और ज़्यादा ज़िम्मेदारी का परिचायक है, क्योंकि जिन लोगों से हम उनकी पुरानी परम्परा और मान्यता को यह कहकर छीन रहे थे कि वह हीन और हिंसक है, उसकी जगह उन्हें कुछ और देना हमारा फ़र्ज़ था। इसीलिए हमने 'गुड़िया पीटें नहीं झुलाएँ जी' को अपना नारा बनाया।

जैसे-जैसे हम गुड़िया के काम में गहरे उतरते गए, वैसे-वैसे हिंसा और छेड़खानी के मुद्दों पर हमारी समझ और पैनी होती गई। अपनी ख़ुद की परम्पराओं, ढकोसलों और मान्यताओं को अपने ही घरों में धराशायी करने का हमें साहस भी मिलता गया। इस यात्रा में हमें तमाम वैचारिक संघर्षों का सामना करना पड़ा—कभी खान-पान और धर्म को लेकर, कभी माहवारी और मज़हब को लेकर, और कभी स्त्री-पुरुष के बीच के सम्बन्धों को लेकर। यानी हर दो क़दम आगे बढ़ाने पर बार-बार ऐसा मालूम हुआ कि अभी इसी दिशा में दो मील और चलना होगा, तब जाकर मंज़िल के क़रीब पहुँचेंगे...पर इस अहसास ने हमें कभी भी हताश नहीं किया, बल्कि दो-दो क़दम आगे बढ़कर हमें हर बार यही लगा कि नई दुनिया को खोजने, पाने और बनाने का काम हमने बख़ूबी शुरू कर दिया है।

पिछले सात बरसों में दो-दो क़दम चलकर हमने जो यह लम्बा सफ़र तय किया है, उसी के कुछ यादगार पड़ाव इस अध्याय में हम आपके साथ बाँट रहे हैं।

चार साल लगातार काम करने के बाद सन् 2000 में एक समय ऐसा आया जब हमारे लिए अपनी ही आँखों पर विश्वास करना मुश्किल हो गया। गुड़िया के दिन नैमिषारण्य में लगभग पाँच हज़ार लोगों की भीड़ ने हमारे संकल्प को अपना संकल्प बना लिया था। गुड़िया झुलाने को तत्पर अनगिनत लोगों की लहर ने जब हम लोगों को बहुत पीछे ढकेल दिया, तो मारे ख़ुशी के हमारी आँखों में आँसू छलक आए। जिस परम्परा को बदलने के लिए हम लोगों ने रात-दिन एक किया था, वह परम्परा हमारे सामने नए अर्थ के साथ बदल रही थी। बदलाव का यह काम अब हम नहीं, बल्कि नीमसार की जनता कर रही थी। हम सब पीछे खड़े ठीक उसी तरह देख रहे थे, जैसे चिड़िया अपने बच्चों को घोंसले से दूर उड़ते हुए देखती है। अचानक उस पल हमें लगा कि जिस नौकरी की तलाश ने हमें काम से जोड़ा था, वह नौकरी बहुत पीछे छूट गई है। हम सब संगठित होकर कहीं न कहीं सामाजिक बदलाव की एक लम्बी प्रक्रिया का हिस्सा बन गए हैं—एक ऐसी प्रक्रिया, जिसमें हर पग आगे बढ़ाते वक़्त तमाम ज्वलन्त प्रश्न और जटिलताएँ हमारे क़दमों से लिपट जाती हैं। इन्हीं जटिलताओं और ज्वलन्त प्रश्नों के बीच हमें अपने निजी, वैवाहिक और संगठनात्मक-जीवन में आगे बढ़ने के रास्ते खोजने पड़ते।

गुड़िया परम्परा पर हमने जो काम किया, उसे ज़िले और प्रदेश में बहुत प्रसिद्धि मिली। उत्तर प्रदेश के बाहर भी लोग इसी काम के माध्यम से हमें पहचानने लगे। जब यह काम बहुत चर्चित होने लगा, तब हमें यह भी बहुत ज़रूरी लगा कि अपने को इससे कुछ देर ज़रा दूर हटाकर इसका ईमानदारी से विश्लेषण करें। सवाल यह भी उठा कि अपने संसाधनों और सीमाओं को देखते हुए कौन-सा काम हम दीर्घकालीन स्तर पर आगे बढ़ाने की स्थिति में हैं—परम्पराओं को बदलने का काम या समाज में महिलाओं की स्थिति को सुधारने का काम? इस स्व-मूल्यांकन का सबसे बड़ा फ़ायदा यह हुआ कि हम सब गुड़िया के बाद मिलने वाली प्रसिद्धि में खोए नहीं, बल्कि और अधिक स्पष्ट होते गए कि हमें महिला-हिंसा के मुद्दों पर किस तरह काम करना है। इस सोच को गहराई देने में हमारे जीवन में आए निजी अनुभवों की भूमिका बहुत महत्त्वपूर्ण है।

जैसे, 1997 में जिस नागपंचमी के दिन हमने पहली बार गुड़िया झुलाई थी, उसी दिन पल्लवी के साथ एक ख़तरनाक घटना घटी। इस घटना ने पूरे समूह को हिला दिया। पल्लवी उस समय नारी समता योजना में क्षेत्रीय-कार्यकर्ता थी। अपने क्षेत्र के दो गाँवों में गुड़िया झुलाकर जब घर चलने को तैयार हुई, तब अँधेरा हो चुका था। एक तो त्योहार का दिन था, ऊपर से दोपहर से ही घर से निकली थी। इसलिए पल्लवी को लगा कि आज तो घर जाना ही चाहिए, नहीं तो घर के लोग ताना मारेंगे कि तुम्हें तो त्योहार के दिन भी छुट्टी नहीं मिलती! गाँव से बाहर सड़क पर उसे टेम्पो मिला। सन्नाटा हो गया था। सड़क पर सवारियाँ भी बहुत कम थीं। टेम्पो में केवल ड्राइवर और उसके साथ चलने वाला लड़का था। सुनसान रास्ते पर आते ही ड्राइवर ने पल्लवी के साथ छेड़खानी करने की नीयत से हाथ बढ़ाया। पल्लवी भी कहाँ डरने वाली थी—खटाक से उसने ड्राइवर की गर्दन पकड़ ली और तब तक नहीं छोड़ी जब तक उसका गाँव न आ गया। संयोग से कार्यालय की गाड़ी भी पीछे से आ गई और पल्लवी किसी बड़े हादसे की शिकार होने से बच गई। पर यह डर पल्लवी के मन को लगातार सताता रहा कि अगर घर वालों को इस घटना का पता चल गया, तो बाहर काम नहीं करने देंगे और फिर से शुरू हो जाएँगी जीवन की वही पुरानी परेशानियाँ।

मगर जिस घटना को पल्लवी लोकलाज के मारे घर वालों से छुपा ले गई, टेम्पो ड्राइवर ने वही बात अपने दोस्तों को ख़ूब बढ़ा-चढ़ाकर बताई। पलक झपकते ही चारों तरफ़ यह बात फैल गई कि पल्लवी के साथ छेड़खानी हुई है। जब समूह को यह बात पता चली तो हमें बेहद ग़ुस्सा आया। यह भी लगा कि ऐसी ही छेड़खानियों के नाम पर तो ढेरों लड़कियाँ और महिलाएँ आज घरों में क़ैद हैं। फिर कोई कहाँ दबने वाला था? सबने मिलकर उस टेम्पो ड्राइवर को खोज ही लिया और न चाहते हुए भी हममें से एक का हाथ उस टेम्पो ड्राइवर पर उठ गया।

सैद्धान्तिक रूप से हम लोग मार-पीट को बिल्कुल मान्यता नहीं देते हैं, पर पहली बार आवेश में हुई इस मार-पीट से लोगों को यह भी लगा कि इस संगठन के लोग चाहे सब कुछ बर्दाश्त कर लें, लेकिन महिलाओं के साथ हुई छेड़खानी क़तई बर्दाश्त नहीं कर सकते। लाख छुपाने की कोशिशों के बावजूद पल्लवी का नाम चर्चा का विषय बन ही गया था। काम करते हुए अभी एक ही साल तो बीता था और यह हादसा पल्लवी की रूह को कँपाकर उसे फिर से उन सारी गन्दगियों और उस घिनौनेपन की याद दिला गया, जिसे उसने बचपन से बार-बार बहुत क़रीब से देखा था।

पल्लवी अपनी डायरी में लिखती है : "पता नहीं क्यों मेरी हिम्मत किसी से नज़रें मिलाने की नहीं पड़ रही थी।...मुझे डर था कि अब क्या होगा! मेरे पति मुझे घर से निकाल देंगे, तो मैं क्या करूँगी? मैं ये सब शायद इसलिए सोच रही थी, क्योंकि मैंने अपने घर वालों की मरज़ी के ख़िलाफ़ काम करना शुरू किया था।...मुझे लगे कि एक तो ये लोग मुझे ताना मारेंगे और दूसरे जीवन भर के लिए ज़िन्दगी में जो कलंक लग गया, सो अलग। मेरे पति मेरी कोई भी बात सुनना नहीं चाहते थे।...अन्त में दीदी (ऋचा सिंह) ने मेरे परिवार वालों से बातचीत की, जिससे घर में झगड़े की स्थिति बनने से बच गई।...दीदी के आने के बाद मेरे परिवार के किसी भी सदस्य ने इस घटना का ज़िक्र नहीं किया। यह मेरे जीवन का दूसरा मोड़ था।"

पल्लवी के साथ जो कुछ हुआ वह कोई अनहोनी घटना नहीं थी और जो हुआ, उसका उसने दिलेरी से सामना किया।

सच तो यह है कि महिलाओं के साथ छेड़खानी या हिंसा की वारदातों में उनका पग-पग पर साथ देने वाली कार्यकर्ता अक्सर अपने आपको लेकर डरा करतीं कि कहीं उनके साथ भी ऐसी ही कोई घटना न घट जाए। साथ ही हमेशा यह डर भी दिमाग़ में बना ही रहता कि अगर घर वालों को इस तरह की कोई मामूली-सी घटना भी कहीं से पता चल गई, तो वे तिल का ताड़ बनाकर काम छुड़वा देंगे। चाँदनी को साक्षरता-केन्द्र चलाने के लिए जब दूसरे गाँव में जाना होता तो हमेशा डर सताता। शुरुआती दिनों का एक प्रसंग याद करके चाँदनी लिखती है : "एक बार केन्द्र जा रही थी, तो रास्ते में दो लड़के बैठे हुए थे। वे गीत गाने लगे।...हमारे दिल में ख़ौफ़ था कि कहीं ये वहाँ के नामी गुंडे न हों। अगर रुकी तो यह पता नहीं क्या करें! बस जल्दी-जल्दी निकल गई। किसी से कुछ नहीं कहा। मन में सोचा कि किसी से कुछ कहेंगे, तो हमारी ही बदनामी होगी।...हर वक़्त मज़हब का भी ख़याल आता। जानती थी कि अगर परिवार वालों ने कुछ सुना, तो काम नहीं करने देंगे। इसलिए जो भी बात होती, चुपचाप सहन करती, चाहे वह सही हो या ग़लत।"

जब भी हम अपने आपसे या सामूहिक रूप से ऐसे मसलों से भिड़ते, तब-तब हमें अहसास होता कि सामाजिक इज़्ज़त-आबरू की परिभाषाओं पर हम लाख प्रश्नचिह्न लगा लें, लेकिन घर-परिवार के साथ रहते हुए इनको बदल पाना कितना कठिन है! ऐसा भी अक्सर महसूस होता कि घर-परिवार और ससुराल को लात मारकर पितृसत्ता की नींव हिलाने की बात करना शहरों और मध्यम-वर्ग से आई कार्यकर्ताओं के लिए ज़्यादा आसान होता है। हमारे जैसी कार्यकर्ताओं के लिए इन संस्थाओं से मुँह फेरकर काम करना न तो मुमकिन है और न ही हमारा इच्छित-लक्ष्य। हमें तो इन सामाजिक संस्थाओं को साथ लेकर ही आगे बढ़ना है। तभी तो शुरुआती दौर में हमारे सामने कभी परिवार आ खड़ा हुआ, कभी मज़हब, तो कभी समाज। बरसों से हमारे दिलो-दिमाग़ में डर की जो बेड़ियाँ डाली गई थीं, उन्होंने बार-बार जकड़कर हमें गूँगा बना दिया। नतीजा यह हुआ कि एक ओर हम घरों के बाहर निकलकर काम कर रहे थे, नए लोगों से मिलकर, बातचीत करके नई आवाज़ और शक्ति पा रहे थे, लेकिन दूसरी ओर 'लोग क्या कहेंगे' जैसे डर भी हमारे मन को मथ रहे थे।

मधुलिका यह उलझन याद करके लिखती है : ''मैं बस अपने मन में यही सोचा करती कि हमारे घर का कोई सुन लेगा तो क्या कहेगा?...हमें बहुत ही डर था कि लोग कहेंगे—देखो, गोपाल अपनी औरत को आवारा घुमाते हैं। जहाँ मन चाहे, यह चली जाती है!''

पर धीरे-धीरे हम छोटे-छोटे डरों को एक तरफ़ रखकर उनकी गिरफ़्त से आज़ाद होते गए और नई चुनौतियों को गले लगाते गए।

चाँदनी को पढ़ाने का कोई अनुभव न था। केन्द्र की शुरुआत की तो जो महिलाएँ जुड़ीं, वह उम्र में चाँदनी से बड़ी थीं। जब भी कोई बात कहनी होती, चाँदनी को यही लगता कि पता नहीं मेरी बात मानेंगी या नहीं! पर धीरे-धीरे उसकी समझ में आने लगा कि घरों में परेशान महिलाओं के लिए साक्षरता-केन्द्र एक ऐसा ठिकाना है, जहाँ आकर उन्हें अपने मन की गुत्थियाँ एक-दूसरे और चाँदनी के साथ कहने-बाँटने का मौक़ा मिलता है। महिलाओं की बातें सुनकर उन्हें राय देने में, उनका हौसला बढ़ाने में चाँदनी को अभूतपूर्व सुख और शान्ति मिलती। जैसे-जैसे वह औरतों का यक़ीन जीतती गई, वैसे-वैसे गाँव में चाँदनी की बात का विरोध भी कम होता गया। फिर तो चाँदनी महिला मुद्दों के अलावा अन्य मुद्दों से भी जुड़ने लगी।

चाँदनी जिस गाँव में केन्द्र चलाती थी, वहाँ जुआ एक सामाजिक समस्या के रूप में उभर चुका था। इससे औरतों की रोज़मर्रा की ज़िन्दगी पर बुरा असर पड़ रहा था। चाँदनी ने जब पहली बार यह बात उठाने की कोशिश की, तो गाँव के एक

आदमी ने उसे सलाह दी : "आप इस मुद्दे को मत उठाइए, नहीं तो बात ख़राब हो जाएगी।" चाँदनी ने बात सुन ली, पर वह हिम्मत नहीं हारी। उसने गाँव में पुरुषों के साथ अनौपचारिक चर्चाएँ कीं और ज़ोर इसी बात पर दिया कि अगर वे लोग जुआ न खेलें, तो गाँव के विकास और माहौल में बहुत सुधार हो सकता है। चाँदनी की ऐसी शान्त और समझदारी की बातों से गाँव में लोगों का उससे जुड़ाव बढ़ता गया और महिलाओं का संगठन वहाँ उभरने लगा।

चाँदनी के सामने एक कठिनाई यह भी आई कि गाँव से सम्बन्धित मुद्दों के सन्दर्भ में जब भी वह पुरुषों से बात करती, तो उसके गाँव का कोई न कोई उसे ज़रूर देख लेता और पलक झपकते ही पूरी कहानी बढ़-चढ़कर उसके पति तक पहुँच जाती। ऐसा ही एक मौक़ा उस समय आया, जब सुन्दरपुर गाँव में एक महिला के साथ उसके पति ने बहुत मार-पीट की। चाँदनी उस महिला के पति से बात करने गई। मन में डर था कि अगर कहीं मेरे शौहर को पता चल गया कि यह तो पराए मर्दों से बात करती है, फिर तो मुझे काम भी नहीं करने देंगे। उस दिन जब घर आई, तो देवर से बहुत झगड़ा हुआ और पति ने भी कहनी न कहनी, सब कही।

देवर ने तो दुतकारकर यह तक कहा : "हमारे घर से निकल जाओ। तुम अपना घर बनवाकर रहना। चमार-पासियों में बैठने जाती है। घर से कहकर जाती है कि पढ़ाई का काम करने जा रहे हैं और वहाँ दूसरे मर्दों से बातें करती है। मज़हब के बाहर चल रही है, शर्म नहीं आती? एक दिन कहीं चली जाएगी पढ़ाई का बहाना करके!"

परन्तु बढ़े हुए इन क़दमों को इस तरह की छिछली गाली-गलौज़ कहाँ तक रोक पाती? गाँव से सम्बन्धित मसलों पर काम करने की प्रक्रियाओं में बाहरी आदमियों को शामिल करने की या उनसे संवाद करने की ज़रूरत तो पड़ती ही थी। हाँ, यह हम मानकर चलने लगे कि 'ग़ैर' मर्दों से बात न करने की सामाजिक मान्यता हमारे लिए दिक़्क़तें पैदा करती रहेगी। मेहनगर में आयोजित पहले मेले की एक घटना पल्लवी और सन्ध्या को कभी नहीं भूलेगी। मेले के आयोजन के बाद वे दोनों टेंट का सामान वापस करने के लिए बस्ती में गईं। अँधेरा हो चुका था। दुकानदार ने छूटते ही कहा : "क्या तुम लोगों के घरों में आदमी नहीं हैं, जो तुम लोग इतनी शाम को सामान वापस करने आई हो?"

दुकानदार के हिसाब से टेंट जैसा सामान वापस करना आदमियों का काम था। इससे महिलाओं का भला क्या सरोकार हो सकता था। चाहे कार्यकर्ताओं के घरों में हों और चाहे घरों के बाहर—हर जगह महिलाओं के लिए सीमाएँ तो निर्धारित थीं ही कि वे किसके बीच क्या करेंगी और क्या नहीं। इसलिए जब हम लोगों ने उन बहुत ही तंग पिंजरों की सलाखों को हिलाना शुरू किया, तब हमारा विरोध होना स्वाभाविक था ही।

महिलाएँ गाँव-गाँव में संगठित तो हो रही थीं, पर उन गाँवों से बाहर उनकी कोई पहचान नहीं बन पाई थी। जुआ और शराब ऐसे मुद्दे थे, जिनसे इस पूरे इलाक़े की औरतें प्रभावित थीं। इसलिए मिश्रिख में पहली रैली हम लोगों ने जुए और शराब की समस्या पर केन्द्रित करके निकाली। राजनीतिक पार्टियों के विभिन्न आयोजनों में महिलाएँ वैसे तो सजावट के रूप में अक्सर शामिल की जाती थीं, पर हमारे और गाँव की औरतों के लिए यह पहला मौक़ा था, जब वे अपनी रैली निकाल रही थीं। इतना बड़ा पल था यह हमारे लिए! कहाँ तो हमें नए गाँवों में जाने पर लोगों से 'नमस्ते' करने में भी संकोच होता था और कहाँ हम पहली बार अपने ही हक़ और नए बदलाव के लिए, पूरा दम लगाकर अपनी आवाज़, अपना सन्देश सबको सुनाने के लिए सड़कों और गलियों में निकल पड़े थे।

गरिमा, जिसे उसके मायके में बेज़बान लड़की कहा जाता था, शुरुआती दिनों के रोमांच और जोश को याद करके लिखती है : "पहले हम अधिकतर सामने वालों से सिर झुकाकर बात करते थे...वह चाहे महिला हो या पुरुष। पुरुषों से तो सिर उठाकर बिल्कुल ही बात नहीं कर पाते थे। हमें बचपन से ही दबाकर रखा गया था। कहा गया था किसी से ज़बान मत लड़ाना, जवाब नहीं देना। पर ये स्थितियाँ बनी नहीं रहीं–हम बदले, हमारा स्वभाव बदला।...काम करते हुए मेरे अन्दर का आत्मविश्वास बढ़ा। हमें महसूस हुआ कि हम लोग एक अच्छा और ज़रूरी काम कर रहे हैं, जिसे दूसरे लोग भी अच्छा मानते हैं। इसी से मैंने खुलकर बात करने का साहस पाया। मैं जान ही नहीं पाई कि कब मेरा डर और संकोच टूट गया। सड़कों पर चलने में भी निडरता आने लगी। हम हर वक़्त और हर जगह शान से चलने लगे...क़दम-क़दम पर होने वाली हिंसा व अत्याचार के ख़िलाफ़ बोलने लगे।"

समझौतों के बीच आगे बढ़ना

> *काम से जुड़ने से मेरी आर्थिक स्थिति में तो सुधार हुआ ही...उसके साथ ही साथ अपने अन्दर एक मज़बूती पाई, जो कभी नहीं खोऊँगी। यही नहीं, मैंने आगे से भी आगे बढ़कर महिलाओं के लिए सोचने की भी अद्‌भुत शक्ति पाई...। यह सोच पैदा होने के कारण पति से अक्सर टकराव हो जाता है लेकिन मेरे लिए मन से कमज़ोर होना अब सम्भव ही नहीं है।*
>
> *–राधा की डायरी से*

भले घर की सब लड़कियों की तरह बचपन से हमें भी एक 'अच्छी स्त्री' बनने का सपना दिखाया गया था। हमारे दिलोदिमाग़ पर भी उसी परम्परागत-स्त्री की छवि

अंकित थी, जो आर्थिक रूप से पति पर आश्रित होती है और जिसकी पूरी ज़िन्दगी अपने पति, बच्चों और परिजनों की उम्मीदों और ज़रूरतों को ही पूरा करने में निकल जाती है। हमारे लिए अक्सर यह स्वीकार कर पाना मुश्किल हो जाता था कि पति और घर-बार से अलग भी औरतों की कुछ इच्छाएँ व ज़रूरतें होती हैं तथा भागीदारी भी! इन्हें पाने का पूरा अधिकार उन्हें मिलना चाहिए। कभी-कभी इन सवालों में हम ख़ुद ही इस क़दर फँस जाते कि अपने मन को समझाने में दिक़्क़त होती और अपनी मानसिक कशमकश के बीच हम न जाने कितने छोटे-बड़े समझौते कर जाते।

ऐसा ही एक समझौता हमें करते रहना पड़ा काम से जुड़े मानदेय को लेकर। यह सच है कि काम को लेकर हमारे घरों में विरोध हुआ, लेकिन यह भी सच है कि पैसा मिलने के साथ ही यह विरोध कम होता गया। अपनी आय स्वयं कमाने से हमारे जीवन की बहुत सारी स्थितियाँ तो बदली ही, हमारे ही घरों में हमारा मान-सम्मान भी बढ़ा। पर हमारे लिए एक बड़ा प्रश्न यह उठा कि हमारे द्वारा कमाए पैसे पर अधिकार किसका हो? जिस नई सोच से हमारा साक्षात्कार हुआ था, उसके मुताबिक़ हम यह समझ तो रहे थे कि महिलाओं का आर्थिक और पारिवारिक-संसाधनों पर नियन्त्रण होना व उनसे जुड़े निर्णय ले सकना कितना ज़रूरी है। परन्तु अपने ही घरों में हम अपने कमाए पैसों पर किस तरह का अधिकार जमाना चाहते हैं? यह प्रश्न हमारे लिए कई एक बार उलझनों और घरेलू झगड़ों का कारण बना।

शिखा लिखती है : ''काम शुरू करने के बाद जब मुझे पहली बार पैसा मिला, तो मैंने घर में जाकर पति को दिया। वह काफ़ी ख़ुश हुए और बोले कि तुम रख लो। आख़िर पैसा तो घर ही में ख़र्च होना था।''

इसमें तो दो राय नहीं कि जिस तंगहाली से हम सब आए थे, उसमें हमारे हाथों कमाया पैसा निश्चित ही घर के कामों में ख़र्च होना था। पर इस पैसे को घर के किन कामों में ख़र्च किया जाए, यह फ़ैसला करने का हमें कितना अधिकार था? इस सवाल से उलझती रही गरिमा लिखती है : ''जब मेरे पति कमाते थे, तो वह पैसा रखने के लिए मुझे ही तो देते थे। इसलिए मैं भी अपना कमाया पूरा पैसा निकालकर पति को दे देती हूँ। फिर मेरा उससे कोई मतलब नहीं रहता है। मुझे लगता है कि पैसे की वजह से घर में कोई किचकिच नहीं होनी चाहिए। मैंने आपस में सहमति बनाकर रखी है।''

इसके विपरीत राधा के मन में बार-बार दूसरा विचार उठता है। उसे लगता है : 'जब मैं नौकरी का पैसा लाती हूँ, तो सारा पैसा इनके हाथ में चला जाता है। मेरे पास अगर होता है, तो भी मैं इनकी मरज़ी के बिना ख़र्च नहीं कर पाती हूँ। कभी-कभार अगर अपनी मरज़ी से ख़र्च कर भी पाती हूँ, तब भी पैसे पर इन्हीं का

नियन्त्रण रहता है। कभी-कभी मैं सोचती हूँ–मेरी कमाई है, तब उस पर भी पति अपना हक़ क्यों जमाए रहते हैं?'

पल्लवी ने भी ऐसे ही दौर से गुज़रकर कुछ अलग ढंग से अपनी आय से जुड़ा फ़ैसला लिया : ''काम करने के बाद मुझे जब पैसा मिला, तो मैं सोचने लगी कि यह पैसा मैं किसे दूँ–अपने पति के हाथ में दूँ, या सास के हाथ में, या ससुर के हाथ में? दो दिन तक मैं इसी ऊहापोह में पड़ी रही कि क्या करूँ! काफ़ी सोच-विचार के बाद मैंने यह निर्णय लिया कि यह मेरी अपनी कमाई है, इसे मैं अपने हाथ में रखूँगी, सिर्फ़ मैं ख़र्च करूँगी। मुझसे जो भी सामान मँगाया जाएगा, मैं सब लाऊँगी। चाहे सामान लाने में सब पैसा ख़र्च हो जाए, लेकिन मैं ख़र्च इसे अपने हाथों से ही करूँगी।''

ईमानदारी से देखें, तो राधा जिस कशमकश से गुज़री, उसमें हमारे संगठन से जुड़ी तमाम औरतों के मन का मन्थन झलकता है। यह सवाल इतना महत्त्वपूर्ण नहीं है कि पैसे कौन रख रहा है, बल्कि यह कि इन पैसों को अपनी मरज़ी से ख़र्च करने का अधिकार हमें कितना है? हममें से कम ही औरतें पल्लवी की तरह अपनी कमाई अपने हाथ में रखने का निर्णय ले पाई हैं। तो फिर कैसे आँकें इन समझौतों को, जो हमने अपनी कमाई को लेकर किए, और कर रहे हैं? हमारे हाथ में काम है। अपनी लगन और मेहनत से कमाया पैसा है। यह बहुत थोड़ा होकर भी हमारे लिए बहुत कुछ है। इसके बावजूद क्या हम आर्थिक रूप से सशक्त हो पा रहे हैं?

काम के लिए मिलने वाला मानदेय हमारे लिए दूसरी तरह की उलझनों का कारण भी बना। गाँवों में जब कोई ऐसा मुद्दा उठता, जिसमें थोड़ा आपसी-मतभेद या आपत्ति उभरती, तब महिलाएँ बहुत आसानी से ताना मार जातीं : ''हाँ-हाँ, आप तो यह काम करेंगी ही। आपको तो इस काम का पैसा मिलता है। हमें क्या मिलता है?''

कभी हम इस बात को टाल जाते, कभी नाराज़ या दुखी हो जाते और कभी जवाब में कह भी देते कि अगर चौबीस घंटे काम करने की एवज में एक भी पैसा नहीं मिलेगा, तो कितने दिन समाज को बदलने का काम कर पाएँगे? मगर सच पूछिए तो इस तानाकशी से हमें ग्रामीण-विकास की राजनीति का एक और पहलू समझने को मिला–चूँकि हम गाँव की महिलाएँ होकर अपनी मेहनत के दो पैसे पा रहे हैं, इसलिए बड़ी आसानी से लोग हमें जो चाहे सुना जाते हैं। मगर गाँवों के विकास और ग़रीब महिलाओं के सशक्तीकरण के नाम पर जो करोड़ों के घोटाले और मोटी-मोटी तनख़्वाहें बँटती हैं, उन पर इतनी आसानी से ख़ुद गाँव के लोग कभी कोई आरोप नहीं लगाते! यह वर्गवाद नहीं तो और क्या है? क्या किसी बड़े

अधिकारी के मुँह पर लोग ऐसे ताने मार सकते हैं? वह तो एक मीठा बोल भी बोल दे, तो सब यही कहेंगे कि अधिकारी होकर भी कितना अच्छा है। मगर ग्रामीण माहौल से आई कार्यकर्ता के ऊपर टीका-टिप्पणी करना और उस पर अविश्वास करना हर एक के लिए बहुत आसान रहता है।

काम और पैसे से जुड़े मुद्दे कितने ही जटिल भले रहे हों, लेकिन जिन परिवारों व समुदायों के बीच हम अपना ख़ून-पसीना बहा रहे थे, उन्होंने देर-सबेर हमारे काम की क़ीमत को समझा ज़रूर। पल्लवी के घर वालों ने पहले उसके काम का बहुत विरोध किया, पर घर वालों का रुख़ उस दिन थोड़ा पलट गया, जब घर की ज़मीन का एक झगड़ा थाने पहुँचा। पल्लवी उस दिन एक बैठक के लिए सीतापुर गई हुई थी। एकाएक उसके पति उसे बुलाने के लिए सीतापुर पहुँच गए। पति को इस बात का डर था कि वह स्वयं थाने जाएँगे, तो पुलिस वाले उन्हें दो थप्पड़ लगाकर घर भेज देंगे। औरत होने की वजह से एक तो पल्लवी के साथ ऐसा बर्ताव नहीं करेंगे, और दूसरे, पल्लवी थाने पर हिम्मत के साथ बिना डरे या हिचके बात कर लेगी; यह बात भी वह अच्छी तरह जानते थे।

कहाँ तो एक दिन वह था, जब हम कार्यकर्ताओं को अपने ही भीतर बैठी इस मानसिकता से लड़ना पड़ा था कि भले घर की औरतें थाने नहीं जातीं, और कहाँ हमारे घर वाले ही हमें अपने साथ थाने चलने का बुलावा देने सीतापुर तक आने लगे। घर-परिवार से जुड़े ऐसे ही छोटे-बड़े मसले जब हमारे सामने आने लगे, तब हमें लगने लगा कि चाहे अपनी कमाई पर पूरा नियन्त्रण होने में हमारे घर वालों को कितना ही कष्ट हो, लेकिन पारिवारिक-सत्ता की बागडोर का एक बड़ा हिस्सा उन्होंने ख़ुद-ब-ख़ुद हमारे साथ बाँटना शुरू कर दिया था।

घर-बाहर की इन चुनौतियों के बीच हम जैसे-जैसे ग़रीब और दलित महिलाओं की समस्याओं पर काम करते गए, वैसे-वैसे लोगों के बीच हमारे काम को एक पहचान और जगह मिलने लगी। साथ ही अपने लक्ष्यों और रणनीतियों को लेकर हमारी समझ भी पैनी होती गई। जब-जब हम गाँवों में महिलाओं और कार्यकर्ताओं पर केन्द्रित होकर चिन्तन करते, तब-तब हमें अपनी समस्याएँ गौण लगने लगतीं। हम हर क़दम पर तय करने की कोशिश करने लगे कि हम किस समय कौन-सी सामाजिक लड़ाई को लड़ने की अवस्था में हैं और उससे क्या पाना चाहते हैं। उदाहरण के लिए, हम काम करने घर से बाहर तो ज़रूर निकले और झगड़े भी

बहुतेरे मोल लिये पर कहीं-न-कहीं समाज के नियमों को इस तरह सँभाले रखना भी ज़रूरी समझते रहे कि हम पर कोई उँगली न उठा सके। औरतों को संगठित करने के काम में हमें यह ज़िम्मेदारी के साथ सोचना पड़ता कि जब हम कार्यकर्ताओं को सामाजिक मान-मयार्दाओं के नाम पर इतने तीखे प्रहार झेलने पड़ते हैं, तो घरों और मोहल्लों में रहकर इस काम को आगे बढ़ाने वाली महिलाएँ किस तरह की परेशानियाँ सहती होंगी? हमें उनके साथ मिलकर, और अक्सर उनकी जगह ख़ुद को रखकर यह सोचना पड़ता कि महिला मुद्दों पर किस तरह ऐसी लड़ाई छेड़ें, जिससे माँ-बेटियाँ, बहुएँ और सासें सब उस जंग के प्रति आकर्षित हों और बेधड़क होकर उसमें जुड़ सकें।

इसी सिलसिले में याद आता है अन्तर्राष्ट्रीय महिला दिवस का हमारा पहला मेला, जो हमने करौनी गाँव में लगाया था। यह हमारा बड़ा उत्सव था पर दिलों में इतनी घबराहट भी समाई हुई थी कि मेले के पहले रातों की नींद हराम हो गई थी। भय था कि मंच पर लोग हमें नाटक करता देखेंगे, तो क्या कहेंगे? अगर हमारा मज़ाक बनाएँगे, तो हमारे काम की क़ीमत भी तो घटेगी?

हम सभी कार्यकर्ता क्षेत्र की बहुएँ थीं, इसलिए हमारा सिर पर पल्ला या दुपट्टा डालकर चलना ही सम्मानजनक माना जाता था। लिहाज़ा हम लोगों ने यह तय किया कि मेले में रैली और नाटक के दौरान भी हम अपने सिर ढँके रहेंगे। जब रैली निकली, तो जोश के मारे हम दीवाने हो गए—ख़बर ही नहीं लगी कि कब हमारे सिरों से पल्ले गिर गए।

और तब, हमारे पल्लों के गिरने पर किसी ने कोई तूफ़ान भी नहीं मचाया।

उस दिन के बाद हमने भी गिरे हुए पल्ले पूरी तरह वापस खींचने की कोई सजग चेष्टा नहीं की। पर हाँ, बीच का रास्ता ज़रूर चुन लिया। अपने घरों के आसपास तो हम अपना सिर ढँका रखते, लेकिन अपने गाँवों के बाहर क़दम रखते ही पल्लों और दुपट्टों को सिर से फिसल जाने देते। मेले की घटना के बाद हम यह भी भली-भाँति समझ गए थे कि यदि बदलाव की कोई भी प्रक्रिया सोच-समझकर और सम्मानपूर्वक चलाई जाती है, तो लोग उसे अधिक सहजता से स्वीकार करके मान्यता देते हैं।

कुछ मान्यताएँ ऐसी भी थीं, जिनकी जकड़न से हम स्वयं को ही मुक्त नहीं कर पाते थे। माहवारी को लेकर हममें से कई लोग ऐसे ही मानसिक-दलदल में फँसे हुए थे। बचपन से ही हमारे दिमाग़ों में यह बात ठूँस-ठूँसकर भर दी गई थी कि माहवारी के दौरान हम अछूत हो जाते हैं।

गरिमा लिखती है : "जब हम लोगों को माहवारी की जानकारी मिली, तो भी मन का भ्रम न टूटे। माहवारी में खाना तो मैं पहले भी बनाती थी लेकिन अचार नहीं छूती थी । घर के अन्य कामों में मैं इसे गन्दा भी नहीं मानती हूँ। पर मेरी हिम्मत ही नहीं पड़ती कि मैं माहवारी के दौरान बैठकर पूजा करूँ।"

कभी-कभी हम सब अपने आपसे पूछते हैं कि ऐसा क्यों हुआ कि माहवारी के साथ जुड़ी अन्य सभी भ्रान्तियों को तो हम सब तोड़ ले गए, पर धर्म के नाम पर हमारे दिमाग़ में जो घर कर गया है, सिर्फ़ उससे ही नहीं उबर पाए! जानते हैं कि माहवारी गन्दी नहीं है। पूजा कर लेने से कुछ भी ग़लत नहीं होगा। मगर मन के न जाने किस कोने में धर्म को लेकर बैठा हुआ डर हमें इस मान्यता को तोड़ने का साहस नहीं देता है।

इसी प्रकार महिला-पुरुषों के रिश्तों की पेचीदगियों ने भी हमें ख़ूब उलझाया। जब काम से जुड़े थे, तब इस बात की कल्पना तक नहीं की थी कि अपने पतियों के अलावा किसी ग़ैर मर्द से बात भी करने की हिम्मत जुटा सकेंगे। पराए मर्दों से दूर रहने वाली संकीर्ण-मानसिकता से तो हमने स्वयं को जल्दी ही छुड़ा लिया, लेकिन यौन-सम्बन्धों और इच्छाओं को लेकर अपनी पुरानी विचारधारा को बदलना बहुत ही कठिन लगा।

इन्हीं मुद्दों से लगातार उलझती गरिमा लिखती है : "पहले हम लोग ख़ुद ही कहते थे कि शादीशुदा औरत दूसरे आदमी से क्यों बात करे? फिर यह भी लगा कि जब पति अपनी पत्नियों को छोड़कर दूसरी औरतों से सम्बन्ध बना सकते हैं, तो औरतें भी दूसरे आदमियों के साथ रह सकती हैं। मेरी राय में तो शादी का बन्धन ही दहेज़ और ग़ुलामी की रूढ़िवादी परम्पराओं को जगाता है। मगर इस बन्धन से मुक्त होकर भी एक निश्चित लड़के का एक निश्चित लड़की से ही सम्बन्ध होना चाहिए। साथी बनाने की स्वतन्त्रता सबके पास होनी चाहिए और अगर नहीं पसन्द है, तो दूसरा साथी चुनने की आज़ादी भी होनी चाहिए। पर मैं यह कल्पना तो कर ही नहीं पाती कि एक औरत दो-तीन पुरुषों के साथ सम्बन्ध बनाए। ऐसे में औरत भी कितनी स्वतन्त्र हो सकेगी? फ़ुटबाल की तरह खेलने की चीज़ भर बनकर रह जाएगी? किससे अपने मन की बात कहेगी? कौन समझेगा उसे? यह सब सवाल ही नहीं, बहुत उलझी गुत्थियाँ भी हैं।...मुझे अभी भी इन सबसे निकलने का रास्ता नहीं दिखा है।"

काम के दौरान ऐसे अनेक मौक़े आए, जब हमें ऐसे सवालों से सामूहिक रूप से जूझना ज़रूरी लगा। मिसाल के तौर पर, जब पहली बार सन्तोष नामक महिला का केस आया और पल्लवी और सन्ध्या को पता चला कि उसके पेट में पलने वाला बच्चा उसके पति के अलावा किसी और का है, तो दोनों ही उस पर बहुत नाराज़

हुईं। उससे कहा कि अब हम तुम्हारी कोई मदद नहीं करेंगे। इस सोच में कहीं न कहीं यही भाव निहित था कि तुम अच्छे चरित्र की औरत नहीं हो। दूसरी ओर, इन्हीं पल्लवी और सन्ध्या के क्षेत्र में जब एक कुँवारी लड़की गर्भवती हुई और इन तक ख़बर पहुँची कि उसके घर के लोग उसे मार डालने पर आमादा हैं, तो पल्लवी ने उसे बचाने में ख़ुद को पूरी तरह झोंक दिया। अपने कार्यक्षेत्र में पहली बार–चाहे एक दूर के गाँव में ही सही–हम लोगों ने यह सवाल डंके की चोट पर उठा ही दिया कि क़ुसूर सिर्फ़ उस लड़की का ही क्यों माना जाए? लड़का भी समान रूप से दोषी क्यों नहीं है? और, सामाजिक मान्यताओं के अनुसार यदि उसके गर्भ को एक ग़लती की संज्ञा दे भी दी जाए, तब भी अकेले उस लड़की को ही सज़ा देने का हक़ हमें किसने दिया? कैसे है यह हमारा अधिकार?

कोख का होना तो हम औरतों की ताक़त है। पर कैसी विडम्बना है कि जिस कोख से हम औरतें सृष्टि का निर्माण करती हैं, उसी कोख की वजह से सन्तोष जैसी लड़कियों को अग्नि-परीक्षा के लिए बाध्य किया जाता है। सन्तोष के संघर्ष ने हमें अपनी कोख की ताक़त को पहचानने और समझने का मौक़ा देकर हमारी सोच को एक नई ऊर्जा दी। हम लोगों ने औरतों की इच्छाओं और ज़रूरतों पर आपस में चर्चाएँ करना शुरू कर दिया। किसी औरत को ग़लत कहने से पहले ख़ुद को रोककर हम सोचने लगे कि आख़िर क्या हुआ होगा उसके साथ? क्यों हम औरतों के ही हिस्से में सारे बन्धन, नियम और पाबन्दियाँ ज़बरन ठेल दी गई हैं? क्यों हम ही से पवित्रता की सारी उम्मीदें रखी जाती हैं और क्यों हम ही को बार-बार अग्नि-परीक्षाएँ देने के लिए मजबूर किया जाता है? क्यों सीता की अग्नि-परीक्षा को इतना महिमा-मंडित करते हुए बचपन से ही हमारे अन्दर ठूँस दिया जाता है? क्यों विवाह में बेहद अरुचि रखने वाली सन्ध्या ने केवल एक किताब पढ़कर यह मान लिया कि यदि बिना सुहाग धारण किए मर गई, तो स्वर्ग नहीं मिलेगा? क्यों हमारी पगार से ख़ुश होने के बावजूद हम सबके पतियों ने सबसे पहले हमारे काम का विरोध इसी बात को लेकर किया कि यह कैसी नौकरी है, जहाँ रात को भी रुकना है?

ऐसे ढेरों प्रश्न हम सबके सामने बार-बार उठकर हमें गहरे असमंजस में डालते रहे।

पहियों पर नाचते हौसले

दलित और शोषित महिलाओं के हक़ के लिए लड़ना कभी भी हमें महज़ काम नहीं लगा। यह संघर्ष तो हमारे लिए वे सारे अधिकार वापस पाने का साधन बनता गया, जो हमारे समाज ने हमसे धुर बचपन में छीन लिये थे, जैसे–शिक्षा का रुक जाना

हममें से कई के लिए बहुत ही पीड़ादायक अनुभव था। हमने कभी ख़्वाब में भी कल्पना नहीं की थी कि बाल-बच्चेदार होने के बाद हम दोबारा अपनी पढ़ाई शुरू कर सकेंगे। बहुत ही मुश्किल था यह काम। हम सबके बच्चे पढ़ रहे थे–उनकी पढ़ाई का पूरा ख़र्च उठाने के बाद अपनी पढ़ाई के लिए पैसों का जुगाड़ करना हँसी-खेल नहीं था। परन्तु महिला मुद्दों से जुड़ने के बाद जो साहस पाया, उसने सपने बुनने और उन्हें पूरा करने की ज़बर्दस्त लगन और हिम्मत ही नहीं, दिशा भी दे डाली। चाँदनी ने जब हाई-स्कूल की परीक्षा देने का फ़ैसला किया, तब उसे ऐसा कोई ज़रिया नहीं मिला, जहाँ से पैसों का बन्दोबस्त हो पाता। चाँदनी के पास माँ की दी हुई सोने की झुमकियों की एक जोड़ी थी। प्यार तो बेइन्तिहा था उसे अपने इस एकमात्र क़ीमती ज़ेवर से, लेकिन जब हाई-स्कूल का फ़ार्म भरने का वक़्त आया, तो एक बार भी झिझके बिना चाँदनी ने अपनी झुमकी पति को गिरवी रखने के लिए दे दी।

पढ़ने-लिखने के अलावा एक और सपना था जिसे देखने का हक़ महिला होने के नाते हमें कभी दिया ही नहीं गया था। वह सपना था साइकिल पर सवार होकर हवा से बातें करते हुए उड़ने का। पर जिस बचपन ने हमारे पाँवों में बेड़ियाँ डालकर हमें अच्छी लड़की की परिभाषा सिखाई थी, उसी ने जवान होते-होते हमसे साइकिल चलाने जैसा सपना देखने की हिम्मत भी छीन ली थी। कभी बड़ी लालच से देखे इस सपने को हम तो पूरी तरह भूल से ही गए थे। तभी तो काम करने के एक साल बाद जब साइकिल चलाना सीखकर क्षेत्र में आने-जाने की बात उठी, तो सन्ध्या को मानसिक रूप से बड़ी कशमकश करनी पड़ी : ''यहाँ तो किसी की बहू या औरत नौकरी भी नहीं करने जाती, अब साइकिल कैसे चलाऊँगी? लड़कियाँ तक तो चलाती नहीं हैं, हम तो बहू हैं।...एक दिन हमने सोचा कि साइकिल नहीं चलाएँगे, भले ही काम छोड़ देना पड़े। मगर वह दिन आ ही गया जब हमको साइकिल से जाना पड़ा।''

हम कार्यकर्ताओं में साइकिल ख़रीदने की पहल की मधुलिका ने। उस समय घर में साइकिल को लेकर कोई ख़ास विरोध तो नहीं हुआ, लेकिन यदि आज भी सास किसी बात पर नाराज़ होती हैं तो साइकिल का बहाना लेकर यही ताना देती हैं : ''रंडी बनी घूमती है दुनिया भर में!''

शुरुआत में राधा को डर था कि इसी तरह का लांछन उस पर भी लगाया जाएगा, इसलिए बड़े पसोपेश में थी कि पति से साइकिल के बारे में कैसे कहे! एक दिन वह घर में झूठ बोली कि मीटिंग के लिए सीतापुर जा रही है, लेकिन जब साइकिल लेकर घर पहुँची तो पति ने थोड़ा सुनाते हुए मज़ाक के लहजे में कहा : ''अब तो मेरी नाक ऊँची कर दोगी!'' पर एक बार जब राधा ने साइकिल चलानी

शुरू कर दी, फिर तो उन्होंने कोई आपत्ति नहीं की। राधा को लगा कि उसके बचपन का शौक़ पूरा हुआ।

सन्ध्या को अपने मन से तो निश्चित ही जूझना पड़ा कि वह बहू होकर साइकिल कैसे चलाएगी, लेकिन उसके घर वालों ने कभी उसे साइकिल चलाने से नहीं रोका। पर हममें से कुछ को घर वालों का काफ़ी विरोध झेलना पड़ा।

पल्लवी के पति ने जैसे ही साइकिल का नाम सुना, घर में तूफ़ान आ गया। उन्होंने कहा : "हाँ, बस यही तो बचा है। वह भी पूरा कर लो...गाँवों में जा-जाकर तो मेरी इज़्ज़त की धज्जियाँ उड़ा दीं, अब साइकिल पर सवार होना बाक़ी है।"

पल्लवी ने घर वालों से छिपकर साइकिल ख़रीदी। घर के लोग यही समझते रहे कि कार्यालय से मिली है। इस पर भी पल्लवी के पति को यह क़तई मंजूर नहीं हुआ कि वह ख़ुद साइकिल चलाकर अपने क्षेत्र में जाए। पारिवारिक-ज़मीन के झगड़े के सिलसिले में पति जब पल्लवी को थाने ले जाने के लिए बुलाने आए, तो ऋचा सिंह से उनका सामना हुआ। पल्लवी के शब्दों में : "दीदी ने पूछा : 'साइकिल चलाने में बेशर्मी है और थाने पर जाने में बेशर्मी नहीं है?' लम्बी बहस के बाद वे (पति) तैयार तो हो गए पर साथ ही यह भी धमकी दी कि अगर कभी चौराहा पार करेगी तो गोली मार दूँगा।"

ऐसी खोखली धमकियाँ भला पल्लवी को कहाँ रोक सकती थीं! उसे तो बस एक बार अनुमति मिलने की ज़रूरत थी। आज वही पल्लवी एक दिन में न जाने कितनी बार साइकिल पर सवार होकर गुज़रती है, उसी चौराहे से, जिसे पार करने के नाम पर पति से उसे गोली मारने की धमकी मिली थी।

घरेलू विरोध जहाँ बहुत बड़ी समस्या नहीं बना, वहाँ दूसरी अड़चनों ने पीछा नहीं छोड़ा। साइकिल पर सवार होकर गाँव जाना तो दूर की बात है, गरिमा के भयभीत मन को तो यही विश्वास नहीं हो पा रहा था कि वह कभी साइकिल चलाना सीख भी पाएगी! बहुत कोशिश की, तब कहीं जाकर साइकिल चलाते बना। और जब एक बार चलाना आने लगा, फिर तो ऐसा रोमांच भर आया कि सपने में भी गरिमा यही देखती कि सब जगह साइकिल चलाकर पहुँच रही है। शिखा ने भी डरते हुए सीखने की शुरुआत तो की, मगर जब दो बार लगातार साइकिल से गिरने पर हाथ में चोट आई, तब हौसला जवाब दे गया। अगर ईमानदारी से इन सारी स्थितियों का मूल्यांकन करें तो यह भी पूछना होगा कि सिर्फ़ साइकिल से गिरने के ही डर ने शिखा को रोक लिया या फिर उसके चारों ओर पसरे मध्यम-वर्ग के दिखावों और मान-मर्यादाओं की परिभाषाएँ भी रोड़े बनकर उसकी राह में अटकी रह गईं?

चाँदनी इस लेखकीय टोली की एकमात्र ऐसी सदस्या है, जो शिक्षिका होने के कारण अन्य कार्यकर्ताओं से जुड़ी साइकिल चलाने की इस प्रक्रिया से अलग रही। चूँकि चाँदनी का कार्य केवल एक ही गाँव में केन्द्रित रहता था, इस वजह से कार्यक्रम के अन्तर्गत उसे साइकिल चलाने का मौक़ा नहीं मिल पाया। इसके अलावा चाँदनी की आर्थिक स्थिति ने भी कम ही साथ दिया। आज भी साइकिल चलाना सीखने का ख़्वाब उसके मन के एक कोने में दुबका हुआ सही मौक़ा पाने का बेक़रारी से इन्तज़ार कर रहा है।

हममें से जिनको यह सपना पूरा करने का अवसर मिला, उनके अनुभव आपस में बाँटने के बाद यही सवाल सामने उभरकर आता है कि हमारे जिस ग्रामीण-परिवेश में साइकिल के बिना लोगों का गुज़ारा नहीं होता, उसी माहौल में हमारा साइकिल चलाना इतना बड़ा पहाड़ या गुनाह जैसा क्यों बना दिया गया? सिर्फ़ इसीलिए तो कि हम महिलाएँ हैं। आज हम सभी को इस बात की सन्तुष्टि है कि इतने संघर्षों के बाद हम लोगों ने जो शुरुआत की, वह सार्थक रही है। आज जब हमारे कार्यक्षेत्र में ढेरों लड़कियाँ साइकिलों पर सवार होकर निकलती हैं, तब अपनी और इस नई पीढ़ी के बीच का फ़र्क़ महसूस होता है। हम सबकी भला ऐसी क़िस्मत कहाँ थी! हम तो बहू बनने के बाद जब साइकिल पर सवार हुए, तो हमेशा यही कोशिश रही कि हमारे सिरों से पल्ले न खिसकें–इसलिए नहीं कि इन पल्लों को हम कोई बहुत बड़ी मान्यता देते हैं, बल्कि सिर्फ़ इसलिए कि नई आज़ादी को अपनी झोली में अपने हक़ के नाते बटोरने का जो सिलसिला हमने शुरू किया है, उसे इन पल्लुओं की आड़ में लगातार बढ़ाते चले जाएँ।

एनजीओकरण की चुनौतियाँ और संगतिन के सपने

इस काम से जुड़कर हमने अपने दिल की हर डिब्बी खोल दी है। आज तक हम अपनी माँ से भी जो नहीं कह पाए, वह सब हमने इस समूह के सामने कह डाला। अब तो अल्लाह से हमारी यही दुआ है :

या इलाही इतना करम कर दे
इस काम को ईमान से ऊँचा कर दे।

—चाँदनी की डायरी से

काम की शुरुआत में मैंने देखा कि दीदी भी हम लोगों के साथ दरी पर बैठती हैं। मन में यह आया कि यह कैसी अधिकारी हैं? हर जगह तो अधिकारी के लिए एक अलग कुर्सी होती है, पर यहाँ ऐसा नहीं। इस कार्यक्रम में पद अलग-अलग होने पर भी सभी को बराबर मान-सम्मान मिलता है...परन्तु एक दिन मैं दूसरी तरह सोचने को मजबूर हुई। मैं अनजाने में दीदी की कुर्सी पर बैठकर लिख रही थी, तब किसी ने मना किया। मैं डर गई। सोचने लगी अब क्या होगा? दीदी डाँटेंगी। पर ऐसी कोई बात तो नहीं हुई! हाँ, उस दिन यह अहसास ज़रूर हो गया कि दीदी की एक ख़ास जगह है जो हमारी इस ढाँचे में कभी नहीं हो सकती।...इस कार्यक्रम में ऊपर से नीचे तक के ढाँचे में सबके अलग-अलग पद हैं। हम जब गाँव में महिलाओं के बीच होते हैं, तब हम भी पद के अनुसार ही दिखने लगते हैं।

—राधा की डायरी से

उस घटना को बीते कुल जमा छः साल ही तो हुए हैं। तब हम लोग पहली बार अपनी-अपनी साइकिलों पर मिश्रिख के मोहल्लों-टोलों में डोले थे। हमने कभी कल्पना भी नहीं की थी कि जिन घरों से बाहर निकलने तक पर इतनी पाबन्दियाँ लगाई जाती थीं, जहाँ हमारे काम को इतनी हेय और सवालिया नज़रों से देखा जाता था, उन्ही घरों की चौहद्दियों के भीतर विद्रोह करके एक दिन इतने आत्मविश्वास के साथ हम साइकिलों पर सवार होकर गाँव-गाँव पहुँचेंगे!

इसी तरह जब इस किताब की तैयारी करनी शुरू की, तो बार-बार एक रोमांच हो आता मन में। क्या सचमुच दुनिया हमें लेखिकाओं के रूप में देख पाएगी? हमें वह जगह और वह मान-सम्मान दे सकेगी, जो उच्च वर्ग के विद्वानों तथा चिन्तकों

को देती आई है? हमने जिस हिम्मत और यक़ीन के साथ अपने अज़ीज़ और अन्तरंग लम्हे, अपने सबसे गहरे दुख-दर्द और ज़िल्लतों की यादें, अपने सबसे मीठे और कड़वे-अनुभव इन पन्नों पर उड़ेल दिए हैं, क्या इन्हें पढ़ने वाले उनकी क़द्र कर पाएँगे?

एक और मुद्दा, जो इस पूरे दौर में हमारे मन को सालता रहा, वह ईमानदारी, गोपनीयता और पारदर्शिता को लेकर था। वही मुद्दा, जिससे हमने डायरी-लेखन शुरू करने के पहले जद्दोजहद की थी और यह फ़ैसला किया था कि अपने व्यक्तिगत जीवन का कुछ भी अपने लेखन में ढकेंगे नहीं। हम सब इस सच से भली-भाँति परिचित थे कि चर्चाओं व बैठकों में इज़्ज़त-आबरू की परिभाषाओं को तोड़ने-मरोड़ने का काम दूसरों के उदाहरण देकर करना जितना आसान होता है, उतना ख़ुद अपने घर-परिवार पर लागू करना नहीं। फिर भी, हमने निडर होकर अपनी डायरियों में तमाम निजी बातें उघाड़कर सामने रख दीं, क्योंकि हमें लगा कि यदि ढँकते ही रहे तो संघर्ष आगे कैसे बढ़ेगा! पर मन रह-रहकर यह भी पूछता है कि पाठक हमारे निजी जीवन और अन्तरंग सम्बन्धों से लेकर हमारी ग़रीबी और जातिगत टकरावों तक के बारे में जितने रस या आदर से पढ़ेंगे, क्या वह उसी रस और आदर के साथ स्वैच्छिक संगठनों के विषय में हमारी विवेचना और आलोचना को स्वीकार कर सकेंगे? पर इस सन्दर्भ में भी हौसला हमें इसी विचार से मिला कि इस मुक़ाम तक आने पर भी यदि सब कुछ कहने की हिम्मत न जुटा सके, तो आगे की जंग कैसे लड़ेंगे?

हम पहले-पहल जब इस काम से जुड़े थे, उस समय हमारे दिमाग़ में नौकरी करके अपने पाँवों पर खड़ा होने का जुनून हावी था, बस! फिर वह पल आते भी देर नहीं लगी, जब यह नौकरी हमारे लिए महज़ कमाई का साधन न रहकर हमारा कुल ईमान और हमारी ज़िन्दगी की धड़कन बन गई। जैसे-जैसे अपने कार्यक्षेत्र में महिलाओं की समस्याओं और संघर्षों से हमारा साक्षात्कार होता गया, और हम उनसे गहराई से जुड़ते गए, वैसे-वैसे हमारी अपनी ही नज़र को विस्तार मिलता गया।

एक समय वह था, जब हमारी पूरी दुनिया अपने ही घरों में क़ैद थी। पर हमारी नई नज़र ने हमारी दुनिया बदल डाली। घरों से बाहर निकलकर हमने अपनी बात मज़बूती और आत्मविश्वास के साथ कहनी शुरू की। साथ की औरतों के भीतर भी वैसी ही मज़बूती पाने का हौसला बढ़ाया। पर धक्का हमें तब लगा, जब अपने संस्थागत ढाँचे में पैठी पद और वर्ग की असमानताओं को हमने क़रीब से पहचानना शुरू किया–कभी ख़ुद को लेकर, कभी गाँव की आम महिलाओं को लेकर, और कभी एनजीओ के मायाजाल में फँसी छोटी-बड़ी संस्थाओं को लेकर। ये असमानताएँ कभी-कभी तो हमें इतनी उलझनों और कड़वाहटों से भर देती हैं कि हम अपने आगे के रास्ते अपने बूते और अपनी शर्तों पर तय कर पाने का

आत्मविश्वास ही खो बैठते हैं। परन्तु इस सामूहिक प्रयास के माध्यम से हमने पहली बार स्तरीकरण और एनजीओकरण से जुड़े इन द्वन्द्वों व उलझनों को सिलसिलेवार ढंग से देखने और समझने की कोशिश की, ताकि इस प्रक्रिया से हम अपने आगे के काम के लिए सोच और दृष्टि बना सकें। इस सामूहिक सफ़र में हमारी टोली ने आज तक इन कठिन सवालों से जो भी कशमकश की है, हम उनके कुछ अंश अपनी पुस्तक के इस अन्तिम अध्याय में लिपिबद्ध कर रहे हैं।

पद, स्तरीकरण और वर्गवाद की उलझनें

आज हमारे साक्षरता-केन्द्र की एक पढ़ी-लिखी, शहरी-टीचर सुबह नौ बजे मेरे घर पहुँची। मैं तो घर पर उसी तरह थी जैसे सभी महिलाएँ रहती हैं। टीचर बोली : "आपको देखकर कौन कहेगा कि आप कार्यकर्ता हैं? आप घर में भी वैसे ही क्यों नहीं रहतीं जैसे काम के दौरान?"

मैंने कहा : "अपने परिवार और आसपास की स्थिति को कैसे भूल सकती हूँ?"

—राधा की डायरी से

मैं पहली बार जब अपने कार्यक्षेत्र के एक गाँव गई, तब सबसे पहले सुनन्दा मिली।...परिचय के बाद वह तुरन्त बोली : "चलो, हम तुमको ईश्वरलालजी के यहाँ ले चलते हैं। जो ख़ास लोग यहाँ आते हैं, सबसे पहले उन्हीं के यहाँ जाते हैं।"

मैंने पूछा : "ऐसा क्यों?"

उसने बताया : "उनके पास पैसा है, वह सरकारी नौकरी करते हैं, इसलिए।"

—सन्ध्या की डायरी से

महिला हिंसा के ख़िलाफ़ एक बड़े अभियान का उद्‌घाटन होना था। मैं अन्दर कमरे में बैठी लिख रही थी। तभी सारे लोग गाड़ी में भरकर चले गए। अचानक एक को ख़याल आया कि पल्लवी तो वहीं छूट गई। वह वापस आकर बोली : "मैं तो तुम्हें भूल ही गई थी!"

ख़ैर, एक ऑटो किया गया। ऑटो में बैठते ही दो लड़कियाँ, जो सामाजिक कार्यकर्ता मानी जाती हैं, उनमें से एक बोली : "अरे, मैं अपना लिपस्टिक तो ऑफिस में ही भूल आई। लोग ऐसे ही देखेंगे तो क्या कहेंगे।" संयोग से दूसरी के पास लिपस्टिक निकल आई, तो समस्या हल हुई।

...उस समय मेरी समझ में यह नहीं आया, साथ ही मन में सवाल भी उठा कि क्या सच में यह दलितों पर होने वाले अत्याचार पर बात करने जा रही हैं?...मुझे किसी का सजना बिल्कुल नहीं अखरता पर क्या सामाजिक बदलाव के काम में ऐसी औरतें कभी खट पाएँगी? हाँ, वह मीडिया में ज़रूर प्रभावशाली बनी रहेंगी। गाँव में खटने वाली हम जैसी महिलाएँ भला कहाँ से स्मार्ट दिखेंगी? हमें मीडिया कभी घास भला क्यों डालेगा?

—पल्लवी की डायरी से

हम जैसी कार्यकर्ताओं के लिए एनजीओ की दुनिया भी एक अजीब-सा उलझन भरा कुचक्र बनती जा रही है। एक तरफ़ तो हम सब समता-समानता की बातें करने में अपने आपको पहले से अधिक दक्ष, पहले से लगातार ज़्यादा निखरा और मँजा हुआ महसूस करते हैं। पर दूसरी तरफ़ हम इस सच्चाई से बिल्कुल मुँह नहीं मोड़ पाते कि हम तथा अन्य संस्थाओं से जुड़ी हमारे जैसी ढेरों कार्यकर्ता एनजीओ का हिस्सा बनने के साथ-साथ अपने रहन-सहन और ढंग में गाँव की दुनिया से बराबर दूर होती जा रही हैं—एनजीओ-समाज में प्रभावशाली बनने की कोशिश में। गाँव की साधारण महिलाओं से तो यह बात हम आसानी से कह जाते हैं : "हम भी तो आपकी तरह ही गाँव की एक महिला हैं।" सच पूछा जाए तो कितना फ़र्क और फ़ासला बन पड़ा है उनके और हमारे बीच! हम गाँव की महिलाओं के बीच एक ख़ास अन्दाज़ में उभरते और उभारे जाते हैं, जिसकी वजह से हमें सरकारी या ग़ैर-सरकारी तन्त्र से जोड़कर हमारे बारे में गाँव के लोग भी बहुत सी ग़लत-सही धारणाएँ बना लेते हैं। अगर हम इस फ़ासले को मिटाकर पूरी तरह ज़मीन पर डटे रहने के लिए अड़ते हैं, तो एनजीओ की दुनिया में सफलता-प्राप्त हमारे शुभचिन्तक हमें बड़े स्नेह और ईमानदारी के साथ जो सलाह दे जाते हैं, वह है— आज के वक़्त में संगतिन जैसी संस्था को आगे बढ़ने के लिए आर्थिक संसाधन जुटाने हैं, तो यह उतना मायने नहीं रखता कि उसके काम में कितना दम है, बल्कि यह कि क्षेत्रीय और राष्ट्रीय एनजीओ नेटवर्क्स की बड़ी-बड़ी हस्तियों के बीच उसकी पहचान और हैसियत कैसी है?

एनजीओ के ढाँचे की बुनियाद में पैठे इस गहरे विरोधाभास और दोहरेपन से हमारा शुरुआती साक्षात्कार बहुत पीड़ाजनक ढंग से हुआ। शुरू के दौर में हमें यह बिल्कुल पल्ले नहीं पड़ता था कि एक ओर तो ग्रामीण महिलाओं और समाज के सामने समता और समानता की बातें दबंगई से कहने के लिए हमें अपनी संस्था से पूरी जगह और साधन मिल रहे थे। परन्तु दूसरी ओर जिन संगठनों के कार्यक्षेत्रों में हमारे किए काम की तारीफ़ों के पुल बाँधे जाते, उन्हीं जगहों के उच्च अधिकारियों के सामने हमें गूँगा बना दिया जाता और समता-समानता के सारे नारे और बातें धरी रह जातीं! हम जबरन मुँह खोलने की जुर्रत करते, तो टोका जाता कि यह बात अधिकारियों के सामने कहने की नहीं है; जबकि हमने गाँवों में काम करते हुए निष्पक्ष होकर ही अपनी बात कहना सीखा और सिखलाया भी था। ऐसा कहकर यहाँ हम ऐसा दावा नहीं कर रहे कि जो भी बातें हमने कहनी चाहीं, वे हमेशा सही बातें थीं। पर अफ़सोस हमें तब हुआ, जब हम वर्ग-भेद को लेकर अपनी बात कह पाने की हिम्मत ही नहीं जुटा पाए, वह भी एक ऐसे माहौल में जहाँ लोग समता-समानता की चर्चाएँ करते नहीं अघाते।

उदाहरण के लिऐ, हमारे बीच बार-बार पदों से जुड़ी तनख़्वाहों, खानपान और यातायात से सम्बन्धित ग़ैरबराबरी पर प्रश्न उठते रहे हैं। वैसे तो क्षेत्रीय-कार्यकर्ता को बहुत महत्त्वपूर्ण कहा जाता है, पर जब मानदेय की बात आती है तो सबसे छोटे पद पर काम करने वाले कार्यालयकर्मी को भी क्षेत्रीय कार्यकर्ता से ज़्यादा वेतन मिलता है। हालाँकि कुछ महिला संगठनों में शुरू से ही शिक्षा और साक्षरता को अलग-अलग करके देखा गया और औपचारिक पढ़ाई-लिखाई के साथ-साथ ज़मीनी अनुभवों को भी वरीयता दी गई। पर मासिक आय निर्धारित करते वक़्त इस सिद्धान्त को लागू करने में दिक़्क़त आई। गाँव में किशोरियों और महिलाओं को पढ़ाने वाली शिक्षिकाओं के मानदेय की बढ़ोतरी अधिकतर शैक्षिक-योग्यता के आधार पर हुई। यानी, आठवीं पास को कम और इंटर पास को अधिक तनख़्वाह मिली, भले ही आठवीं पास को इंटर पास की बनिस्बत ज़्यादा मेहनत करनी पड़ती हो। यह कहना तो आसान रहा कि 'हम पढ़े नहीं, कढ़े हैं', परन्तु कम पढ़े-लिखे के काम को बराबरी का दर्जा कहाँ मिल पाया? इसी तरह के और भी तमाम उदाहरण हैं।

जैसे सन्ध्या लिखती है : "हमने एक छोटा-सा सवाल उठाया कि बड़ी अधिकारी ए.सी. में बैठकर जाती है और छोटी स्लीपर में। हमारे मुँह से यह बात निकलने भर की देर थी कि अधिकारियों को बुरा लगने लगा। पास बैठी गाँव की एक कार्यकर्ता ने हमारा हाथ पकड़ लिया कि ऐसी बात मत कहो।...हमको अपने मन में यह लगा कि एक छोटी-सी बात कहने पर इन लोगों को इतना बुरा लग रहा है, तब जब हम लोग अपने काम के क्षेत्र में पुरुषों की सत्ता पर सवाल उठाते हैं और वे लोग चिल्लाते हैं कि गाँव की औरतें सिर पर चढ़ रही हैं, तब वे क्या ग़लत सोचते हैं?"

सवाल यह उठता है कि गाँव में संगठन से जुड़ी महिलाओं के अन्दर हिम्मत और ताक़त देने की महत्त्वपूर्ण भूमिका निभाने वाली हम कार्यकर्ताओं ने जब बड़ी हिम्मत करके अपनी बात अपने से ऊपर बैठे लोगों के सामने रखने की कोशिश की, तब लोगों ने हमारी आवाज़ क्यों नहीं सुननी चाही? शायद इसीलिए कि हम क्षेत्रीय-कार्यकर्ता की हैसियत से गाँवों में काम कर रहे हैं, और इस काम का हमें जो थोड़ा-बहुत पैसा मिल रहा है, उसी से हमारी गुज़र-बसर हो रही है। दोष केवल हमसे ऊपर बैठे लोगों का ही नहीं है। हमने भी तो अपनी ज़बानें अक्सर इसीलिए थाम लीं कि कहीं हमारी नौकरी पर कोई आँच न आ जाए।

अगर ग़ौर करें, तो आजकल अक्सर बहुत-सी जगहों पर यह नज़ारा देखने को मिलेगा कि कोई संगठन जब किसी सार्वजनिक मंच पर बैठक करता है, तो सभी पदों के लोग बाक़ी आम कार्यकर्ता और गाँव के लोगों के साथ बैठते हैं। परन्तु भीतर कमरों में सभी उच्च-पदाधिकारियों की कुर्सियाँ आरक्षित होती हैं। यह वे कुर्सियाँ

होती हैं, जिन पर उन पदों से नीचे के कार्यकर्ता या तो बैठने में संकोच करते हैं या कभी बैठते ही नहीं। ये आरक्षित कुर्सियाँ प्रतीक हैं उस ढाँचे की, जिसमें निदेशक, अकाउंटेंट और सन्देशवाहक से लेकर गाँव से जुड़ने वाली महिलाओं तक सबकी जगह पहले से ही निर्धारित होती है। हमारा यह मानना है कि जिन लोगों ने ये ढाँचे तैयार किए हैं, उन्होंने सबकी जगहें निर्धारित करने के फ़ैसले अक्सर ग्रामीण लोगों की अनुपस्थिति में और उनसे परामर्श के बिना ले लिये हैं। इसलिए गाँव में क्या करने की ज़रूरत है और हर एक के द्वारा क्या काम किया जाना है, इस पर तो जमकर सोचा गया, लेकिन न तो सीधे गाँवों में काम करने वालों की मेहनत का मूल्य आँका गया और न ही उन व्यक्तियों को ज़्यादा महत्त्व दिया गया जिनके लिए हम काम कर रहे थे। नतीजा यह हुआ कि जो लोग ऊपर से फ़ैसले लेकर काम का निरीक्षण कर रहे थे, वह बराबर उन लोगों से अधिक महत्त्वपूर्ण बने रहे, जिनके साथ सीधे जुड़कर हम सामाजिक-बदलाव का काम कर रहे थे, तथा वस्तुत: जिन लोगों के हाड़-मांस से यह काम सम्पन्न हो रहा था। यानी, ग़ैरसरकारी संगठन हमारे ग्रामीण-समाज में जाकर महिला-पुरुष और अन्य लोगों के बीच की बराबरियों की बातें तो करते हैं तथा उस समाज के लिए योजनाएँ बनाकर ढेरों प्रशिक्षण और कार्यशालाएँ भी करते है, लेकिन इतनी उत्साही बातें करने वाले ये लोग ख़ुद अपने को ही उन कार्यकर्ताओं और आम लोगों के स्तर पर नहीं ला पाते हैं, जो कि इन संगठनों के सपनों को ज़मीन पर उतारने का काम कर रहे हैं।

मोटी-सी बात है कि जिस माहौल में वर्ग की ग़ैरबराबरी हर चौखट और कोने में काँटों का जाल बनकर पसरी हो, वहाँ केवल अपने घरों और ग्रामीण क्षेत्रों के ग़रीब पुरुषों को अपनी लड़ाई का बिन्दु बनाकर जंग छेड़े रखना आख़िर कहाँ तक सम्भव या उचित है? जैसे गरिमा अपनी डायरी में नोट करती है : "महिला संगठनों में अक्सर गाँव की औरतों को यह कहकर ख़ूब घुमाया-फिराया जाता है कि महिलाएँ बाहर कम निकली हैं। वे बाहर निकलकर दुनिया देखेंगी, तो उनकी हिम्मत और समझ बढ़ेगी; लेकिन क्या गाँव के ग़रीब पुरुषों के लिए ऐसी हिम्मत और समझ को पाना ज़रूरी नहीं है?"

मतलब यह कि लिंग-भेद को बाक़ी सब भेदों से अलग करके तथा उसके बारे में रणनीतियाँ निर्धारित करके सिर्फ़ महिला-पुरुष के बीच के फ़र्क़ों पर बात करने से क्या समाज में बराबरी आ जाएगी? जब हम भली-भाँति जानते हैं कि लिंग-भेद के रूप को जाति और वर्ग-भेद से जोड़े बिना किसी भी परिप्रेक्ष्य में जाना ही नहीं जा सकता, तब अपनी ही संस्थाओं में वर्ग-भेद पर सवाल न उठा पाना हमारे काम को एक ऐसे जीव का आकार दे देता है, जिसके दिखाने के दाँत कोई और होते हैं और खाने के दाँत कोई और!

एनजीओ की दुनिया में यह बात भी ग़ौरतलब है कि कहीं लिंग-भेद के सवाल पर ढेरों महिलाएँ साथ हो जाती हैं, तो कहीं जाति-भेद पर भी बड़े-बड़े समूह बन जाते हैं, किन्तु वर्ग-भेद पर सवाल उठते ही एनजीओ-समाज का अभिजात-वर्ग कुछ इस तरह हावी हो जाता है कि बहुत-सी बातें मुद्दों का रूप धरने से पहले ही हमारे हलक़ों में अटकी रह जाती हैं।

वर्ग-भेद के मुद्दों से हमारा आशय सिर्फ़ तनख़्वाहों और पदों की ग़ैरबराबरी ही नहीं है। हमें अपने काम और परिवेश के लिए किससे, कब, कितनी इज़्ज़त, मान और जगह मिलती है और कब वह जगह हमसे वापस खींच ली जाती है; वर्ग की राजनीति से इनका भी बहुत ही क़रीबी ताल्लुक़ है। उदाहरण के लिए–गुजरात के दंगों के कुछ ही दिनों बाद की बात है। एक जानी-मानी संस्था ने संगतिन से पल्लवी और सन्ध्या को अपने ग्रामीण-स्तर के कुछ संगठनों के काम का आकलन करने के लिए आमन्त्रित किया। जिस समय ये दोनों उनके कार्यालय पहुँचीं, उस समय इन्हें न्योता भेजने वाली महिलाएँ अहमदाबाद से आए कुछ लोगों के साथ बैठी साम्प्रदायिकता के मुद्दों पर बातचीत कर रही थीं। पल्लवी और सन्ध्या को बाहर ही रोक दिया गया कि अन्दर कुछ लोग ज़रूरी बात कर रहे हैं। कैसी विडम्बना है कि दंगों पर हो रही चर्चा में जगह देना तो दूर, पल्लवी और सन्ध्या को तो इस क़ाबिल भी नहीं समझा गया कि अहमदाबाद से आए साथियों से उनका परिचय ही करा दिया जाता!

यह तो बाहरी लोगों का उदाहरण था। मिश्रिख की ही एक घटना सन्ध्या को नहीं भूलती। मोहसिनपुर गाँव में होने वाले एक बुनियादी-प्रशिक्षण में पल्लवी को जाना था, लेकिन तेज़ बारिश और सड़क से गाँव के दूर होने के कारण पल्लवी वहाँ पहुँच नहीं पाई थी। पल्लवी के न पहुँच पाने की सज़ा भुगतनी पड़ी सन्ध्या को। अपनी डायरी के पन्नों पर सन्ध्या लिखती है : "पल्लवी को वहाँ न देखकर प्रशिक्षक का तो पारा हाई हो गया। ग़ुस्सा उतारने को सीधे मुझ पर ही बरस पड़ीं। बहुत कुछ कहा। पुलिस वालों की तरह गाली-गलौज और मार-पीट बाक़ी रह गई थी, बस। मैं सबके बीच ऐसी नज़र आ रही थी जैसे कोई मुजरिम। क्या साथ में बैठे लोग इन्हें चुप नहीं करा सकते थे? पर कुछ भी नहीं बोले। लोगों को लगा होगा कि इनसे कौन पंगा ले–कहीं नाराज़ हो गईं तो!"

इसी तरह की एक घटना याद करके गरिमा लिखती है : "मैं इधर-उधर काम करके थोड़ा-थोड़ा कम्प्यूटर सीख गई थी। एक बार अचानक कम्प्यूटर से फाइल गुम हो गई। ऑफिस के सारे लोग कहें कि गरिमा ने ही किया होगा।...मैं लाख कहूँ कि मैंने नहीं किया। फिर भी मुझ पर ही आरोप लगाया जा रहा था। कमज़ोरों को शायद दबंगों द्वारा ऐसे ही दबाया जाता है। दीदी चाहे जितनी समानता की बात कर

लें, पर जब पूरा ढाँचा ही सीढ़ीदार बना हुआ है और कोई ऊपर है, तो कोई नीचे; तब समानता कैसे हो सकती है?

सन्ध्या को पल्लवी के न पहुँच पाने की डाँट और गरिमा पर फ़ाइल गुम कर देने का आरोप इसलिए लगा, क्योंकि यह दोनों ही गाँव की कार्यकर्ता थीं। उस दिन यदि कोई बड़ी अधिकारी मोहसिनपुर नहीं पहुँची होती, या फिर स्वयं सन्ध्या और गरिमा किसी बड़े पद पर आसीन होतीं, तो क्या उनके साथ ऐसा बर्ताव होता?

कभी-कभी तो ऐसा लगता है कि बराबरी की बातें सिर्फ़ दूर के ढोल हैं। पास आकर देखें, तब अहसास होता है कि एक अधिकारी और कार्यकर्ता के बीच नौकरशाही का लगभग वही रिश्ता है, जो मालिक और नौकर के बीच होता है। जैसे-जैसे अनुदानदाताओं के दबाव बढ़े हैं, वैसे-वैसे प्रशिक्षिकाओं और अधिकारियों के मुँह से निकलने वाली डंडे जैसी धमकियाँ भी। बार-बार यही कहा जाता है कि अगर दाताओं के मन-माफ़िक़ परिणाम सामने नहीं ला पाए, तो उच्चाधिकारियों को हमारे ऊपर डंडे चलाकर हमसे काम करवाने के लिए मजबूर होना पड़ेगा। जिस तरह धनी-समुदाय अपने नौकर-चाकरों से डंडे के बलबूते पर काम कराता है और बार-बार उन्हें उनकी औक़ात की भी याद दिलाता रहता है, उसी तरह हमें भी हमारी औक़ात बार-बार याद दिलाने का ख़ासा चलन-सा चल पड़ा है। वर्ग-भेद से जुड़ी यह सारी राजनीति और यह सारा वर्ग-भेद बार-बार हमारे सीतापुर के ही विख्यात अवधी कवि, पढ़ीसजी, की इस मशहूर पंक्ति की याद दिला जाता है—

"उयि अउर आयिं, हम अउर आन!"[13]

अगर गाँव की महिलाओं की नज़र से देखें, तो संगठनों के सीढ़ीदार ढाँचे और भी स्पष्टता से नज़र आते हैं। वैसे तो 'सबकी बराबर की ज़रूरत, और सबको बराबर के मौक़े' का नारा अक्सर प्रयोग किया जाता है, लेकिन ज़मीनी-हक़ीक़त कुछ और ही है।

अक्सर महिला संगठनों में एक प्रदेश से दूसरे प्रदेश में कार्यकर्ताओं को दौरे पर भेजा जाता है, ताकि अलग-अलग अनुभवों के आदान-प्रदान से ज़्यादा बेहतर काम हो सके। ऐसे में स्थापित महिला संगठनों में काम करने वाली ऊँची अधिकारियों का आरक्षण अमूमन वातानुकूलित-श्रेणी के डिब्बों में होता है, परन्तु अगर ग्राम-स्तरीय कार्यकर्ता या आम महिलाएँ संगठनों की ओर से कहीं भेजी जाती हैं, तो उन्हें सिर्फ़ दूसरी श्रेणी के लायक़ समझा जाता है, क्योंकि अधिकारियों की धारणा यही है कि संघ की महिलाएँ ए.सी. में जाएँगी, तो उनकी आदतें ख़राब हो

13. स्रोत : पढ़ीस ग्रन्थावली (कवि एवं गद्यकार बलभद्र प्रसाद दीक्षित 'पढ़ीस' की प्रकाशित/अप्रकाशित प्राप्य सम्पूर्ण रचनाओं का संकलन), सम्पादक : राम विलास शर्मा एवं युक्तिभद्र दीक्षित, उ.प्र. हिन्दी संस्थान, लखनऊ, पृ. 148

जाएँगी। सवाल है कि क्या हम सबकी आदतें आराम-तलबी के इस रवैए से प्रभावित नहीं होतीं? सबसे बड़ी विडम्बना तो यही है कि जिन ग्रामीण महिलाओं के नाम पर देश-विदेश के अनुदान कोषों से चेक जारी होते हैं, उनका अधिकांश भाग उन महिलाओं के ऊपर या उनके साथ काम करने वालों के ऊपर ख़र्च ही नहीं हो पाता। संगठनों के ढाँचों में तो इतनी भी पारदर्शिता नहीं है कि उन महिलाओं को बताया जा सके कि उनके नाम पर उन्हीं के संगठनों में कितना पैसा आता है और वह कैसे और किसके ऊपर ख़र्च होता है?

हम महिलाओं के अन्दर यह जोश तो बड़े ज़ोरों से भरने की कोशिश करते हैं कि सरकार से सारी सूचना लेना उनका अधिकार है, जो उन्हें लेना ही चाहिए। अगर सूचना के जनाधिकार और पारदर्शिता पर हम उन्हें घंटों उपदेश देते हैं, तो फिर जिस संगठन में हम सब काम कर रहे हैं, वहाँ कितना पैसा कहाँ से, किस काम के लिए आ रहा है? ये सारे तथ्य क्यों नहीं बाँट पाते उनके साथ? मगर कड़वी सच्चाई तो यह है कि गाँव-स्तर की कार्यकर्ताओं को पैसे की जानकारी बहुत ही कम दी जाती है। उलटे उनसे उन सारी सेवाओं की उम्मीद की जाती है, जो डिग्रीधारी शहरी कार्यकर्ता से करने की कोई हिम्मत करता ही नहीं।

गरिमा लिखती है : "एक बार दरख़्वास्त हुई कि गाँव की कार्यकर्ताओं को मोपेड दिला दीजिए, क्योंकि क्षेत्र दूर पड़ता है। इस पर उच्चाधिकारी बोलीं कि पहुँचने में समय ज़्यादा लगता है, तो एक गाँव जाकर रात रुकें दूसरे दिन दूसरा गाँव करके वापस आएँ। ग़ुस्सा तो बहुत आया, पर उनसे कौन बहस करता? क्या अपने शहर में वह कभी अपना घर छोड़कर रही हैं? उनके बच्चे बच्चे हैं और हमारे नहीं? पहले हम ट्रेनिंगें-मीटिंगें करें और फिर बाक़ी की आधी रातें गाँवों में गुज़ारें? ये हैं बड़े-बड़े मंचों की समानताएँ।" सवाल यह नहीं है कि गाँव में रुकना क्यों ज़रूरी है? मुद्दा यह है कि इन संगठनों में भी ऐसी बातें क्षेत्रीय-स्तर या अधिक से अधिक ज़िला-स्तर की कार्यकर्ताओं के लिए ही कही जाती हैं, बिना इस बात पर ध्यान दिए कि इन कार्यकर्ताओं के भी परिवार हैं।

गाँव-स्तर के कार्यक्रमों के लिए मिलने वाला खाने का भत्ता भी ज़िला और राज्य-स्तर के खाने के भत्ते से काफ़ी कम होता है। इस बात पर नाराज़गी का इज़हार करती गरिमा अपनी डायरी में टिप्पणी करती है : "गाँव के कार्यक्रमों का इतना कम बजट यही सोचकर दिया गया होगा कि 'बन्दर क्या जाने अदरक का स्वाद'। इनके लिए तो उबली दाल ही काफ़ी है।"

बात बिल्कुल साफ़ है कि ईमानदारी से काम करने का दावा हम तभी कर सकते हैं, जब आपस में कम-से-कम इस बात पर बातचीत तो कर सकें कि आख़िर इस तरह ग़ैरबराबरी से हमारा आर्थिक-स्वार्थ या लाभ कहाँ तक जुड़ा हुआ है?

बहुत-सी संस्थाएँ इस तरह का काम कर रही हैं, जिसके नतीजे तुरन्त ठोस रूप में दिख जाते हैं–जैसे कि टीके लगवाने का काम या एच.आई.वी/एड्स के बारे में सार्वजनिक कार्यक्रम करने का काम। ऐसी संस्थाओं में अक्सर महिलाओं को बैठकों में भाग लेने के भी सौ-पचास रुपए दे दिए जाते हैं। अगर पैसे दिए जाते हैं, तो सवाल भी बहुतेरे उठने लगते हैं कि ये पैसा देने से गाँव की महिलाओं की मानसिकता किस तरह प्रभावित होगी? इससे काम के प्रति उनके रुख़ पर क्या असर पड़ने वाला है? वग़ैरह-वग़ैरह।

हम जिस तरह के काम में लगे हैं, वह है–समाज में हाशिए पर ढकेल दी गई औरतों की सोच में परिवर्तन लाने का काम। यह काम ही कुछ ऐसा है, जो काफ़ी अरसे तक अदृश्य-सा रहता है। इसके नतीजे अक्सर ऐसे रूपों में प्रकट होते हैं कि उनको मापा-तौला नहीं जा सकता। हम इस काम से जुड़ी गाँव की महिलाओं को उनकी मेहनत का कोई पैसा नहीं देते, पर उन्हें यहाँ जो पूरा मान-सम्मान मिलता है, वह उसी से सन्तुष्ट रहती हैं। यहाँ विचारणीय मुद्दा यह है कि अगर ग्रामीण औरतों के सशक्तीकरण के लिए मिले किसी अनुदान का नन्हा-सा अंश उन्हीं औरतों को दिया भी जाता है, तो कार्यकर्ताओं और संगठनों के बर्ताव में अक्सर यह सोच क्यों झलकने लगती है कि गाँव की इन ग़रीब महिलाओं को पचास रुपयों का लोभ देंगे, तो आ ही जाएँगी। यह पैसा तो उनकी मीटिंग के दौरान छूटने वाली मज़दूरी का एक हिस्सा होता है। जिस पैसे पर उन महिलाओं का अधिकार बनता है, वह उन्हें इस तरह दिया जाता है जैसे उनके साथ काम कर रहे ग़ैरसरकारी संगठन उनका मसीहा बनकर उतरे हों! अतः पैसा दिए जाने से पहले यह निहायत ज़रूरी है कि इन महिलाओं की यह समझ बने कि उन्हें दिए जाने वाला पैसा ख़ैरात या उनकी अनमोल-मेहनत का दाम क़तई नहीं, बल्कि वह तो उन्हें पूरे सम्मान से दिया जाने वाला बहुत छोटा, और वह भी प्रतीकात्मक, मानदेय है।

संगतिन के सपने और आगे बढ़ते क़दम

इस सामूहिक सफ़र के पहले पड़ाव में लिखी-पिरोई इस किताब के आख़िरी पन्नों में हम संगतिन के उन सपनों को शब्द और स्वर देना चाहते हैं, जिन्होंने इस यात्रा के दौरान उठी चर्चाओं में पहली बार एक ठोस आकार लेना शुरू किया। इसके लिए यह ज़रूरी है कि हम कुछ देर के लिए वापस लौट चलें नाम, काम और ज्ञानोत्पादन की राजनीति के कुछ पहलुओं पर, जो हमने इस पुस्तक की भूमिका में उठाने शुरू किए थे। अपनी बात की शुरुआत हम उन तीन घटनाओं से करते हैं, जिन्होंने इस विषय पर हमारे समूह की सोच पर काफ़ी असर डाला है।

दो बरस पहले की बात है। एनजीओ के एक व्यापक नेटवर्क ने बड़े पैमाने पर एक 'महिला जन सुनवाई' का कार्यक्रम आयोजित किया। बड़ी-बड़ी बातें की गईं। तमाम दलित और शोषित महिलाओं को दो हज़ार लोगों की भीड़ के सामने लाकर उनके साथ हुए बलात्कारों, ज़ुल्मों, अत्याचारों की कहानियाँ उन्हीं की ज़बानी सुनी गईं। हमें भी लगा कि ये आयोजक ऊँची पहुँच, असर तथा रसूख़ रखने वाले लोग हैं। इन समस्यायों को लेकर ज़रूर यहाँ पर कुछ पक्का काम किया जाएगा। हम यहाँ पर अपनी समस्या कह दें, तो शायद हमारी बात भी ऊपर तक पहुँच जाएगी। यह भी सोचा कि जब इन लोगों की कार्यवाही हो जाएगी तो अगली बार हम भी अपनी बात कहेंगे।

कोई साल भर बाद जन सुनवाई में मिली तीन औरतों से पुनः मुलाक़ात हुई। उनके चेहरों पर गहरी निराशा झलक रही थी। पता चला कि तीनों औरतें अभी तक इस इन्तज़ार में बैठी थीं कि अपने मसलों पर उन्हें न्यायपूर्ण फ़ैसला सुनने को मिलेगा। जन सुनवाई का कार्यक्रम निश्चित ही बहुत सफल रहा, परन्तु जो पीड़ित महिलाएँ उस मजमे में 'केस' बनकर शामिल हुईं, जिनके नाम पर इतने सारे साधन तथा मीडिया वाले जुटाए गए, वे आयोजकों की संस्था को प्रचारित करने का औज़ार मात्र बनकर रह गईं।

इसी से मिलता-जुलता एक और अनुभव हमें हाल ही में हुआ। सीतापुर ज़िले के ही एक संगठन में कार्यरत शिक्षिकाएँ अपनी संस्था की ताज़ा छपी पत्रिका के पन्ने पलट रही थीं, तो एक लेख में अपने ही नाम देखकर दंग रह गईं। पढ़कर देखा तो पता चला कि उनके साथ हुए यौनिक-शोषण के क़िस्से, जो उन्होंने पाँच बरस पहले किशोरियों की एक कार्यशाला में गोपनीय रूप से प्रशिक्षक के साथ बाँटे थे, वह नामों के साथ लेख में दर्ज थे। उनके नाम इस्तेमाल करने की इजाज़त लेना तो दूर, उन्हें यह तक नहीं बताया गया कि उनकी इन बहुत ही अन्तरंग टीसों और दृष्टिकोणों को लेकर प्रकाशन के लिए सामग्री तैयार की जा रही है! इन किशोरियों की उम्र आज अट्ठारह से बाईस वर्ष की है। इन पर लिखी गई सामग्री यदि इनके घर वालों की नज़र से गुज़र जाए, तो उसके अंजाम न केवल इनके निजी जीवन के लिए काफ़ी बुरे हो सकते हैं, बल्कि यह भी मुमकिन है कि उस संगठन को कार्यकर्ता के रूप में इन्हें हमेशा के लिए खो देना पड़े। लेखक और प्रकाशक इन युवतियों की नाराज़गी यह कहकर टाल सकते हैं कि ये तथा इन लोगों के परिवार इस तरह के लेखन की अहमियत नहीं समझते। पर लेखक या सम्पादक मंडली की इस सरलीकृत सोच के सिलसिले में उनसे ही उलटकर पूछा जाए कि अगर इनमें से किसी की भी बेटी के साथ हुई यौनिक-छेड़छाड़ का बयान या इस सम्बन्ध में उसके द्वारा बाँटा कोई बेबाक दृष्टिकोण उस

लेख में दर्ज होता, तो क्या इतना उघाड़कर उसका ब्योरा दिया जाता? क्या यही होती उनकी सोच?

हम यह हरगिज़ नहीं कह रहे कि इन मुद्दों को लिखित रूप में उठाकर उन्हें चर्चा का विषय नहीं बनाना चाहिए। हम तो यह कह रहे हैं कि जिन लोगों की ज़िन्दगियों की फ़िक्र करके हम उनके लिए काम करने का दावा करते हैं, अगर काम करते समय हम उन्हीं लोगों को पूरी इज़्ज़त देते हुए उनके प्रति अपनी जवाबदेही बनाए रखना भूल गए, तो ऐसे काम में भला कोई दम होगा क्या? फिर ज़मीनी स्तर पर काम करने वालों पर कोई भरोसा करेगा क्या? क्यों करेगा?

अन्तिम प्रकरण सीधे हमसे ही जुड़ा हुआ है। एक बार विश्व बैंक के अनुदान से देश के तीन प्रदेशों की जानकारी बटोरकर शिक्षा पर एक तुलनात्मक अध्ययन किया जा रहा था। जिन विदुषियों के नेतृत्व में यह काम हो रहा था वे एनजीओ की दुनिया में राष्ट्रीय स्तर की जानी-मानी हस्तियाँ हैं। उत्तर प्रदेश की केस-स्टडी के लिए सीतापुर ज़िले को चुना गया। हममें से चार औरतें अध्ययन करने वाले शोध-समूह का हिस्सा बनीं। इसके अन्तर्गत हमने अपने ज़िले में तमाम सर्वेक्षण और इंटरव्यू किए। अपने कार्यक्षेत्र से जुड़े अनुभव व सोच-समझ को हमने शोधकर्ताओं के साथ बाँटा। बदले में हमें हवाई जहाज़ से सैर करवाई गई, और हमारी मासिक तनख्वाहों से कई गुना ज़्यादा रक़म हमें मेहनताने के रूप में दी गई। हम यह कहने की स्थिति में तो नहीं हैं कि हमारा आर्थिक रूप से कोई शोषण हुआ या नहीं, लेकिन इसमें दो राय नहीं है कि इस पूरे काम में बौद्धिक रूप से हमें केवल कच्चा माल सप्लाई करने का साधन बना लिया गया। न तो हमें यह मौक़ा दिया गया कि हम अपने कार्यक्षेत्र से जुड़े तथ्यों को दूसरी जगहों की तुलना में देख, समझ और जान पाते, न हमें अपनी सोच और चिन्तन बाँटने का कोई श्रेय मिला, और न ही हमें इस लायक़ समझा गया कि काम के ख़त्म होने के बाद जो भी उस पर लिखा या छापा गया, उसका एक नन्हा-सा टुकड़ा भी हमारे साथ बाँटा जाता। यह शोध-सम्पन्न हो जाने के महीनों बाद एक दिन की बात है—अंग्रेज़ी के एक अख़बार में उसी काम पर आधारित एक बड़ा-सा लेख हमारी नज़र के सामने आया। तब जाकर मालूम हुआ कि इस काम में दिए गए हमारे वास्तविक योगदान का तो दूर-दूर तक ज़रा-सा भी ज़िक्र नहीं है!

कहानी यहीं ख़त्म हुई होती, तो टिप्पणी करने की उतनी ज़रूरत नहीं रहती। लेख छपने के कुछ ही महीनों बाद हमें एक झटका और लगा। इन्हीं शोधकर्ताओं की तुलनात्मक अध्ययन-प्रक्रिया से हम जैसी ज़िला व ग्रामस्तरीय कार्यकर्ता कुछ सीख सकें, इसके लिए राज्य स्तर की एक ख़ास बैठक में इन्हें एक प्रस्तुतीकरण के लिए निमन्त्रित किया गया। हम पर दया करके उस प्रस्तुति के मुख्य बिन्दु आम

ज़बान में तो हमें बता दिए गए, लेकिन उस पूरे भाषण में अंग्रेज़ी में कौन-से दावे पेश किए गए? यह हम क़तई नहीं समझ पाए। और भी बड़ा धक्का तब लगा, जब प्रस्तुति में हमारे ज़मीनी-काम को दूसरे प्रदेशों में हो रहे काम की अपेक्षा 'अधिक कमज़ोर' और 'ख़ासा कच्चा' कहा गया–इस आधार पर कि जिन गाँवों में हम सर्वेक्षण करने गए, वहाँ के बच्चे गन्दे थे, या स्कूल नहीं जाते थे! हमें अहसास दिलाया गया कि हमारे काम से विदेशी दाता एजेंसियों को कितनी शर्मिन्दगी महसूस होगी! ख़ून के घूँट पीकर रह गए हम। अपने काम और ईमान की बेइज़्ज़ती होती देखकर तो हमारा दिल जला ही, साथ ही मन में यह सवाल भी उठा कि गाँव वालों की पीठ-पीछे उन्हें जब-तब 'बेवक़ूफ़' और 'जाहिल' जैसी उपमाओं से सम्बोधित करने वाले तथा अपने को न जाने क्या समझने वाले ये धुरन्धर क्या उन ग्रामीणों के गन्दे और स्कूल न पहुँच पाने वाले बच्चों से सचमुच प्यार करते हैं? करते होते, तो हमारे काम को ख़राब कहने से पहले हमसे कम-से-कम एक बार पूछ तो लेते कि ये बच्चे किन सामाजिक और आर्थिक प्रक्रियाओं की वजह से उठ नहीं पा रहे? या सार्वजनिक रूप से हमारी दुर्गति करने से पहले हमें इतना तो बता दिया होता कि जो काम हमसे शोध-सहायिकाओं के रूप में लिया जा रहा है, उसी के बल पर किसी और बड़े मंच पर हमारी मेहनत को माप-तौलकर उसका मखौल भी उड़ाया जाएगा!

हालाँकि इन तीन घटनाओं में अलग-अलग लोग और संस्थाएँ शामिल हैं, पर हमारे हिसाब से ये तीनों एक ही सूत्र में जुड़ती हैं। हमें बड़ी ही शिद्दत के साथ यह महसूस होता है कि आज की दुनिया में जहाँ ज्ञान और विचारों के उत्पादन की होड़ लगी है वहाँ हमारा काम, सोच और मेहनत ही नहीं, बल्कि हमारे निहायत निजी दुख-दर्द भी सिर्फ़ हमसे अधिक पढ़े-लिखे, समृद्ध और प्रतिष्ठित लोगों के हाथों में उनका काम और नाम बढ़ाने के लिए औज़ार या फिर खिलौना बनकर रह जाते हैं। जन-सुनवाई के आयोजक और यौनिक-छेड़छाड़ पर लेख छापने वाले लेखक-सम्पादक यह मानकर दिल भले ही बहला लें कि इन औरतों और किशोरियों की कहानियाँ सुनाकर उन्होंने अपने दर्शकों और पाठकों की जानकारी बढ़ाई है, लेकिन सही मायनों में देखा जाए तो ये महिलाएँ औरों के लिए नुमाइश या मखौल की वस्तु भर बनकर रह गईं। जिन संस्थाओं और व्यक्तियों ने उनकी व्यथा को भुनाकर उनके साथ काम करने का श्रेय लूटा, उनको तो इस प्रचार-प्रसार से लाभ हुआ। पर जिन उम्मीदों और जिस यक़ीन के साथ उन औरतों ने अपने जिस्मों और आत्माओं पर पड़े घावों के निशान खोलकर रख दिए, क्या उस विश्वास की क़द्र हो पाई?

इस विश्वासघात को क्या कहा जाए?

ग्राम स्तर पर काम करने वाली कार्यकर्ताओं की हैसियत से हमें एक ओर तो यह लगता है कि अनजाने में हम ही कभी-कभी इन औरतों के शोषण का माध्यम बन जाते हैं, लेकिन दूसरी ओर हम यह देखकर स्वयं को शोषित भी महसूस करते हैं कि किस तरह हमसे ऊपर बैठे लोग हमें बिना कोई श्रेय दिए हमारी सोच, समझ और काम का बहुत ही सहजता से फ़ायदा उठा ले जाते हैं। इसे ही अवधी में कहते हैं : 'आन के धन पै लच्छमी नरायन!'[14]

एनज़ीओ-जगत के ऊपरी तबक़े के पास बेशक हमसे ऊँची शिक्षा है, अंग्रेज़ी का ज्ञान है, और मान लेते हैं कि कुछ मायनों में हमसे भी अधिक व्यापक-दृष्टिकोण है। पर जब हम रात-दिन की मेहनत से जुटाए अपने काम से जुड़े अनुभव और विचार उनके साथ बेहिचक बाँट ले जाते हैं, तो आदान-प्रदान, सहभागिता और सामूहिकता जैसे सिद्धान्त दूसरी ओर से करनी में परिवर्तित होते दिखाई क्यों नहीं देते?

इन्हीं उलझनों, अपमानों और दोहरेपन से उपजे विरोधाभासों के बीच जब-जब हमारा समूह संगतिन के भविष्य की परिकल्पना करने के लिए बैठा, तो चर्चा बार-बार संस्थागत पदों और तनख़्वाहों की ग़ैरबराबरी पर केन्द्रित हो गई। बार-बार यही प्रश्न उभरता कि क्या यह सम्भव है कि एक ही संगठन में पद, पैसा, काम, मेहनत और मान-सम्मान सभी बराबरी से बाँटे जा सकें? जब गाँव की महिलाओं को हम नारीवादी-सोच से परिचित कराते हैं, तब कहते हैं कि जो औरत घर के बाहर काम नहीं करती, उसके काम का भी मूल्य उसी तरह आँकना चाहिए जैसे तनख़्वाह पाने वाले आदमी या पढ़े-लिखे नौकरी-पेशा समाज के सदस्यों का आँका जाता है। क्यों हम एक महिला-संगठन के मामले में यह नहीं कह सकते कि ब्लॉक स्तर पर काम करने वाली कार्यकर्ता का काम, जो कम शिक्षा के बावजूद दलित वर्गों में जाकर स्त्रियों को जागरूक कर रही है और उनकी मदद के लिए खड़ी हो रही है, उतना ही मायने रखता है जितना कि ज़िला स्तर पर काम करने वाली उस अधिकारी का, जो संस्था के लिए पैसा जुटाती और ब्लॉक स्तर पर होने वाले काम को समन्वित करती है? यह क्यों नहीं हो सकता है कि सारी महत्त्वपूर्ण ज़िम्मेदारियाँ किसी एक पर न लादकर इस तरह बाँटी जाएँ कि काम की छोटाई-बड़ाई के सवाल कभी उठे ही नहीं? हमें लगता है कि इन सारे सवालों से जूझ पाने के लिए ज़रूरी है कि हम अपना संस्थागत ढाँचा ही अलग ढंग से बनाएँ। जो ढाँचा स्तरीकरण के आधार पर रचा जाएगा उसमें से ग़ैरबराबरी को अलग करना असम्भव साबित होगा। उदाहरण के लिए—आज ऋचा सिंह संचालक हैं। पर,

14. यानी, दूसरों की सम्पत्ति पर क़ब्ज़ेदारी जमाकर सम्पत्तिशाली कहलाना।

अगर कल गरिमा संचालक बन जाएँ तो क्या उन सुविधाओं का लाभ उठाने से इनकार कर पाएँगी, जो ऋचा उठा रही हैं? परन्तु ऋचा सिंह और गरिमा को यदि पहले ही बराबरी से तनख़्वाहें, सुविधाएँ और मान-सम्मान मिले हों, तो फिर सुविधाओं का फ़ायदा उठाने या इन सुविधाओं और फ़ायदों के कम-ज़्यादा होने के प्रश्न ही क्यों उठें!

दूसरा बड़ा सवाल जो हमारे सामने मुँह बाए खड़ा है, वह यह है कि संगतिन किस तरह का काम करे और किस तरह के काम से दूर रहे? हमारी चर्चाओं में बार-बार यह बात उठी कि काम ऐसा हो, जिससे रोज़ी-रोटी भी चले और आन्दोलन खड़ा करने का काम भी नहीं रुके। हम उन लोगों की बहुत इज़्ज़त करते हैं, जिनका यह मानना है कि एक एनजीओ और एक आन्दोलन के उद्देश्यों का आपस में मिल पाना बहुत कठिन है। दरअसल जब कोई समूह अपनी रोज़ी-रोटी चलाने के लिए बाहरी अनुदान पर निर्भर हो जाता है, तब वही निर्भरता सारी ग़ैरबराबरी की जड़ बन जाती है। सवाल वही पुराना है कि जब तक हमारे हाथों में सामान्य सुविधाएँ जुटाने के लिए भी पैसा नहीं होगा, तो कैसे करेंगे आन्दोलन? कोई दाता एजेंसी आन्दोलन चलाने के लिए पैसे भी तो नहीं देती! यह सच है कि कुछ लोग पैसा और यश बटोरने के लिए गाँवों में काम करते हैं और कुछ लोग क्रान्तिकारी बदलाव लाने के काम को जमाने तथा पुख़्ता करने के लिए पैसा जुटाते हैं। अगर हम यह फ़र्क़ हमेशा ध्यान में रखकर अपने काम की शर्तों और ज़रूरतों पर डटे रहें, तब क्या एनजीओ के ढाँचे में रहते हुए भी काम करने की नई सम्भावनाएँ बनाई नहीं जा सकती हैं?

नई सम्भावनाओं को बना सकने के लिए यह ज़रूरी है कि बाहरी फंडिंग पर हम कम से कम निर्भर होकर इस तरह के कामों का बीड़ा उठाएँ, जिनसे कार्यकर्ताओं के लिए कुछ-न-कुछ रोज़गार तो बना ही रहे, साथ में उनका यह आत्मविश्वास कभी न टूटे कि ज़रूरत पड़ने पर अपने काम के लिए वे पर्याप्त संसाधन जुटा सकेंगी। आज की तारीख़ में संगतिन के पास ऐसा कोई आर्थिक-स्रोत नहीं है, जिसके आधार पर अगले तीन से पाँच वर्षों के लिए हम कोई योजना बनाकर काम कर सकें। आर्थिक रूप से अपने पाँवों पर खड़े होने की कोशिश करती हमारी छोटी-सी संस्था को मित्रों और शुभचिन्तकों से तरह-तरह की सलाहें मिलती हैं–कोई हमें एड्स पर केन्द्रित किसी बड़े प्रोजेक्ट का हिस्सा बनने को कहता है, तो कोई मानवाधिकार पर; लेकिन हमारा यह मानना है कि काम हम उन्हीं मुद्दों पर करेंगे, जो हमारे ऊपर किसी फंडिंग ऐजेंसी द्वारा लादे जाने के बजाय हमारे क्षेत्र की ज़मीन से उठेंगे। साथ ही अपने काम की सफलता और असफलता को आँकने के माप-दंड हम उन्हीं लोगों के साथ मिलकर तय करेंगे, जिनके बीच हमारा काम

है। हमारा यह अनुभव रहा है कि जो मुद्दा क्षेत्र से उठता है, उसे दबाना असम्भव है। ऐसे ही मुद्दों से जुड़कर आन्दोलन आगे बढ़ता है। यदि क्षेत्रीय मुद्दों को आगे बढ़ाना हमारे मुख्य उद्देश्यों में से है, तो अपना संगठनात्मक ढाँचा भी उन्हीं मुद्दों के हिसाब से बनाना होगा, दूर बैठी संस्थाओं की नक़ल करके नहीं। हमारी ख़्वाहिश है कि हम मज़दूर-किसान शक्ति संगठन, अकाल संघर्ष समिति और उत्तराखंड महिला मंच जैसे जुझारू संगठनों के काम और संघर्षों को गहराई से जान-समझकर, उनसे सीखते और प्रेरणा लेते हुए आगे की अपनी दिशा और लक्ष्यों को तय करते चलें।

हमारी तीसरी प्रतिबद्धता पारदर्शिता के प्रति है। देश-विदेश की चमकदार रंगीन पत्रिकाओं में जब हम अपने ही जैसे परिवेश की देहाती औरतों की तस्वीरें देखते हैं, तो मन में विचार आता है कि दुनिया की सरकारों और मीडिया के पास क्या हमारी ग़रीबी, फटेहाली और रोते हुए नंगे-दुबले बच्चों को दिखाने के अलावा कोई दूसरी छवि ही नहीं है? क्या ग़रीबों के नाम पर इसी तरह की छवियों के दम पर हमारे देश की सरकार और संस्थाएँ विदेश से पैसा लाती हैं? पर अगर हमारे माहौल और ग़रीबी की तस्वीरें दिखलाकर हमारे ही विकास और सशक्तीकरण के नाम पर करोड़ों रुपए लाए जाते हैं, तो हम ही तक यह जानकारी क्यों नहीं पहुँचती कि हमारे नाम पर कितना पैसा जुटाया गया और उसको किस काम में, किसके ऊपर, कब और कैसे ख़र्च किया गया? हम अच्छी तरह जानते हैं कि इस बात को कहना जितना आसान है, इसे असलियत में लागू कर पाना उतना ही कठिन। समूह के अन्दर तो पारदर्शिता सहजता से बनाई जा सकती है, पर गाँव की महिलाओं को कैसे बताएँगे हज़ारों-लाखों का हिसाब-किताब? लेकिन क्या इसीलिए हमसे ऊपर बैठे लोग हमारे बारे में सोच लेते हैं कि हम क्या समझेंगे मोटी-मोटी रक़मों का लेखा-जोखा? हमारी तो आँखें ही इस क़दर चौंधिया जाएँगी कि पहले की तरह दोबारा देखते नहीं बनेगा!

हम चाहते हैं कि इस चुनौती को इस तरह गले लगाएँ कि संगतिन के काम में हमेशा पैसे को लेकर पारदर्शिता बनी रहे। यह तभी सम्भव है जब हमारे माप-दंडों में हमेशा ऐसे नियम-क़ायदे सर्वोपरि होंगे, जो हमें बराबर अपने गाँवों की आम जनता को पूरी इज़्ज़त देते हुए उनके प्रति पूरी जवाबदेही बनाए रखने के लिए बाध्य करते रहेंगे।

एक चौथा मुद्दा सीधे ज्ञान तथा विचारों के उत्पादन की राजनीति से जुड़ा हुआ है। यह हमारे काम से लगी वह कड़ी है, जो अदृश्य-सी रहते हुए भी बहुत अहम है और जिसको अपने काम से जोड़ पाना हमारे लिए सबसे कठिन और चुनौतीपूर्ण रहा। इसी समझ को बनाने की एक नन्ही-सी शुरुआत हमने इस सामूहिक प्रकिया

के मँझले चरण में की; यानी–निजी डायरी लेखन को बाँटकर बातचीत करने के बाद और पुस्तक का काम शुरू करने से पहले।

इस शुरुआत के लिए हमने अगस्त 2003 में पाँच दिन ऐसे निकाले, जब अपने सात बरसों के गम्भीर काम को एक बड़े परिप्रेक्ष्य में जानने-समझने और अन्तर्राष्ट्रीय मुद्दों पर अपनी समझ को विस्तार देने की कोशिश की। ऋचा नागर की भागीदारी की वजह से ऐसे कई सामाजिक और राजनीतिक प्रश्न हमारी चर्चा का केन्द्र बने, जिन पर हमें पहले कभी बातचीत करने का मौक़ा नहीं मिला था। मिसाल के तौर पर–हममें से कई लोग यह जानना चाहते थे कि इराक़ पर जो अमरीकी आक्रमण हुआ, उसकी राजनीति में तेल, साम्राज्यवाद और बहुराष्ट्रीय कारख़ाने कैसे जुड़ते हैं? फिर इसी चर्चा में दूसरे कठिन प्रश्न भी उभरते गए, जैसे–इज़राइल और फिलिस्तीन का रिश्ता अमरीकी राजनीति के लिए क्यों मायने रखता है? अमरीका में रंग-भेद को लेकर किस प्रकार के मुद्दे उठते रहे हैं और क्यों? इन विषयों से जब अपनी डायरी-चर्चा में उठे सवालों को जोड़ा तो बातचीत दूसरे दायरों में भी फैलती गई, जैसे–विकास और पूँजीवाद की राजनीति में एनजीओ जैसी संस्था का आगमन कब हुआ और इसका स्वरूप किस तरह बदला? दक्षिण अफ़्रीका और तीसरी दुनिया के अन्य देशों में आज समलैंगिक लोगों के संघर्ष किस तरह से वर्ग, रंग और संसाधनों पर जमे अधिकारों के इर्द-गिर्द परिभाषित लड़ाइयों से जोड़े जा रहे हैं? इसी तरह के दसियों सवाल।

इन चर्चाओं को जब हमने अपने अनुभवों से जोड़ा, तो लगा कि ग्राम स्तर की कार्यकर्ता के काम का दायरा हर मायने में कितना सीमित बना दिया जाता है। अपने काम के सन्दर्भ में हमें ऐसे मौक़े नहीं दिए जाते हैं कि हमारे गाँवों में जो हो रहा है, उसे हम अन्य प्रदेशों और देशों की स्थिति एवं संघर्षों के साथ जोड़ सकें। इसी तरह हम ख़ुद को इतना सक्षम नहीं बना पाते हैं कि दलित और ग़रीब औरतों के ख़िलाफ़ हो रही हिंसा को दूसरी हिंसाओं से पूरी तरह जोड़कर अपने उद्‌देश्य और अपनी रणनीतियाँ तय कर सकें।

हमारा दस्तावेज़ीकरण अनुदानदाताओं के मन-माफ़िक़ निखरकर आए इसके लिए तो नित नई कार्यशालाएँ आयोजित होती हैं। परन्तु ऋचा नागर के साथ हुई हमारी लम्बी चर्चाओं ने हमें यह सोचने को बाध्य किया कि हमें कितनी कम जगहें व साधन मिलते हैं उन सामाजिक और राजनीतिक मसलों से जूझने के लिए जो आए दिन एकडमिक सेमिनारों और राष्ट्रीय व अन्तर्राष्ट्रीय सुर्ख़ियों में चर्चा का विषय बनते हैं। जैसे भूमंडलीकरण और विश्व व्यापार संगठन (वर्ल्ड ट्रेड ऑर्गनाइज़ेशन) की नीतियाँ, हमारे देश में किसानों की बढ़ती हुई आत्महत्याओं की ख़बरें, या पानी का निजीकरण। परिणामस्वरूप हमारी अपनी सोच इन विषयों पर बेहद सीमित रह

जाती है और हम यह जान ही नहीं पाते कि इन सब सामाजिक और राजनीतिक प्रक्रियाओं का हमारे गाँवों की महिलाओं के शरीरों और मनों पर होने वाली हिंसा से क्या रिश्ता है? अपनी इन्हीं सीमाओं के कारण हमारे ऊपर अध्ययन करने का काम प्रतिष्ठित कहे जाने वाले दूसरे विद्वान करके चले जाते हैं। पर उनके मूल्यांकन की कमियाँ या ग़ैरज़िम्मेदाराना तेवर दिखलाने के लिए हमारे पास उचित लफ़्ज़ भी नहीं होते।

संगतिन समूह में हम लोगों ने यह इरादा बनाया है कि महिलाओं के शरीर पर होने वाली हिंसा को दूसरी हिंसाओं के साथ पिरोकर गहराई से चिन्तन करेंगे और उस जानकारी को अपने ग्रामीण-समाज के लोगों के साथ मिलकर बढ़ाएँगे। इसी कोशिश के तहत हमने कुछ मुद्दों को शुरुआती-सूची की तरह यहाँ लिया है। इन पर चर्चाओं और कार्यशालाओं के आयोजन, पठन-पाठन तथा फ़िल्मों के प्रदर्शन-अवलोकन के ज़रिए पक्की-समझ बनाकर संगतिन-समूह दलित और शोषित समुदायों के हक़ों के लिए लड़ना चाहता है।

सोच की इन धाराओं को आगे बढ़ाने के सिलसिले में यों तो बहुत सारे मुद्दे उभर रहे हैं। इन सबकी सूची बना पाना मुमकिन नहीं है। सामूहिक रूप से अगर हम मुद्दों को कोई तरतीब दे भी लें, तो किस मुद्दे पर कब-कैसे काम करेंगे? फ़िलहाल तो हमें लगता है कि कुछ विषय हमारे लिए ज़रूरी ज़िम्मेदारियों जैसी अहमियत रखते हैं।

बतौर मिसाल, ध्रुवीकरण और तथाकथित विकास की प्रक्रियाओं के ज़रिए ग़रीब-तबक़े से संसाधनों के निरन्तर खींचे जाने को ही लेते हैं। संसाधनों तथा ग़रीब-वर्ग के बीच की नियति अक्सर 'ऊँट के मुँह में ज़ीरा' जैसी साफ़-साफ़ दिखाई पड़ती है। साधनहीनता की स्थितियों में जीते-मरते लोगों तक जो कुछ न्यूनतम पहुँचना चाहिए, अनेक स्तरों से गुज़रते हुए नीचे तक आते-आते वही संसाधन अन्ततः क्यों और कैसे बँटते-छीजते जाते हैं? इसी तरह एनजीओकरण में व्याप्त वर्ग-वाद की राजनीति से विकास और भूमंडलीकरण का रिश्ता भी हम लोगों को सक्रियता के लिए बाध्य करता है कि गुत्थी-सरीखी इनकी परतों का खुलासा करें। दूर-दराज़ के गाँवों में साँस लेता इन्सान भी तो आख़िर ख़ुद के लिए यह तय कर सके कि क्यों, कैसे और किसके लिए 'पूरी दुनिया एक गाँव' जैसी बना दी गई है और कौन से वे लोग हैं, जिनके लिए पूरी दुनिया अब भी उनके गाँवों, क़स्बों या ज़िलों में ही सिमटी हुई है? दो तरह की यह दुनिया किन ग़ैरबराबरियों और सामाजिक हिंसाओं की तरफ़ इशारा करती है?

हिंसा के उस चेहरे की तरफ़ भी ग़ौर कर लें जिसने हमारे देश की रूह को कँपाकर रख दिया है। 'बाबरी मस्जिद-राम जन्मभूमि' विवाद का अन्त अगर

मस्जिद के आकार की चार सौ साल पुरानी इमारत के ढहाने से देशव्यापी साम्प्रदायिक दंगे की शक़्ल अख़्तियार कर लेता है और कोई दसेक साल बाद रेल के डिब्बे के भीतर घटी घटना गुजरात के नर-संहार में बदल जाती है, तो ऐसे दुर्भाग्य और विडम्बना के प्रति समझदारी व सजगता विकसित करना भी हमारे काम तथा दायित्व का ज़रूरी हिस्सा बने। तभी लोगों की समझ में आ सकेगा कि मन्दिर-मस्जिद विवाद और गुजरात नर-संहार जैसे मुद्दे हमारे ज़िले से लेकर गाँवों तक की साम्प्रदायिक-राजनीति से अपना नाता कैसे जोड़ लेते हैं? इसके लिए साम्प्रदायिकता की बाबत ऐतिहासिक समझ बनाना ज़रूरी है। हम अपने हिन्दुस्तान के 1947 में हुए बँटवारे को ही देखें। तब हिन्दुस्तान से अलग पाकिस्तान एक मुल्क बना, और फिर उससे भी कटकर वजूद में आया, बाँग्लादेश। इन सबकी पृष्ठभूमि को जाने और इसके पूरे इतिहास को समझे बिना भारत-पाक विभाजन और आज की साम्प्रदायिक राजनीति की सही पकड़ भला कैसे आएगी? सवाल यह भी है कि गाँवों की साधारण औरतों और मर्दों को भी इस सबकी साफ़-साफ़ समझ क्यों न हो? हमें तो लगता है कि इस तरह की समझ पैदा करने में हमारी भूमिका अवश्य होनी चाहिए।

इसी के साथ अपनी निजी कहानियों का अवलोकन करते समय हमें बार-बार ज़रूरत महसूस हुई कि हम जाति-व्यवस्था के इतिहास और स्वतन्त्र भारत में जातिवाद के ख़िलाफ़ उभरे आन्दोलनों के बारे में अपनी समझ को पैना करें। और यह भी लगा कि यदि इस सारी समझ तथा चिन्तन को बढ़ाने के पीछे हमारा मुख्य उद्‌देश्य ग़रीब व ग्रामीण औरतों की ज़िन्दगियों से जुड़कर ठोस व अर्थपूर्ण काम करना है, तो इसके लिए हमें नारीवाद का इतिहास और महिलाओं से सम्बन्धित चिन्तन-लेखन और आन्दोलनों के तहत समय-समय पर उभरी जाति, वर्ग, रंग, क़ौम आदि की बहसों से भी अपना परिचय प्रगाढ़ करना होगा। तभी तो हम ज़मीनी काम के साथ-साथ ज्ञानोत्पादन की राजनीति में भी बराबर हस्तक्षेप करते रहने का हौसला हासिल कर पाएँगे।

और अन्त में...

दिसम्बर 2002 में पूस की गुनगुनी धूप में नौ लेखनियों ने जब क़ाग़ज़ों पर अपनी नोक से पहली बार नए अलफ़ाज़ उतारने और उन्हें इबारत में बदलने शुरू किए थे, तब हमारी आँखों में नमी थी और दिलों में एक दर्द व बेचैनी। कभी सोचा भी नहीं था कि अपनी अम्माओं, बाबुओं और दादियों के आँसू, डाँट और मार को याद करते-समझते हम एक दिन रोज़ी-रोटी और आन्दोलन के बीच भेद भी करने

लगेंगे। पर हम आज यह अच्छी तरह जानते हैं कि अपने निजी जीवन की दास्तानों को आजू-बाजू रखकर नई नज़रों से देखने के बाद ही हम उस मुक़ाम पर पहुँच पाए, जहाँ से अपने कार्यक्षेत्र में व्यापी ग़ैरबराबरी का ईमानदारी से अवलोकन कर पाना मुमकिन हो रहा है।

यानी, अगर हम यह सामूहिक समझ नहीं बना पाते कि गरिमा और राधा के बचपन की भूख में क्या फ़र्क़ है, तो शायद यह भी नहीं देख पाते कि दलित और शोषित महिलाओं के अधिकारों हेतु काम करने वाले हमारे ही संगठनों की कुल बागडोर किस तरह सवर्णों के हाथों में पहुँच जाती है? और अगर छुआछूत तथा परदे को लेकर अपने ही दिलों और घरों में बिराजे दोहरेपन से हम न जूझे होते, तो कहाँ से लाते एनजीओ-जगत की दिग्गज हस्तियों और अध्येताओं के काम में पैठे दोहरेपन पर सवाल उठाने की नज़र और जज़्बा?

लेखनी से आँसुओं तक की हमारी मज़बूत हिस्सेदारी ही हमारी ताक़त बनकर हमें आज आँसुओं से सपनों तक खींच लाई है। इन सपनों में नए आकार और नए रंगों के साथ अगर नई उमंगें समाई हुई हैं, तो नए उलझाव, ख़तरे और डर भी हैं, इसका हमें अहसास है।

और यह भी कि सृजन के हमारे इस सफ़र ने हमें एक बन्द मुट्ठी तो बना ही दिया है।

उम्मीद यही है कि यह मुट्ठी लगातार अधिक मज़बूत होती जाएगी तथा हमें अपनी जैसी और-और मुट्ठियों का साथ और बल-सम्बल मिलता चलेगा। तभी तो हम एक ऐसी दुनिया रच सकेंगे, जहाँ हमारे जैसे छोटे-छोटे समूह भी आम लोगों के साथ मिल-जुलकर उनकी ख़ुशहाली के लिए बड़े-बड़े सपने देखने का हौसला रखते हों—अपनी ही शर्तों पर..., अपने ही चिन्तन के बूते..., और अपनी ही ज़बान में!

परिशिष्ट

इस दूसरे संस्करण के अवसर पर लिखे अपने निवेदन में हमने उल्लेख किया है कि किस प्रकार संगतिन-यात्रा का एक पुस्तक, और सामाजिक बदलाव लाने की एक सामूहिक प्रक्रिया और दृष्टि के रूप में देश भर में स्वागत हुआ। इस स्वागत के पीछे एक बड़ा कारण था पुस्तक में एनजीओकरण को लेकर किया विवेचन, और उस विवेचन से उपजा विवाद। इन महत्त्वपूर्ण बहसों ने बीजारोपण किया संगतिन-यात्रा के अंग्रेज़ी संस्करण, प्लेयिंग विथ फ़ायर : फ़ेमिनिस्ट थॉट एंड एक्टिविज़्म थ्रू सेवन लाइव्ज़ इन इंडिया (Playing with Fire : Feminist Thought and Activism Through Seven Lives in India) का।[15] *संगतिन-यात्रा और प्लेयिंग विथ फ़ायर पर हिन्दी और अंग्रेज़ी में देश-विदेश में काफ़ी कुछ प्रकाशित हआ है। इनमें से कुछ चुनिन्दा हिन्दी समीक्षाओं के अंश इस परिशिष्ट में उद्धृत करना इसलिए ज़रूरी लगा ताकि पाठक यह जान सकें कि संगतिन-यात्रा में जो आत्मालोचन नौ लेखिकाओं की क़लम से शुरू हुआ था, वह कैसे एक वैचारिक उथल-पुथल का ज़रिया बना और किस तरह उसने संगतिन किसान मज़दूर संगठन के सुरों को मज़बूत किया।*

टूटते पिंजरे, नए आसमान : लाल बहादुर वर्मा

सन्दर्भ : वागर्थ, कृति की राह से, नवम्बर 2004

बहुत कुछ टूट रहा है आजकल-मर्यादाएँ, आस्थाएँ, संस्थाएँ, विश्वास और भी बहुत कुछ। पर मैं तो यहाँ ख़ुशी बाँटने जा रहा हूँ एक ख़ास चीज़ के टूटने पर। वह है

15. प्लेयिंग विथ फ़ायर : फ़ेमिनिस्ट थॉट एंड एक्टिविज़्म थ्रू सेवन लाइव्ज़ इन इंडिया के दक्षिण एशियाई संस्करण का प्रकाशन 2006 में जुबान बुक्स, नई दिल्ली ने किया और 2006 में ही इसका अन्तर्राष्ट्रीय संस्करण यूनिवर्सिटी ऑफ़ मिनिसोटा प्रेस, मिनियापोलिस से छपा। ऋचा नागर द्वारा किए गए संगतिन-यात्रा के इस अंग्रेज़ी अनुवाद के दोनों ही संस्करणों में उन्हीं के द्वारा लिखित भूमिका और पोस्ट-स्क्रिप्ट भी शामिल हैं, जिनमें पुस्तक पर हुए विवाद का विस्तृत विश्लेषण है। यूनिवर्सिटी ऑफ़ मिनिसोटा प्रेस संस्करण में चन्द्रा तळपदे मोहन्ती द्वारा लिखित प्राक्कथन भी सम्मिलित है।

चुप्पी, जो उन्हें भी चुप करती जा रही है जो कभी दूसरों को अवाक् कर देने में माहिर माने जाते थे। मैं बात करना चाहता हूँ औरतों की चुप्पी की–सहज और नैसर्गिक चुप्पी की नहीं–आरोपित चुप्पी की जिसे मूल्य और मर्यादा बनाकर थोप दिया गया था–जो जितना चुप वह उतनी ही शीलवती।

नारी प्रकृत्या मुखर होती है क्योंकि वह अधिक सामाजिक, सहकारी और सृजनशील प्रकृति वाली होती है। पर इतिहास की यह मार्मिक कथा है कि कैसे उसकी ज़ंजीरें बढ़ती गईं, सूक्ष्म होती गईं और अमूर्त भी कर दी गईं। बेजुबान होने को गौरवान्वित करना इसी तरह की चाल थी सत्ता और पितृसत्ता की।

बहरहाल ज़ंजीरें टूटीं, उन्हें टूटना ही था, उन्हें टूटना ही है। इतिहास मुख्यत: नगर-केन्द्रित रहा है–सभी सकारात्मक और नकारात्मक गतिविधियों का केन्द्र। ज़ाहिर है ज़ंजीरें भी पहले शहरों में ही टूटीं, टूटनी शुरू हुई-पुरुषों की भी। नारीवादी आन्दोलन महानगरों में शुरू हुए, उच्च-मध्यवर्ग, फिर मध्यवर्ग, फिर निम्नवर्ग, फिर नगर, फिर कुछ बड़े कस्बेनुमा नगर और वहाँ भी पढ़े-लिखे घरों की कुछ प्रबुद्ध, कुछ फ़ैशनेबुल और वक़्त न बिता पाने वाली महिलाएँ। फिर कुछ और औरतें भी आगे बढ़ीं और आज तो बात गाँवों तक, कम पढ़ी-लिखी और अनपढ़ महिलाओं तक, जा पहुँची है। उर्वशी बुटालिया ने ठीक ही लिखा है : 'एक बार जब औरत के लब आज़ाद हो जाते हैं तो उसके सामने रुकावटें डालना आसान नहीं होता।'

इस गहरी बात में यह तो निहित है ही कि रुकावटें तो होती ही हैं, डाली ही जाती हैं पर उनसे संघर्ष भी जारी रहता है और फिर रुकावट डालना आसान नहीं रह जाता।

...मनुष्य का पोषण माँ-बाप अकेले नहीं कर सकते। दरअसल वे भी समाज के अंग के रूप में ही पोषण करते हैं। समाज विविध संस्थाओं के माध्यम से अपने विविध दायित्वों का निर्वाह करता है। एक-एक करके जब ये संस्थाएँ नारी-विरोधी होती गईं तो परिणामस्वरूप नारी दलित-दमित होती चली गई। पर सोलहवीं शताब्दी यानी आधुनिक युग के प्रारम्भ से ही एक ऐसी उथल-पुथल हुई जिसके केन्द्र में मानव-मुक्ति थी। यह मुक्ति मुख्यत: समर्थ और शक्तिशाली फिर भी वंचित पुरुष की मुक्ति से यानी बुर्जुआ पुरुष की मुक्ति से शुरू होती थी पर चूँकि मुक्ति अविभाज्य और संक्रामक होती है यह चाहत औरों तक भी फैली–पहले अन्य वर्गों के पुरुषों तक और फिर नारियों तक भी–बूर्जुआ नारियों तक भी।

जैसे नारी को बन्दी बनाने में मूल्यों-मान्यताओं, संस्थाओं का सहारा लिया गया था, उसी तरह नए मूल्यों-मान्यताओं, संस्थाओं ने नारी मुक्ति को भी उत्प्रेरणा और शक्ति दी है। घर-विद्यालय-धर्म जैसी संस्थाएँ जो पोसने और सँवारने के लिए

बनी थीं अब बनाने से ज़्यादा बिगाड़ती हैं। इसलिए उनकी बजाय दूसरी तरह की संस्थाएँ जहाँ जनवादी विकास की सम्भावनाएँ बची हैं वहीं कुछ नया रचना आज भी सम्भव है।

संगतिन-यात्रा पुस्तक (संगतिन, शिवपुरी कॉलोनी सीतापुर, उ.प्र.) की रचना प्रक्रिया, रचित पाठ और उसमें व्याप्त सपने सृजनात्मक, सहकारी और संवादात्मक हैं। यह पुस्तक दो तरह की सम्भावनाओं की ओर इशारा करती है। 1. चेतना और रचना विशिष्टों और अभिजनों का एकाधिकार नहीं (इसे बेबी हालदार की हाल ही में प्रकाशित चर्चित पुस्तक 'आलो-आंधारि' बख़ूबी चिह्नित कर चुकी है।) और 2. जागरण और सृजन की परम्परागत अवधारणा और पद्धति पर्याप्त नहीं। नए-नए उपकरण और नई-नई पद्धतियाँ विकसित करनी होंगी।

पहले किताब की रचना प्रक्रिया और संरचना पर सरसरी नज़र डाल ली जाए।

उत्तर प्रदेश के एक पिछड़े ज़िले सीतापुर में अलग-अलग पृष्ठभूमि, जाति और धर्म की सात वंचित, उपेक्षित और दलित महिलाएँ अलग-अलग परिस्थितियों में जीवन को सहारा देने के लिए एक महिला संगठन में नौकरी करती हैं और धीरे-धीरे उन्हें लगता है यह तो 'नौकरी नहीं संघर्ष है'। उनके मन में सवाल उमड़ते-घुमड़ते हैं। कभी-कभी जवाब भी सिर उठाते हैं पर वे करें क्या इस उद्वेलन का। इत्तफ़ाक़ से उन्हें एक संवेदनशील और अपने को समर्पित इंचार्ज मिल जाती है। इत्तफाक से ही इंचार्ज की अमरीका में अध्ययन करने वाली एक भारतीय मित्र इस ग्रुप के कामों में दिलचस्पी लेती है—अकादमिक नहीं। (इत्तफ़ाक़ से इसलिए कहना पड़ा कि ऐसा सामान्यतया होता नहीं। कभी-कभी ही सामाजिक सरकारी और ग़ैर-सरकारी संगठनों को सही और सृजनशील नेतृत्व और सलाह मिल पाते हैं।) उनमें ज़मीनी स्तर पर महिलाओं के बीच होने वाले कार्यों से निकट से और लम्बे दौर तक जुड़ने की चाहत है। फिर तो एक योजना बनती है अपनी बात कहने की—एकालाप या संवाद के रूप में नहीं, कोरस के रूप में। जो कुछ पककर, निचोड़कर निकला है वह किसी एक का नहीं 'सात ज़िन्दगियों में लिपटा हुआ नारी-विमर्श' है। सातों आत्मविश्वास के साथ कहती हैं : 'यह हमारी अपनी कहन (गौरतलब है कि वे इसे अपनी कहानी नहीं कहतीं) और हमारा आत्मलोचन है।'

...वे सातों दलित परिवार की नहीं हैं—उनमें ब्राह्मण परिवार की भी महिला है। सातों के घर की आर्थिक विपन्नता एक जैसी नहीं है। सातों के परिवार एक जैसे नहीं हैं। वे एकल माएँ भी नहीं हैं। उसमें एक मुसलमान महिला भी है। यानी एक तरह से वंचितों (हैव नॉट) का क्रॉस सेक्शन है। कॉमन है तो अहसास, तड़प और उबरने की चाहत। आलोचना अपने तक सीमित नहीं रहती, अपने संगठन को

भी नहीं छोड़ती बल्कि समाज-सेवा के पूरे तंत्र को समेट लेती है। 'गरीबों के बीच रहकर कौन सबसे ज़्यादा खटता है, कामों के बारे में बातचीत कौन करता है, कौन रिपोर्ट तैयार करता है, उसे प्रस्तुत करने के लिए किसे क़ाबिल समझा जाता है और किन्हें सिर्फ़ नुमाइश के लिए बुलाया जाता है।' ऐसे सवाल भी उभरने लगते हैं।

सबसे पहले वे अपने बयान पर नज़र डालती हैं तो याद आती है ग़रीबी, तरह-तरह की कमियाँ, पिटती माँ, खटती औरतें। खेल-कूद की तो याद ही जैसे नहीं आती। उन्हें लगता है पासी परिवारों में ही नहीं, ब्राह्मण परिवारों में भी दशा बहुत बुरी है। 'ऊँच-नीच से जुड़ी मान्यताएँ दलितों के रोएँ-रोएँ में ठूँस दी जाती हैं।' सात बचपनों के अंकन से यह भी स्पष्ट होता है कि सबने एक ही तरह नहीं झेला, एक ही तरह नहीं महसूस किया।

यह बात सरलीकरण और सूत्रीकरण की जल्दबाज़ी में लगे लोगों की प्रवृत्ति, जो इस देश की सबसे आम प्रवृत्ति है, के सन्दर्भ में बहुत महत्त्वपूर्ण है। एक ही ज़िले के एक ही संगठन के क़रीब-क़रीब एक जैसे हालात की मारी इन सात महिलाओं के अनुभव और अनुभूतियाँ भिन्न हैं। उनका भी सूत्रीकरण हो सकता है पर सूत्र जटिल होगा।

सार संकलन के समय उन्हें दो बातें और समझ में आती हैं–1. घर के, विशेषकर पिताओं की यौन इच्छाओं से सम्बन्धित बातें तो उन्हें याद आती हैं पर माँ? उन्हें लगता है कि माँओं की यौनिक इच्छाओं के बारे में तो वो सोच भी नहीं सकीं। 2. उन्हें यह प्रश्न कचोटता है कि कैसे संस्कार हैं जो मार खाना और बर्दाश्त करना तो सिखाते हैं पर विरोध करना नहीं, क़ैद को स्वीकारना तो सिखाते हैं पर रिहाई की राह तलाशना नहीं।

फिर वे अपने जवान होने, पुरुष के प्रति आकर्षण, विवाह के सपने और विवाह के यथार्थ को याद करती हैं। इन बातों से जुड़ी समस्याओं और उनके कारण बर्बाद हुए अपने पर भी नज़र जाती है। उन्हें अजीब लगता है कि बचपन में माँएँ उन्हें ख़ूब सजाती-सँवारती थीं पर बड़ी होकर जब वे ख़ुद सजना-सँवरना चाहती हैं तो डाँट पड़ती है। बात-बात पर डर, डर और अधिक डर। कोई लड़का या पुरुष किसी औरत के साथ ज़बर्दस्ती करता है तो बस डाँट पड़ जाती है पर किसी औरत ने प्यार किया तो हत्या या आत्महत्या की नौबत आ जाती है। ग़रीब को तो शारीरिक पीड़ा झेलनी पड़ती है पर मध्यमवर्गीय दिखावा और खोखले मूल्यों का बोझ तो अवहनीय होता है।

वे एक बहुत सूक्ष्म प्रश्न उठाती हैं : ऐसा तो नहीं कि ससुराल में ख़ुशियों के पल आए ही नहीं होंगे, पर उनकी याद क्यों नहीं शेष है? ऐसा तो नहीं कि सपनों के बिखर जाने की पीड़ा इतनी बढ़ गई कि सुख के पल आए भी तो उन्हें पहचान

ही नहीं सके? फिसल से गए लम्हे। किसी को लगता है शादी का मतलब पूरे अस्तित्व पर औरों का क़ब्ज़ा। सहज सम्बन्ध क्यों नहीं बन पाए? ऐसे में इन कम पढ़ी-लिखी ग्रामीण महिलाओं को नारी-समलैंगिकता को हल्के-फुल्के में न लेकर गम्भीर मुद्दे के रूप में लेना चकित करता है।

नौकरी यानी एक छोटा-मोटा आर्थिक आधार और घर की चारदीवारी से दिन-दिन भर के लिए, कभी-कभी रात को भी, बाहर रहने की छूट या मजबूरी उनके जीवन को नई दिशा देती है। मन्थन-उद्वेलन शुरू होता है। एक भंगी को रसोई में काम करते देख ब्राह्मणी ही नहीं दलित और मुस्लिम महिला को भी ठीक नहीं लगता।

धीरे-धीरे उन्हें काम का स्वरूप समझ में आने लगता है, परिप्रेक्ष्य विस्तार पाता है, समझ गहरी होती जाती है। वे सोचती हैं कि 'हमारे शरीर पर होने वाली हिंसा को दूसरी हिंसाओं से जोड़कर देखना चाहिए।' उन्हें यह भी समझ में आता है कि गाँव की सामान्य औरतों ही नहीं, मर्दों को भी मूल मुद्दों के सभी आयामों की समझ होनी चाहिए।

वे बढ़ते एनजीओकरण की चुनौतियों को भी समझने की कोशिश करती हैं। उन्हें पीड़ा होती है यह जानकर कि उनका दुख-दर्द, सोच, काम सब कुछ 'कच्चे माल' की तरह इस्तेमाल होता है। यानी उन्हें वह महत्त्व और अर्थवत्ता नहीं प्राप्त है जिसकी वे अपने को हक़दार समझती हैं। उनको ठेस लगी जब उन्होंने एनजीओ सेक्टर में पद, जाति और वर्ग पर आधारित असमानताएँ महसूस की। वहाँ लिंग और जातिगत असमानताओं के विरुद्ध एकजुटता बढ़ती देखी पर वर्ग आधारित असमानता का प्रश्न उठते ही अभिजात और अभिजन समुदाय दामन झाड़ता नज़र आता है। फिर उन्हें कार्यकर्ताओं के सामने पारदर्शिता न रखने की भी शिकायत है। वे अपने लहजे में एक अलग तरह के ढाँचे की माँग करती हैं और 'फ़ॉरेन फंडिंग' पर कम से कम निर्भरता की वकालत करती हैं।

एनजीओ सेक्टर की विचारधारा और पूर्वग्रहों के आधार पर कटु आलोचनाओं का तो एक तरह से फ़ैशन है पर 'इनसाइडर्स' की 'भोगे हुए यथार्थ' के आधार पर समालोचना या समीक्षा को नज़रअंदाज नहीं किया जा सकता।

बहरहाल इन सात समर्पित कर्मियों की ओर से दुखिया से सुखिया हुई जाती चाँदनी की डायरी की निम्नलिखत पंक्तियाँ बहुत कुछ कहती हैं :

या इलाही इतना करम कर दे
इस काम को ईमान से ऊँचा कर दे

'इस काम' में लगी सात कर्मियों की समझ, हिम्मत, दृष्टि और सरोकार आश्वस्त करते हैं : हमारी मुट्ठियाँ मज़बूत होंगी (ग़ौरतलब है कि वे हाथ मज़बूत

होने का मुहावरा नहीं इस्तेमाल करतीं, मुट्ठियों में एक संयुक्त प्रयास की ओर इशारा है।) उनमें मिल-जुलकर ख़ुशहाली के बड़े सपने देखने का हौसला है– 'अपनी शर्तों पर...अपने चिन्तन के बूते...और अपनी ज़बान में।'

विकल्पहीनता (देयर इज़ नो अल्टरनेटिव) को ही एकमात्र विकल्प की तरह मान लेने वाले हताश और मनवाने में लगे शातिर लोगों के लिए यहाँ चेतावनी है।

'संगतिन-यात्रा' सामाजिक सरोकार और दायित्व का एक ऐसा गवाक्ष खोलती है जिससे दूर तक राह देखी जा सकती है। इसमें अवधारणा और पद्धति की ताज़गी है। सामाजिक रूढ़ियों के विरुद्ध लड़ने के इस तरीक़े में सृजन-संघर्ष की अर्थवत्ता तो उजागर होती ही है, उन्हें चरितार्थ करने के लिए नए सिरे से सोचने-समझने-करने का नैसर्गिक निमंत्रण भी है।

स्त्रियों के शब्द : कृष्ण कुमार

सन्दर्भ : जनसत्ता, दृश्यान्तर, 11 जुलाई, 2004

...पिछले दस-पन्द्रह बरस से शिक्षा के ग्लोबल विमर्श में 'गर्ल चाइल्ड' का बोलबाला है। संगतिनों की क़लम हमें बताती है कि गाँव की लड़की पर 'चाइल्डहुड' का साँचा चढ़ाना कितना भ्रामक होगा। डेढ़ सौ पन्नों की इस किताब में बचपन के प्रसंग कुल सत्रह पन्नों में सिमटे हुए हैं तो इसलिए क्योंकि गाँव की लड़की कब बच्ची थी कब माँ बन गई, यह याद रख पाना मुश्किल होता है। निर्धनता, माँ-बाप के दबाव, माहौल की कर्कशता और ख़ुद अपनी आशंकाओं में डूबे बचपन की ये सातों कहानियाँ साहित्य के इतिहास में अनोखी हैं। शिक्षा और विकास के नीतिकार इन्हें पढ़ें तो इकबारगी जान जाएँगे कि ग्रामीण गर्ल चाइल्ड सरकार और यूनेस्को को इतना परेशान क्यों किए है कि सौ में से एक बारहवीं की परीक्षा में बैठ पाती है।

अगले साठ-पैंसठ पन्ने हमें मातृत्व और फिर बाहर की दुनिया से पेश आने की शुरुआत के सात दीगर सिलसिले बताते हैं। यह पुरुष पाठक के लिए थोड़ा परिचित ठहरता है, ख़ासकर वे प्रसंग जहाँ जाति, धर्म और लिंग-भेद के विमर्श उभरते हैं। पूर्वग्रहों और अन्धविश्वासों, हिदायतों और भूलों के बीच से समझ व चेतना की नई सतहें खुलती हैं। हम देख पाते हैं कि दोनों ऋचाओं के संस्थायी और संपादकीय प्रयास का बौद्धिक मक़सद क्या है। किताब का आख़िरी अध्याय 'एनजीओकरण' की चुनौतियाँ' विश्लेषण करता है। यहाँ फोकस वर्ग-भेद पर है

जिसके चलते गाँव की औरत की आवाज़ अन्तर्राष्ट्रीय अनुदान के व्यापारियों की मोहताज बन जाती है। वह तभी सुनी जाती है जब लाइसेंसशुदा बिचौलियों द्वारा अनूदित हो। कभी-कभार स्वयं उठती और गूँजती है तो अराजक, अतः असहनीय करार दी जाती है।

ग़ैर-सरकारी पाठकों को यह ख़बर थोड़ा अविश्वसनीय लगेगी कि चार महीने पहले विमोचित होते ही यह पुस्तक विवादग्रस्त हो गई। (नारी समता योजना, छद्मनाम-सं.) आख़िर एक शासकीय कार्यक्रम है। संगतिनों पर आरोप है कि उन्होंने इस कार्यक्रम से उपजे अनुभव बग़ैर इजाज़त और हवाले के कैसे लिख दिए। मामला दरअसल अनुभव का इतना नहीं, जितना अवसर और सामर्थ्य का है। मूलतः यह किताब (नारी समता योजना-सं.) की सफलता का सबूत है, पर सबूत बनने की औपचारिकताओं के प्रति विद्रोह का प्रतीक भी है। विद्रोह की भूमिका शब्द ही निभाते हैं।

उन्हें स्वीकार करना, उनकी तराश से ख़ुश होना जिस उदारता की माँग करता है, वह किसी सरकारी कार्यक्रम में हो तो कार्यक्रम एक क्रान्ति न बन जाए? फिलहाल अपनी आत्मकथाएँ लिखने की हिमाकत करने वाली संगतिनें और उनकी दोनों शहरी साथिनें इस हैरतअंगेज़ बहस में धकेली जा रही हैं कि उनके अनुभवों और शब्दों पर किसका कॉपीराइट है। ग़नीमत यही है कि औरत होने के नाते यह सवाल उनके लिए एकदम नया नहीं हो सकता।

ज़मीनी सतह से उभरता अनूठा महिला-विमर्श : बन्धु कुशावर्ती

सन्दर्भ : मत अभिमत, पुस्तक पूर्वावलोकन, फरवरी 2004

बीती शताब्दी के अन्तिम कई वर्ष देश से लेकर दुनिया तक तरह-तरह के उत्थान व पतन के वर्ष रहे हैं। इन्हीं वर्षों में दुनिया का बड़ा तथा एक ध्रुव रहा रूस टूटा तो दूसरा ध्रुव अमरीका सबसे बड़ी वैश्विक शक्ति बनकर उभरा और स्थापित हुआ है। नए विचारों और चिन्तन के रूप में 'इतिहास का अन्त उत्तर-आधुनिकता, उत्तर-संरचनावाद, विखंडनवाद, नारी-विमर्श, दलित-विमर्श' आदि का प्रादुर्भाव होने से लेकर बोलबाला भी इसी दौर में बढ़ा। इसी दौर में बहुराष्ट्रीय कम्पनियों का तेज़ी से विस्तार तथा उनके फैलाए जाल एवं बनाए माहौल में ही बहुजन भी। साँस लेने, जीने-खाने और रहने की नियति भी एक बड़ी सच्चाई है। इसी में लोक-लुभावन तरीके से पूरी दुनिया को एक गाँव कहा जा रहा है। एक तरफ़ यह सब, तो दूसरी तरफ़ अमरीकी-साम्राज्यवाद का विस्तार व पूरी दुनिया में उसका

आतंकवाद का पर्याय बनते जाना, जिसमें कुछ मस्त, कुछ त्रस्त तो कुछ ग्रस्त बुद्धिजीवी, लेखक, ज्ञानी-विज्ञानी व अकादमिक जन सोच-समझ लिख-पढ़, कह-सुन और गुन रहे हैं।

इसी माहौल में वजूद में आई संगतिन-यात्रा। प्रथमद्रष्टया यह कहीं से कहीं तक का सफ़र या आवाजाही लग सकती है, पर है नहीं। इसके केन्द्र में उत्तर प्रदेश की राजधानी लखनऊ से सटे क़स्बाई ज़िला सीतापुर के मिश्रिख ब्लॉक में स्थापित स्वैच्छिक-संगठन संगतिन की महिला-कार्यकर्ता हैं। ये सभी पिछले 7-8 वर्षों से सीतापुर के ग्रामीण क्षेत्र की महिलाओं के बीच ज़मीनी स्तर पर काम करती आ रही हैं। इस नाते इन सबके पास एनजीओ की दुनिया के भी बहुत ही ठोस, विविध-स्तरीय और ज़मीनी अनुभव हैं। ख़ुद भी ये मूलतः ग्रामीण-क्षेत्र से आई हैं। इनमें एक मुस्लिम समुदाय से तथा 6 अन्य हिन्दू समुदाय के सवर्ण, ग़ैर-सवर्ण तथा अनुसूचित जाति से हैं। इस विभिन्नता के साथ इनका आर्थिक-सामाजिक व शैक्षिक स्तर भी अलग-अलग है। ऐसी विविधतापूर्ण पृष्ठभूमि लेकर महिला-कार्यकर्ता के जीवन, अनुभव, सपने और संघर्ष समेत अपनी समूची दुनिया को इन सबने 6-7 महीनों के बीच डायरी के रूप में लिखा, बावजूद इसके कि साहित्य की दुनिया के किसी तरह के लेखन अथवा डायरी-लेखन से इनका किसी तरह का परिचय और सरोकार तक कभी नहीं रहा।

परन्तु अपने बचपन, किशोरावय, विवाह व दाम्पत्य जीवन, नौकरी में आने की कशमकश को लेकर जब काग़ज़ पर 'डायरी-लेखन' जैसा क़लमबद्ध किया, तो सारा कुछ न केवल खुलकर रेशा-रेशा उकेरा, एक-दूसरे को अपना लिखा सुनाया और समूह में बैठकर बेहिचक बाँटा भी। ऐसा करते हुए बहस-मुबाहिसा, जद्दोजहद भी ज़बर्दस्त किया। अन्ततः तय किया कि इस समूह लेखन को एक किताब की शक्ल दी जाए।

इनकी वरिष्ठ तथा समन्वयक संचालक ऋचा सिंह ने इस पूरे काम में इन्हें जोड़ने, इनकी हौसला अफ़जाई करने और एक-दूसरे के लिखे का मिलान करके आपसी चर्चाओं में गहन मन्थन करने में महत्त्वपूर्ण भूमिका निभाई। लखनऊ की ऋचा नागर यूनिवर्सिटी ऑफ मिनिसोटा (अमरीका) के महिला अध्ययन विभाग में एसोसिएट प्रोफ़ेसर ले फिर तो इन सबके साथ पूरी प्रक्रिया गहरे जुड़ाव के साथ सामूहिक लेखन को सँजोकर लिपिबद्ध किया। इसमें इन सबके अलग-अलग सामाजिक परिवेशों, तनख्वाहों, प्रतिष्ठा ही असमानताओं, सामाजिक मान्यताओं आदि के सारे ढाँचे और दायरे ही विलीन हो गए। परिणामतः 'जीवन और कार्यक्षेत्र की यात्रा' के नाम से दिसम्बर 2002 में शुरू संस्मरणाधारा से लेकर सपनों, संघर्षों और भोगे, जिए हुए का मन्थन 6-7 महीनों में जिस रूप में प्रस्तुत हुआ, उसे कहा–

'तमाम जोखिम उठाकर बहुत मेहनत-मशक्कत से तैयार किया गया सामूहिक सफ़रनामा!'

न किताब की शक्ल में यही सात ज़िन्दगियों में लिपटा नारी-विमर्श है।

सीतापुर की अवधी बोली में संगतिन कहते हैं पक्की सहेली को। संगीत की बन्दिशों में यह शब्द बहुधा 'गुइयाँ' कहकर इस्तेमाल हुआ है। अत: कह सकते हैं : 'संगतिन-यात्रा' नौ पक्की सहेलियों का सामूहिक कोरस है। इस लेखक समूह की 'अपनी बात' के शब्द उधार लें, तो...महिलाकर्मियों के जीवन और काम की समूची यात्रा की दास्तान को गूँथने और लिपिबद्ध करने का काम भले ही आठवीं और नवीं क़लम से हुआ हो, लेकिन इसमें आई हर बात नौ लेखिकाओं की मिलीजुली आवाज़ का कोरस है–ऐसा कोरस जिसमें एक-दो या बाक़ी और आवाज़ों को जुदा करके सुना ही नहीं जा सकता...

...'सात ज़िन्दगियों में लिपटा नारी-विमर्श' लेखकीय कौशल से क़तई अनभिज्ञ 7 ग्रामीण महिला कार्यकर्ताओं का अनगढ़ जीवनानुभव है। हाँ, इन सबने अपने जीवनानुभवों को रेशा-रेशा उकेरा-खँगाला, बेहिचक खुलासा करते हुए सामूहिक रूप से ख़ूब-ख़ूब परस्पर बाँट और बहस करके एनजीओ नामधारी व्यापक-समाजीकरण तक के भी अत्यन्त संवेदनशीलता से अपने चिन्तन, मनन और विवेचन की विषय-वस्तु बनाया है। परिणामत: किताब के रूप में यह आत्ममन्थन प्रसूत ऐसा विचारोत्तेजक-चिन्तन और उद्‌बोधन प्रबोधन है, जिसमें गहरा आत्मालोचन साथ-साथ चलता है।

अक्सर हमारे समाज में ऐसा बहुत कुछ घटता है, जो सार्वजनिक हो जाता है। तो 'सभ्य समाज' में इज़्ज़त चली जाती है या 'जीने-मरने' और 'मरने-मारने' के बीच का फासला 'न' के बराबर रह जाता है। ये महिला कार्यकर्ता 'कलई है तो उसको कब तक उतरने से बचाएगा कोई' की अवधारणा के स्तर पर उद्‌घाटित कर देती हैं पर छेड़छाड़ का दुस्साहस करके लफंगों द्वारा औरत की इज़्ज़त की चिन्दी बनाकर बिखेरने वालों पर सरेआम हाथ उठाकर सबक़ सिखाने में भी संगतिन चूक नहीं करती।

इसी तरह एक उदाहरण और है, ज़मीन के एक मसले में जब पति को पुलिस थाने बुलाती है तो वह थाने के बजाय पत्नी (जो महिला कार्यकर्ता है) के पास पहुँचकर कहता है : मुझ अकेले को पुलिस मारपीट और बन्द कर सकती है। पर तुम चलोगी तो, बातचीत भी कर सकती हो और तुमसे पुलिस ये बर्ताव नहीं करेगी।

...'सात ज़िन्दगियों में लिपटा' यह 'नारी-विमर्श' 'खाई-पी-अघाई' शहरी बुर्राक साड़ियों वाली बौद्धिकता का वाग्जाल नहीं, ज़मीनी-सतह से उभरती नारी-

विमर्श का नया-पाठ है। इसमें वर्गभेद, जाति-सम्प्रदाय, लिंग-भेद, एनजीओकरण, एनजीओ की दुनिया में हुए व्यापक समाजीकरण आदि का बेबाक आयोजन तो हुआ है, एनजीओ के ढाँचे, कार्यशैली, उसकी पारदर्शिता, ज्ञानोत्पादन की राजनीति जैसे कई संवेदनशील मुद्दों से होते हुए और आगे बढ़ाते हुए अन्तर्राष्ट्रीय मुद्दों पर भी अपनी समझ को विस्तार देने की इस आत्ममन्थन में महत्त्वपूर्ण पहल हुई है। मसलन–इराक़ पर हुए अमरीकी आक्रमण का तेल की राजनीति, साम्राज्यवाद और बहुर्राष्ट्रीय कारख़ानों से क्या सम्बन्ध है? विकास और पूँजीवाद की राजनीति में एनजीओ जैसी संस्था के आगमन तथा उसके स्वरूपों में आए बदलाव, भूमंडलीकरण, किसानों द्वारा आत्महत्याएँ, तरह-तरह की सामाजिक-राजनीतिक प्रक्रियाओं से गाँवों की महिलाओं के ख़िलाफ़ हो रही हिंसा आदि कितने ही मुद्दों में पैठने की कोशिश इस समूह-लेखन का ऐसा पक्ष है, जो इनकी बेचैनी का संकेत तो देती है, आज की दुनिया को खुली आँखों से देखने के इनके उत्कृष्ट आमंत्रण के इस नाते आकृष्ट भी करती है। ये अपनी जानकारी, समझ और विमर्श को इस स्तर तक इसलिए ले जाना और विकसित करना चाहती हैं क्योंकि यह मानती हैं हम जिस तरह के काम में लगे हैं वह है समाज में हाशिए पर ढकेल दी गई औरतों की सोच में परिवर्तन लाने का काम।'

...अध्ययन के स्तर पर यह सब महिला-विमर्श में अभूतपूर्व अनूठी पहल है। एक और अच्छी बात यह है कि सारा विमर्श और विवेचन आम बोलचाल की भाषा में है। साहित्य की भाषा में इसे 'हिन्दी, उर्दू की गंगा-जमुनी काव्यात्मक लय' कहेंगे। 'संगतिन-यात्रा' के जरिए यह निश्चित ही अवध के इलाक़े से नई और अप्रतिम देन है।

संगतिन-यात्रा

सन्दर्भ : जनमत, वर्ष 23, अंक 2-3, 2004

पिछले दो दशक में ग़ैर-सरकारी या स्वंयसेवी संगठनों का पूरी हिन्दी पट्टी में भारी जाल फैला है। इन्हें लेकर काफ़ी बहस-मुबाहिसे भी जारी हैं। जैसे-जैसे राज्य अपनी कल्याणकारी योजनाओं से पीछे हटा वैसे-वैसे इन संगठनों का दायरा फैलता गया। आदर्शवाद और तमाम लोक-लुभावन नारों के साथ आए इन संगठनों को भारी देशी-विदेशी अनुदान मिलता है। आज स्थिति यह है कि ये एन.जी.ओ. कल्याण और सुधारमूलक कार्यक्रमों के अलावा तमाम राजनीतिक मुद्दे, जैसे-साम्प्रदायिकता विरोध, भूमंडलीकरण विरोध, ज़मीन पर हक़ का आन्दोलन आदि

पर भी काम करने लगे हैं। इनके उद्देश्यों, कार्यप्रणाली, अनुदान आदि को लेकर तमाम सवाल भी उठते रहे हैं। इसी प्रसंग में उ.प्र. में शिक्षा और महिला सशक्तीकरण के मुद्दे पर काम करने वाले एक सरकारी क़िस्म के ग़ैर-सरकारी संगठन (नारी समता योजना, छद्मनाम, सीतापुर-सं.) में कार्यरत महिलाओं के अनुभव पर आधारित एक पुस्तक 'संगतिन-यात्रा' प्रकाशित हुई है। वर्ष 2004 में प्रकाशित यह पुस्तक वैसे तो इसकी सात लेखिकाओं की आत्मकथा है, जिसे उनके दो और साथियों ने साथ मिलकर लिखा है। यह किताब इस कारण भी महत्त्वपूर्ण है कि ग्रामीण जीवन के निचले पायदान से आने वाली सात महिलाओं की यह आत्मकथा हमारे सामाजिक जीवन में एक महिला होने की तमाम तक़लीफ़ों का खुलासा उन्हीं के शब्दों में तो करती है, साथ ही साथ ऐसी महिलाएँ अपनी आत्मकथा को सामूहिक रूप से अंजाम दे पाई हैं, यह भी कम महत्त्वपूर्ण बात नहीं है। ऐसे प्रयासों का निस्सन्देह स्वागत होना चाहिए। और उनके द्वारा उठाए गए प्रश्नों पर बात की जानी चाहिए। लेकिन हुआ यह कि प्रसिद्ध कथाकार मैत्रेयी पुष्पा द्वारा लखनऊ में सम्पन्न विमोचन के समय से ही यह किताब एक दूसरे ही विवाद में फँस गई, ख़ुद ये महिलाएँ जिस संगठन में काम करती हैं उनके उच्चाधिकारियों द्वारा उनके लिखने को लेकर ही यह विवाद खड़ा कर दिया गया कि यहाँ नौकरी करते हुए उन्होंने जो कुछ किया उस पर उनका कितना हक़ है। आरोप यह है कि इस कार्यक्रम में काम करते हुऐ उनके जो अनुभव हैं उसे बग़ैर इजाज़त और हवाले के कैसे लिख दिया गया।

दरअसल इस बहस को खड़ा करके ग़ैर-सरकारी संगठनों के महारथी उन सवालों से कतरा जाना चाहते हैं जो इस किताब में इन महिलाओं के अनुभव-जगत से उभरकर आते हैं। एक सौ पचास पृष्ठों में सिमटी इस पुस्तक में उनके बचपन, परिवार, सामाजिक परिवेश और दुनिया के सामने पेश आने की चुनौतियों से सम्बन्धित कुल छह अध्याय हैं। इसका अन्तिम अध्याय 'एनजीओकरण की चुनौतियाँ' है और दरअसल यही सारे विवाद की जड़ है। इस अध्याय में ये महिलाएँ अपने अनुभव से उपजे निष्कर्षों को उदाहरणों के माध्यम से सामने लाने का प्रयास करती हैं। वे वर्ग और लैंगिक प्रश्नों के सम्बन्धों को समझना चाहती हैं। अन्तर्राष्ट्रीय और राष्ट्रीय घटनाओं का उनके जीवन से क्या रिश्ता है इसे जानना चाहती हैं। पारदर्शिता, सूचना का अधिकार, समानता आदि बड़ी-बड़ी बातों को कहने वाले संगठन ख़ुद इसका कितना पालन करते हैं, वे इसको जाँचती हैं। और तब निश्चित ही यह सब कुछ उतना अच्छा-अच्छा नहीं जिसे ग़ैर-सरकारी संगठनों के चमकते सितारे सहजता से अपनी आत्मलोचना करके स्वीकार कर लें। पाठक इन सवालों को स्वयं ही सही परिप्रेक्ष्य में समझ सके और ग़ैर-सरकारी संगठनों की कार्यप्रणाली

की परीक्षा कर सकें, इसलिए हम इस पुस्तक के कुछ अंशों को उन्हीं के शब्दों में छाप रहे हैं।

अपनी तरफ़ से ज़रूर एक प्रश्न इस पुस्तक पर उठाते हुए कि अपने अनुभवों से निकले निष्कर्षों के प्रति ईमानदार होते हुए भी ये लेखिकाएँ एक ऐसा ग़ैर-सरकारी संगठन बनाना चाहती हैं जहाँ इस तरह की समस्याएँ सामने न आएँ। लेकिन क्या बदलाव की किसी राजनीतिक-सामाजिक धारा से जुड़े बग़ैर और अनुदान की पूँजी से उपजी मजबूरी से बचे बग़ैर ऐसा कोई भी तंत्र या संगठन विकसित कर पाना सम्भव होगा?

अनुभव के सच : देवेन्द्र चौबे

सन्दर्भ : इंडिया टुडे, स्त्री-विमर्श, 2 अगस्त, 2004

यह पुस्तक मौजूदा स्त्री-विमर्श को चुनौती देते हुए, भारतीय समाज में स्त्रियों की ज़िन्दगी की वास्तविकताओं का बयान करते हुए उनके बारे में सिरे से सोचने-समझने और बहस करने की माँग करती है।

...'संगतिन-यात्रा' में शामिल महिलाओं के विचारों के विवेचन और विश्लेषण से पता चलता है कि उन्हें इस बात का एहसास है कि उनके बारे में कोई दूसरा नहीं लिखेगा। उन्हें अपनी हक़ीक़तों का बयान ख़ुद करना पड़ेगा, चाहे लोग उसे पसन्द करें या नापसन्द। इस पुस्तक में अनेक ऐसे प्रसंग हैं, जो पुरुषों के वर्चस्व को चुनौती देते हैं, उनकी व्यवस्था से छिन्न-भिन्न करने का प्रयास करते हैं, यहाँ तक कि उनकी सच्चाइयों को भी बयान करने से नहीं हिचकते, जो ख़ुद उनकी अपनी ज़िन्दगी के लिए खतरनाक हो सकते हैं, विवाह, यौनिक आकर्षण, विवाहेतर सम्बन्धों पर लम्बी बहसें आदि प्रसंग पुरुषवादी समाज को परेशान करने के लिए काफी हैं। ख़ासकर स्त्रियों का अर्थसत्ता से जुड़ना तो और भी।

इन स्त्रियों का सोच नए भारत की स्त्रियों का सोच है। वह पुरुषों के साथ बराबरी की यात्रा करना चाहती हैं। 'संगतिन-यात्रा' में आम महिलाओं और कार्यकर्ताओं के सिर्फ़ विचार ही दर्ज नहीं हैं, उनकी ज़िन्दगी की सच्चाइयाँ भी हैं, जिन्हें पारम्परिक भारतीय सामाजिक व्यवस्था ने कभी भी बाहर नहीं आने दिया, ख़ासकर विवाह और यौन प्रसंगों एवं स्त्रियों के शारीरिक और मानसिक शोषण तथा अत्याचार को लेकर। इस पुस्तक में ऐसी अनेक सच्चाइयाँ हैं, जो ऐसे लोगों को परेशान करेंगी जो स्त्रियों को ग़ुलाम बनाना अपना अधिकार समझते हैं, उनकी अभिव्यक्ति की स्वाधीनता पर पाबन्दी लगाना चाहते हैं।

स्त्री के निजी अनुभवों से भरे सच : मेधा

सन्दर्भ : हिन्दुस्तान, 8 अगस्त, 2004

...जो समाज अब भी आधुनिकता की यांत्रिक लहर से थोड़ी दूरी पर है, जिन लोगों को आधुनिक समाज हाशिए के लोग मानते हैं, उनके पास आज भी अन्तरंग अभिव्यक्ति के लिए कोई न कोई आयोजन बचा है, जिनमें वे अपने निजी सुख-दुख को आवाज़ देने का काम करते हैं। कभी ये आयोजन जन-आन्दोलनों की शक्ल में भी हो सकते हैं तो कभी किसी अन्य शक्ल में भी।

'संगतिन-यात्रा' : सात ज़िन्दगियों में लिपटा नारी-विमर्श' नामक पुस्तक को इसी तरह का एक आयोजन कहा जा सकता है। नाम से जाहिर है, इस पुस्तक में सात स्त्रियों के निजी ज़िन्दगी के माध्यम से नारी-जीवन की समस्याओं पर विचार किया गया है। इस पुस्तक की लेखिकाएँ हैं–अनुपम लता, रामशीला, रेशमा अंसारी, विभा बाजपेयी, शशि वैश्य, शशिबाला, सुरबाला। ऋचा सिंह और ऋचा नागर की विशेष भूमिका रही इस पुस्तक को साकार करने में। प्राक्कथन में उर्वशी बुटालिया ने ठीक ही लिखा है : 'महिला के लिए अपने अस्तित्व को पहचानना, अपनी आशाओं को नाम देना, उनका खुलासा करना–ख़ासकर लिखित में, जैसे इस पुस्तक में किया गया है–यह सब बहुत कठिन काम है। उसे न तो बोलने की आदत है, और न ही उसे सुनवाई मिलती है।' इस लिहाज़ से देखा जाए तो इस पुस्तक ने सदियों से अनकहे को कहने की परम्परा में स्थान दिलवाने का काम किया है।

छह अध्यायों में बँटी यह किताब स्त्री के विभिन्न चरणों के निजी अनुभवों से भरे सच, जो कि एक स्तर पर सभी महिलाओं का सच बन जाता है, को अभिव्यक्त करती है।...इस पुस्तक में वर्णित सीतापुर की सात बहनों की जीवन-कथा स्त्री जीवन की दारुणता को उजागर करती है लेकिन इस दारुणता में यह उम्मीद भी छुपी है कि जिसे कहना सीख गए हैं, उसे लड़ना भी जल्द ही सीख जाएँगे।

❑❑❑